教育部人文社会科学研究青年基金项目"道德自我的伦理根基——教化论视野下的现代性道德哲学批判"（项目批准号12YJC720041）研究成果；

绍兴文理学院出版基金资助

道德自我的伦理根基

教化论视野下的现代性道德哲学批判

肖会舜　著

ZHEJIANG UNIVERSITY PRESS
浙江大学出版社
·杭州·

图书在版编目(CIP)数据

道德自我的伦理根基:教化论视野下的现代性道德
哲学批判 / 肖会舜著. —杭州:浙江大学出版社,
2024.7

ISBN 978-7-308-24445-9

Ⅰ. ①道… Ⅱ. ①肖… Ⅲ. ①伦理学—研究 Ⅳ.
①B82

中国国家版本馆 CIP 数据核字(2023)第 234955 号

道德自我的伦理根基——教化论视野下的现代性道德哲学批判

肖会舜　著

责任编辑	胡　畔	
责任校对	赵　静	
封面设计	周　灵	
出版发行	浙江大学出版社	
	(杭州市天目山路 148 号　邮政编码 310007)	
	(网址:http://www.zjupress.com)	
排　　版	浙江大千时代文化传媒有限公司	
印　　刷	杭州宏雅印刷有限公司	
开　　本	710mm×1000mm　1/16	
印　　张	19.25	
字　　数	300 千	
版 印 次	2024 年 7 月第 1 版　2024 年 7 月第 1 次印刷	
书　　号	ISBN 978-7-308-24445-9	
定　　价	88.00 元	

目　录

引　论　无"精神"的道德状况及其出路

一

人们普遍确信，较之于传统社会，现代社会无论在经济、政治还是文化方面都比以往更"发达"、更"进步"，也充分地享受着现代文明给人们带来的各种利好：政治上，民主、自由、平等的观念深入人心，现代社会的民主制度有力地保障了个体的自由权利；经济上，自由的市场经济体制在全球范围内铺陈开来，人们可以自由、便捷地消费，以满足自我的多样化欲求；文化上，多元文化的交融开阔了人们的视野，同时也丰富了人们的精神世界，现代人可以自主地申张自我的文化权利。就在人们陶醉并享受"自由""繁盛"生活的时候，康德却警醒道："我们生活在规训、文化和文明化的时代，但还远不是道德教化的时代。"①只有道德教化的时代才是人性自由的时代。

要知道什么是"道德教化的时代"，首先需要理解什么是道德教化。在康德看来，完整的教育必须承担的功能或任务主要表现在四个方面：首先，人必须受到规训（Disziplin），规训力求防止动物性对人性

---

① ［德］康德：《论教育学》，赵鹏、何兆武译，上海人民出版社 2005 年版，第 11 页。

造成损害,也就是对人的自然野蛮性的抵制;①其次,人必须受到培养,培养使人的力量得到增强,譬如技艺得到提高以满足人的需要;再次,为了使人变得明智,还必须使人文明化,文明化其实就是一种较低层次的社会化,以便能够遵照既定社会规范或习俗来行动;最后,人还必须受到道德教化(Moralisierung)。所谓道德教化,即"人应该不仅有达到各种各样目的的技能,而且还应获得这样的信念,即他只会选择真正好的目的。好的目的就是那些必然为每个人所认同的目的,那些能够同时成为每个人的目的的目的"②。也就是说,人会关心自然的目的并受自然必然性的引导,以追求一种感性快乐的生活,这就要求我们发展自身的技能,增强自身的智力,并且提高自身的科学文化素质。此外,人还应该关注人性的发展,即德性的提升,理性反思这种"善好"能否成为每一个人的目的,这才是"目的的目的"或终极的目的。

　　自启蒙以来,教育在"规训""培养"和"文明化"三个方面做了大量的工作并取得了傲人的成就,我们享受着前人难以想象的物质文明与科学进步,人成了"社会人"或"文明人"。但是,这并不表明人性或德

---

　　①　规训是对人的动物性的单纯抑制,并且是"否定性的",它是使人走向文明化的起点,所以康德说,"耽误了规训是无法补救的"。但教育仅靠规训又是不够的,教育是一门艺术,单靠规训达不到教育的目的。教育的本真在于塑造普遍性的个体,教化的目的也就是使我们的行动不为外力强迫或欲望俘虏而处于奴役状态,而是出于德性的内在价值而履行它。因此,规训不是教育本身,规训是为了指导受教育者去运用自己的自由。规训与强制是一个社会秩序存在的前提与不争的事实,由于现代性规训力量的强大,特别是对于道德教育来说,规训可以看作教化的反面。因为作为实践性的或道德性的教育是指"那种把人塑造成生活中的自由行动者的教育",教育或教化在于使人自由。

　　②　［德］康德:《论教育学》,赵鹏、何兆武译,上海人民出版社2005年版,第10页。康德在此所谓的道德教化与我们所谓的走向伦理精神的道德教化内涵上还是存在差别的,道德教化在康德意义上强调"好的目的"更多的是与人的动物性或自然性相对的意义上讲的,它所要实现的乃是通过理性的反思以呈现道德的主体性。而我们提出的伦理精神的道德教化则不仅要彰显道德的主体性,更要实现伦理的实体性和现实性,这也是道德教化不可或缺的两个层面。不过,康德指出道德教化的目的在于实现自由,即对感性欲望的超越,对于现代性的道德教育还是很有启发意义的。

性相应地得到了提升，人在受道德教化的方面还存在很大的差距。启蒙以来的现代文明并没有以其物质、科技进步的速度同样改善着人性，反而使人的精神受到物化的侵扰，"好的目的"降格为单纯物欲的追求，人的自由创造性、精神丰富性和伦理价值性空间受到抑制或压缩。因为当工具理性缺乏价值之维的关照时，物质的丰裕以及消费主义的倾向必然会削弱人的想象力与生活的价值向度，一切关系都变得那么的直接、线性和平面化，技术中心主义规训并塑造着人的生命。在技术化、规训化的时代，个性与人的内在精神的生长反而成为程式化的障碍而去之唯恐不及。所以，纵观整个现代性，虽然人们述说着人性解放或人类解放的宏大叙事的神话，但真正带给人类的并不是精神的解放，而是一种更为隐蔽也更为全面的异化的时代状况，去精神化以及规训化成了时代的精神状况。所以，在这样的时代背景下，探讨作为"目的的目的"（或"好的目的"）及其实现条件的道德教化就显得尤为重要。它不是直接赋予我们征服世界的强力，而是让我们反省自身存在以及塑造生命教养以实现人作为道德的存在。

"好的目的"不是外在的或工具意义上的利好，而是内在的、关乎人的整体性生活的"好"，是对人的整个生命境界的提升。这与现代社会的教育有着非常重要的区别。现代教育的观念实际上正是接续启蒙以来的价值观念，以人的主体理性对抗着神性，并赋予人的感性欲望以绝对价值，"我是凡人，只要凡人的幸福"的口号可谓深入人心。应该说，人的感性欲望的正当性获得了确证并得以张扬，而这种张扬主要是基于个人主体的理性判断与价值选择。伴随着基于启蒙理念而发展的科学理性主宰了现代人的思维观念，只有能够被理性所理解的东西才是真实的和有价值的，或者只有能够被个体的感觉所悦纳的东西才具有现实性①。不过,科学理性所张扬的理性实为一种知性思维和功利思维,丧失了作为理性精神本应有的批判精神,也丧失了理性本应具有的超越性维度。由于对乌托邦精神的放逐,"达到了理性支配存在的最高程度的人已经没有任何的理性,变成了不过是有冲动的生物而已"②。理性蜕变为工具理性或技术理性,沦为获得生活欲望满足的有效工具。人的主体性精神赤裸裸地表现为欲望的实在化,只有感性欲望的持续扩张与不断满足才确证着主体的存在感而非主体的死亡。

　　然而,我们要追问的是,这种感性欲望的主体性或自主性是否意味着自由价值的实现。在理性的引导下,人获得自由的可能性确实比以往更大了,但如果一种自由缺乏了超越性的维度,而只是在对象化的世界中获得欲望的满足,这种自由反而成了不自由,即人为物所役。人的精神的丰富性、创造性以及超越性被强大的物欲所褫夺,人永远在欲而不得所产生的痛苦与欲望得到满足又陷入无聊之间左右摇摆。在自由、权利呼声高潮迭起之时,绝对化的个人主体竭力摆脱专制、强大集体和传统力量的压抑后,自立为王,成了"帝王般的自我"。但当自由的获得伴随着安全感或家园感的丧失,结果又是怎样的呢? 勒庞以他敏锐的感觉叙述道:"当我们悠久的信仰崩塌消亡之时,当古老的社会柱石一根又一根倾倒之时,群体的势力便成为惟一无可匹敌的力量,而且它的声势还会不断壮大。我们就要进入的时代,千真万确将是一个群体的时代。"③吊诡的是,全力追求"帝王般的自我"的时代恰恰是一个"群体的时代",绝对的主体性却衍生出一种全新的奴役形

---

① 其实,现代意义上的理性并不是在与经验相对立的意义上来讲的,而是在与信仰相对立的立场上来说的。经验主义也是采取理性的论理方式,只不过用理性的方式证明感性东西存在的合理性。而在现代性看来,只有感性欲望的伸张才是可以理解的。

② [德]曼海姆:《意识形态与乌托邦》,黎鸣等译,商务印书馆2000年版,第268页。

③ [法]勒庞:《乌合之众》,冯克利译,中央编译出版社2004年版,第2页。

式——"无主人的奴隶制"。在获得了自由权利后,人在世界中完全暴露了自身,意义不再是先在的,每一个个体必须独自承担价值设定和意义探索的无限责任。当人不愿意也无力承担自由权利所延伸出来的责任和义务时,只能再次龟缩到一群"乌合之众"中沦为"常人"寻求庇护,以求"逃避自由"。

而且,这种消费性感性欲望的满足并没有给人的思维拓展想象的空间,更未能给人带来情感的丰富和精神自由的体验感,一切都是那么的平面化、单薄和直接。"世界"不再是人诗意栖息之所,而只是人用来满足自我欲望的工具或材料。客观化的世界观使人把"世界看作一个被剥夺任何历史含义的唯理系统"①。世界失去了神圣之源的地位,对自然的惊异表征着一种无知,人们盲目地相信,理性将是破解一切未知之域的有力武器。尼采以价值颠覆的快感宣称"上帝已死",上帝所代表的一切神圣性在理性分析面前不堪一击,但继"上帝死亡"之后却是"人之死"(福柯语)。人本身的精神被还原为身体并对象化为物质,人自身的本真性、超越性与尊严丧失殆尽。这种世界观是西方社会进入现代最重要的转变,它决定了人在世界中确立道德秩序以及安顿自我生命的具体方式。由于神圣性的祛魅表明人只是社会机器上的一个零件,虽然各个零件也是作为一种"关系"而存在,但这种机械"关系"只是作为一种工具意义上的"我—它"关系。家庭、社会与国家等各类伦理性实体已不再是个人可以依靠的精神港湾,伦理精神的失落就表现在伦理实体不再是个体自我获得精神意义的源泉。它只不过是人为了自身的利益和安全考虑而迫不得已地与他人共同订立一份契约,只要是有利可图的"越轨"行为不被发现,人们是乐意为之的。所以可以说,现代性的思维方式以及价值秩序的颠覆,摒弃了德

---

①　[德]孙志文:《现代人的焦虑和希望》,陈永禹译,生活·读书·新知三联书店1994年版,第49页。

性在维系人的生命整体以及精神安顿中的重要意义,颠覆了人与世界以及人与传统的价值序列。

正如马克思所揭示的,人是作为一种关系性的存在。但这种关系并不是现代性思维所确认的那样只是外在的或工具意义上的,而是一种内在的、存在论上的共在关系。关系性存在是人的根本性的存在方式。不过,正如马丁·布伯所说的关系的建构方式有两种类型:"我—你"与"我—它"①,"我—它"的关系是一种物理性的、对象性的、处在一个特定的时间和空间的关系。而一种对象性的、受因果性支配的关系是无法组建主体的意义世界,"它"只是满足自我需要并与我分离的"他者"和客体。"沉沦在'它'之世界和各人生领域彻底屈从暴政的淫威,精神之实在性由此被完全褫夺。"②这就是布伯强调我必须栖身于"你"而不是"它"之世界的原因。只有"我"与"你"相知相亲,本真意义上的关系和精神沟通才是可能的。"你"不再是我的"占有"对象或达到"我"之目的的工具,而是在精神意义上的充盈的价值世界和生命存在,承认对方就是一个完整的"小宇宙"并栖身之。当在者以"你"的面目来与我照面时,它就不复为时空世界中之一物,有限有待的物,"你""惟一性之伟力已整个地统摄了我"。"你"即是世界、绝对者。所以布伯提出"终极的你"③这一概念对于我们理解道德哲学意义上的"你"

———————————

①　参见[德]布伯:《我与你》,陈维纲译,生活·读书·新知三联书店2002年版,第1—4页。

②　[德]布伯:《我与你》,陈维纲译,生活·读书·新知三联书店2002年版,第43页。

③　虽然布伯是在宗教意义上提出的,但在道德哲学的意义上也是有着重要的理论价值。现代性的道德之所以是工具性的、无根的,就是因为道德不再具有人的生命存在上的意义,也无法获得超验意义上"绝对在者"之神圣性。所以,康德在经验知识领域放逐了上帝却在道德实践领域请回了上帝,这是很有深意的。而且布伯在这里提出的"终极的你"也就不再是一个单独的个体,"你"乃是一"大全","你"不再是"我"建构的内容,相反,"我"是由对"你"的态度和行为方式而获得规定的。"我—你"关系乃是一种精神上的共存共在。

之存在有着非常重要的借鉴价值。

二

伴随着现代主客二分思维方式的确立,价值秩序也发生了颠覆,德性的内涵发生着巨大的变化,从客观伦理世界中分化出的道德就是要标示出人的主体性或自主性地位:道德要么作为协调感性欲望冲突的工具,要么就是纯粹理性的自律。人为自然立法的同时,也为自己立法。道德被理解为个体自我的私事,也被当作解决个体与个体冲突的一种必要手段。德性不再如传统那般提升人的生命品质,塑造着人的灵魂的整体性和谐,表现出人性的卓越及其实现。虽然近代义务论也强调由动机而来的道德性区别于行为的合法性,但德性只是对于主体的单个行为而不是就行为者品质而言的,道德也只是出于纯粹理性自身的逻辑推演并获得普遍化的形式而获得的。在康德看来,当我们考虑理性的实践法则时,不应该把任何感性经验内容甚或情感直觉考虑在内,一种本着情感而为的行动,本身就失去了作为德性所具有的力量,因而也不具有任何道德价值。但正如黑格尔所揭示的,这种抽象反思把特殊性与普遍物的差别和对立固定下来,于是就产生了一种对道德的见解,以为道德只是在同自我满足作持续不断的敌对斗争。席勒也曾讥讽康德,如果要道德的话,只有心怀厌恶地去做道德的事情,才是真正的道德。首先,由于缺乏道德心理的支持,康德式道德难以真正体现主体的内在情感认同,而情感对于推动道德行为确实有着非常重要的作用,这一点在休谟和斯密那已有深刻的揭示。其次,义务论纯粹从人的动机出发,而动机不可避免地具有主观性和隐秘性,人甚至可能"不计后果"地做不道德的勾当却标榜自己的善意,这是何等的伪善。正如黑格尔所批评的,"良心如果仅仅是形式的主观性,那简直就是处于转向恶的待发点上的东西,道德和恶两者都在独立存在以及独自知道和决定的自我确信中有其共同根源"①。再次,也是最严重的失误,义务论是一种"严格主义"的道德哲学,它不顾及行为的具体环境以及人性的有限性,康德所谓的善良意志就是纯粹出于义务并对抗一切禀好而形成的。功利主义作为与义务论相对的现代性道德哲学另一强劲流派,以行为之结果所带来的快乐的量来评价行为的道德性无论如何都是不完备的,道德为快乐最大化做辩护如果不是不道德的,至少也是把道德奠基于非道德之上,故而它所遭受的理论困境比义务论有过之而无不及。

我们对于现代性道德哲学的批判主要基于黑格尔思想中伦理对道德的超越进行反思的。在黑格尔看来,道德是对自身具有确定性的主观性和内在性的精神,而伦理则强调道德生成的客观性以及本源性地位。其实,早在亚里士多德那里,就区分了理智德性与伦理德性,理智德性主要是通过教导而发生、发展的,伦理德性则通过习惯养成。不过,亚里士多德并没有把两者看成不相关的东西,实际上没有理智德性的明智,就没有严格意义上的善,而没有伦理德性也就不会有理智德性的明智。现代性道德哲学可以说片面地强调了道德的理智性或抽象性,而忽视了伦理生活实践在伦理德性养成中的优先性和始基性。换言之,在现代性道德哲学看来,道德是自我意识建构的产物,道德主体不仅是非历史的,也是非实体性的,它只是理性逻辑推论的结果。而伦理在黑格尔那里则是一"真实的精神",所谓的"真实",就是道德德性生成的恰当起点与自然基础,所以在《法哲学原理》中,黑格尔指出伦理是高于道德的。不过,经过道德洗礼后的伦理在黑格尔那里,不再是类似于风俗那样的"自然性伦理",而是蕴含着自我意识对自然性伦理的反思并自觉地以伦理共同体的价值精神来规范自我的"自由性伦理"。正如伍德所指出的,黑格尔用"伦理"(Sittlichkeit)一

---

① ［德］黑格尔:《法哲学原理》,范扬、张企泰译,商务印书馆1961年版,第143页。

词表示两个明显区别的事物,一是指某种社会秩序,这种秩序是以理性的方式区分和建构的。二是指个体对于其社会生活的某种态度(attitude)或"主观情绪"(subjective disposition)。① 伦理不仅是客观的,而且是主观的,是主客观的辩证统一。而且,伦理是与实体具有同等意义的含义,黑格尔的"实体"(substance)概念是在与主观性(subjectivity)、个体性(personality)或反思的观念(reflective thought)相对立意义上使用的,旨在表明伦理的态度是与法、制度相联系的。② 这也可以看出,伦理是抽象法与主观性道德的统一,伦理所实现的自由既扬弃了抽象法的"无形式的内容",也扬弃了主观性道德的"无内容的形式",只有在伦理实体中才实现了权利与义务的真正统一。

　　而且,黑格尔对伦理与道德的区分具有重要的方法论意义,即考察伦理时不是"原子式地进行探讨",而是从"实体性"出发。现代性道德哲学的失足之处恰恰在于对个体作"原子式"的探讨,而忽视了对个体普遍性本质的塑造。殊不知,原子式思维既把人的生活的整全性割裂了,更把个体与历史的联系纽带完全隔断,但正是这种"扯断人的一切类联系,代之以利己主义和自私自利的需要,使人的世界分解为原子式的相互敌对的个人的世界"③。教化论正是在这种意义上主张必须从自我意识的本质而不是从单个的自我意识出发来探讨道德。由此,良知的警戒性和道德的敏感性并不是理性反思的结果,而是一种"习得性"的精神品质,从而对于"孺子将入井"这类事件自然而然就能生发出恻隐之心并做出及时的道德反应和行动。在此意义上,良知的形成依赖于伦理性的生活,人们总是已经存在于这样或那样的伦理实

---

① Allen W. Wood. *Hegel's Ethical Thought*,Cambridge：Cambridge University Press,1990,p.196.

② Allen W. Wood. *Hegel's Ethical Thought*,Cambridge：Cambridge University Press,1990,p.196.

③ 《马克思恩格斯全集》第 3 卷,人民出版社 2002 年版,第 196 页。

体当中,伦理实体的内在秩序和精神价值乃是塑造个体德性、良知的源泉。人的理性也不是完备到足以应对一切环境,而且义务论对自身的良知判断与对他人的良知判断也不做区分。为义务而尽义务只是实现了真实意义上的"我"自己的客观性而不是别的"他"的客观性。也就是说,义务论本身缺乏一个他者(the other)的概念,或者至少可以说,"他者"不是作为自我意识生成的构成性要素而是作为结果而存在的。当然,突显纯粹而不受外在制约的意志的自我规定即"自由"并把它作为义务的根源和道德律的存在理由是康德义务论重要的理论贡献,但是"固执单纯的道德观点而不使之向伦理的概念过渡,就会把这种收获贬低为空虚的形式主义,把道德科学贬低为关于为义务而尽义务的修辞或演讲"①。正是这种形式的普遍化使得一种更深层次的"伪善"得以可能,自以为按照理性道德行事,却可能造成不道德的结果,理性的绝对化导致了非理性的悖论。②

总之,近代以来从伦理实体中疏离出来的道德是直接指向自我主体的,它具有抽象的普遍性特质,要求以一种"不偏不倚"的形式规定来要求行为者,而与人的德性、人格、品质无太大关联。自我的道德建构了人人相与之道的普遍性规范,但这种普遍性是纯粹由理性(逻辑理性)设计而与人的内在情感或生命价值的提升无关的,从而也是与人的整个灵魂塑造相隔离的一种权宜之计。所以,伦理实体的情感维系功能的缺失,使得要么把道德情感的生成看成是不必要的(因为它

---

① [德]黑格尔:《法哲学原理》,范扬、张企泰译,商务印书馆 1961 年版,第 137 页。

② 理性或形而上学一旦推演到极致会导致非理性的后果,不顾人之常情而一味做理性所规定的事情甚至可能被极权主义所利用,这在人类历史上也多次出现过。所以后现代主义哲学家总是把形而上学与奥斯威辛联系起来,他们认为现代性的逻辑就是同一性,就是对非理性、差异性的东西进行无情地裁剪使之同一化。"现代性就是大屠杀"虽然言辞激烈,却指出了理性拒斥情感而导致非理性的必然后果。勒庞在对群体道德作评价时论述道,要求同一化的理想并表现得极崇高的行为(如舍己为人、自我牺牲、不计名利、献身精神和对平等的渴望等)一旦走向极端则是相当恐怖的,群体的道德形成之初可能是出于理性的设计,但后果却是极端地非理性。

只是理性乏力的表现），要么把本来丰富的情感简单地还原为感性欲求。现代自由主义对政治、法律和国家的理解还是依循启蒙以来的契约论传统，认为政治、法律和国家主要是人们基于生活需要或安全考虑而"不得不"相互妥协并保证互不侵犯而设立的一种"必要的恶"。正如功利主义的创始人边沁所说，只有个人的利益才是真实的，共同体的利益是道德术语中最笼统、最幽暗的术语之一，它纯粹是一种虚构体。道德由此演变成了在获取实在的享乐中的互不侵犯的生存原则，或者被看成了效率增长的润滑剂。这样一来，道德所料理的无非是个体与个体之间的利益冲突，使得道德实质上是建立在个体间的相互猜疑基础之上的。"他者"在伦理上的优先性始终是以"自我"为中心的现代性道德哲学的理论盲点。

　　作为现代性核心价值的理性乃一形式理性，这使得建立在理性基础之上的现代性道德也呈现出程式化、形式普遍化的特点。这也契合了现代消费主义对人之生存方式和生命价值的塑造，消费主义的直接性不需要个人有个性，甚至个性在它看来是普遍化的一种障碍，因而人的独特本真性恰恰是推行其消费理念和营销战略的必除之物。现代性价值秩序的主观性转换与人的存在方式的个体化抹去了人的精神内在生长的本质维度和客观向度，主体性的道德相应地也被当作一种自我意识反思和建构，而共同体之"厚"伦理甚至被看作实现主体性的障碍。殊不知，没有伦理情感润泽的个体把情感的维系完全寄予自身，人与人的交往与沟通纯粹沦为主观的理性或感觉，从而导致情感和理性都是无法通约的，即便有交集也至多只是一种偶然性，而不具有客观实在性。可以说，在现代性的道德框架中，个体自我仅仅是作为孤独的"单一物"。个体与支撑其生命意义的宇宙秩序处于失联状态，正是这种失联使个体将自我完全封闭在内心的孤独和可悲的自我关注上，这也是泰勒所说的现代性的第一个隐忧。客体之维缺失，作为主体的人是否还具有其曾孜孜以求的主体性与本真性？因为只有在伦理实体中，个体才能秉持共同体的普遍性与客观性以避免主观任意性，同时把共同体的普遍性以个性的方式实现出来，"伦理行为所关涉的只能是整个的个体，或者说，只能是其本身是普遍物的那个个体"①。因为共同体的价值是有待自我成就的那个本质要素。

三

与现代性道德教化大异其趣的是，传统道德教化乃是从伦理实体出发，个体只有成为伦理实体中的成员才能实现其本真性。伦理性教化强大的历史根基和统一性、社会秩序与心智秩序的同构性，使得传统教化不是从天而降、随意自生的，而是在历史实践、习俗惯例以及人性自然的地基上进行的，日夕熏染，习于向善，进而成就善德。作为传统社会规范性力量的"礼"就不是理智思虑的产物，它充分体现了伦理精神的典章制度，"礼仪三百，威仪三千，非天降也，非地出也"②，而是本于人情之自然和人"向来之所是"的，"礼作于情"（《性自命出》）是也。而且，传统社会中伦理生活的整全性与连续性也使其教化范式表现出"润物无声式"的特点，这与现代社会碎片化、断裂性的"暴风骤雨式"的教化方式有着重大的区别。整全性、连续性的传统教化更强调人的心灵各部分（理性、情感和欲望）的协调以及伦理环境的重要性，"暴风骤雨式"的现代性道德教化则片面地强调思维方式的革命，从而忽视了对心灵其他部分的关注和塑造，误读了本真性理想所不可或缺的"内在深度"，伦理环境对于构建道德人格优先性的忽视遮蔽了道德视野。正如黑格尔在对比古代与现代教化范式的区别后指出，现代性的道德教化只是精神发展的一个方面，还不是精神的全部形成。这种

---

① ［德］黑格尔：《精神现象学》下卷，贺麟、王玖兴译，商务印书馆 1979 年版，第17 页。

② 转引牟宗三：《中国哲学十九讲》，上海古籍出版社 2005 年版，第 51 页。

从外在纯理智规定的教化范式（即"你应该"）如果不能获得主体的认同与情感的支持，就必然会导致"教而不化"的后果。

传统教化向现代转换根源于传统伦理实体的式微，有规范性力量的不再是具有历史延续性的伦常礼俗，而是由理性自主建构的，即只有经得起逻辑推演并具有可普遍化特征的规范才是有效力和力量的。由于现代生活的丰富性与复杂性使得很难有一确定的价值能够真正统合多元的价值观，人们对于"什么才是好的生活"有着完全不同甚至不相容的理解。价值的多元由于其不可通约性而导致价值冲突与失序成为不争的事实，"那些终极的、昂贵的价值，已从公共生活中销声匿迹了，它们或者遁入神秘生活的超验领域，或者走进了个人之间直接的私人交往的友爱之中"①。"好生活"的理解沦落为只是个人的私事而不许别人插手干预，很难用价值高下予以评判。正如麦金太尔所指出的那样，由于我们身处在一个道德语言碎片化的时代，价值自然处于一种严重的无序状态。公共领域则更是名存实亡，理性的公开运用还是一种奢侈品且有待进一步的启蒙。

不过，我们必须承认，传统的道德教化范式有其自身的弊病，必须向现代教化范式转化以适应时代状况及其要求。例如，传统道德教化总体上体现出一种较强的道德观，这种较强的道德观人为地制造了人伦规范（义）与肉身欲求（利）的二元对立。虽然也不是绝对地否定"利"存在的必要性，但在义利冲突相荡之下，"利"显得微不足道，君子之为君子就是要自觉地"去利怀义"。② 并且，在传统思想家的理论构架内，政治与伦理处于一种较为复杂的相涵相摄的结构，政治伦理化

---

① ［德］韦伯：《学术与政治》，冯克利译，生活·读书·新知三联书店，1998 年版，第48 页。

② 关于这一点，传统儒家的特点就非常鲜明。"君子喻于义，小人喻于利。"（《论语·里仁》）"不学问，无正义，以富利为隆，是俗人者也。"（《荀子·儒效》）"唯利所在，无所不倾，若是则可谓小人矣。"（《荀子·不苟》）

或伦理政治化①就是传统道德教化的典型形态。不过，政治伦理化或伦理政治化在古代社会并不是如现代人所理解的政治专制那么简单，它要求统治者不仅要进行"养民""惠民""富民"等制度设计，还必须承担"教民"的神圣使命。整个社会治理得井然有序，最为重要的不是制度问题，而是统治者的道德品质问题，只要"以不忍人之心，行不忍人之政，治天下可运之掌上"（《孟子·公孙丑上》），"为政以德，譬如北辰，居其所而众星共之"（《论语·为政》）。政治的昌明就在于民心的归化，单纯地依靠严密的政治举措或刑法来治国理民是无法达到令人满意的效果的。正所谓"道之以政，齐之以刑，民免而无耻；道之以德，齐之以礼，有耻且格"（《论语·为政》）②。统治者具有高尚的个人操行与品德修养才能起到敦风化俗的表率作用，"子帅以正，孰敢不正？"（《论语·颜渊》）"行仁政"才是统治者获得权力合法性的保障，倘若君王背道而行，悖仁乖义，则是名不符实，是可将其诛杀的。正如孟子所言："贼仁者谓之'贼'，贼义者谓之'残'。残贼之人谓之'一夫'，闻诛一夫纣矣，未闻弑君也。"（《孟子·梁惠王下》）道德教化是统治者得民心进而天下归服的保障，"仁言不如仁声之入人深也，善政不如善教之得民也。善政，民畏之；善教，民爱之。善政得民财，善教得民心"（《孟子·尽心上》）。"善政"与"善教"之间的区别实际上就是"霸道"与"王道"的区别。从传统社会崇尚德治的治国方略可以看出，道德教化是政治的根本，"外王"是"内圣"自然而然的推演。

---

① 政治伦理化或伦理政治化的倾向不独为先秦儒家所有，伦理与政治是相杂不分的，在古希腊也是如此。《理想国》与《政治学》并非是讨论具体的政治操作行为，以及描述政治规则的技术性、功能性安排，而是奠定了一个终极性的理想来讨论政治规范的价值内容以及统治者所应具有的德性品质。

② 朱熹对此段的解释很好地说明了治国之要、之本在于德和礼，他说："政者为治之具，刑者辅治之法，德、礼则所以出治之本，而德又礼之本也。此其相为终始，虽不可以偏废，然政、刑能使民远罪而已，德、礼之效，则有以使民日迁善而不自知。故治民者不可徒恃其末，又当深探其本也。"（《四书集注·论语集注》）

　　不过,由于传统社会的道德政治化或政治道德化,道德教化不仅涵盖了一切具体实践领域,而且还侵蚀了社会生活一切具体领域自行运行规律的独立性,这是我们必须批判的。道德教化有其自身独特的规律,它并不是存在于某一特定的空间域中,它可以说是"无所在"的。但是它却又是附着于其他具体社会生活领域(包括家庭、社会和国家等一切实在领域)中的,它"无所不在",只有如此方可体现道德自我的同一性和道德人格的整体性。所以说,道德教化只能是精神性和伦理性的,它只有依附在具体生活的实践领域才能实现自身,否则的话,不仅各具体领域(经济、政治、法律等)无法实现其目标。更为重要的是,传统道德教化所矗立的个体自主性无法穿透的"本真性"幕墙,致使主体性自由由于未被社会普遍尊重和承认而成为遥不可及的梦想。可以说,"泛道德化"和"去道德化"这两种极端都是有问题的。

　　在传统社会,占据着绝对本体的地位伦理道德遍及社会生活和人的精神世界的每个角落。与之完全不同的命运,在现代社会中,由"泛道德化"走向"去道德化"的另一极,伦理道德则处于边缘化的地位,它好像蛰居于私人生活领域之一隅而起着调节功能,而其他的实践领域也好像只有通过"去道德化"才能获得自身的独立性及其规律。现代很多理论家强调必须由积极有"为"的教化范式向消极"不为"的教化范式转化。但是这种转化的过程并非意味着放弃教化或者说教化无用武之地,现代教化所倡导的"不为"有时却要求个人有着非常崇高的品质才能做到,也就是说,"不为"背后的道德精神与价值内容是不容忽视的,对他者人格的尊重与宽容的品质也必须是有待教化的。义务的履行出自主体自觉的服膺才是有力量的,并且有时对主体而言是非常困难的。正如康德在"纯粹实践理性方法论"中所举的事例一样:一件行为的"作为"(为或不为)如果关涉一己的好处,个体能够以义务的力量抵挡住重贿和高位的诱惑,这种行为是值得称许和赞同的;一件行为的"作为"(为或不为)如果关涉一己的巨大痛苦(如以剥夺自由或生命相威胁），个体还能以义务的力量一如既往地为之或不为之，对这种行为的单纯的称许和赞同则是远远不够的，它会由单纯的赞同上升到钦佩，从钦佩上升到惊奇，最终上升到极大的崇敬。① 这可以看出对"义务"的履行要求个体强大的精神力量支撑。不过，正如前文已论述的，如果"义务"不是在一个伦理实体中得到普遍性规定和客观性限制，而只是个体内在道德体验中的"善良意志"的话，则不可避免地具有主观性的倾向。因为主体的道德动机只有来自生活实践及其道德规范基础上的普遍性价值的认同时，个体才能形成正确的"善良意志"。善良意志的形成不能只是纯粹理性自我的规定，因为那样的话它就成为无源之水、无本之木了。"自我的目的和内容则完全属于普遍的实体本身，只能是一种普遍的东西。一个自然的特殊性，如果竟然成为目的和内容的话，那也只能是无力量的和不现实的东西。"②

　　现代性道德教化的范式恰恰是建立在以"自我"为中心的本体论上的，它忽视了自我意识发生学中"他者"的重要性。这里所谓的"他者"不仅指具有自我意识的其他个体，更指自我意识与自我意识之间的"结构"，正是"结构"这一巨大的精神之链作为自我意识的背景框架并塑造了自我意识。也就是说，现代性的道德所标示的无非就是以个体性的方式表现的主体性（主观性、自主性），而在所谓的主体自由的名义下，个人同一切限制个体性的总体性全面对抗，"他人即地狱"。并且，个人主体的自由被有意识地不恰当夸大了，人被鼓励去强调盲目的独立性，以标举某种独一无二的自我本真性。殊不知，把自由主

―――――――――

　　① ［德］康德：《实践理性批判》，邓晓芒译，人民出版社2003年版，第211—212页。孟子所言的"富贵不能淫，贫贱不能移，威武不能屈"（《孟子·滕文公下》）就表现出了"义务"力量强度逐渐上升的过程，从身外的好（富贵）到身外的恶（贫贱），再到对身体本身以恶相威胁（威武）就表现了义务力量从"不淫"到"不移"再到"不屈"的上升过程，只有"不屈"的层次真正达到了康德所表达出的"义务"的严苛性。

　　② ［德］黑格尔：《精神现象学》下卷，贺麟、王玖兴译，商务印书馆1979年版，第43页。

体直接等同于个体的自主选择权,更确切地说,等同于意识的自由而非实践的自由是现代性道德哲学的根本问题。道德没有从伦理基地出发,并以伦理客观性来克服道德自我的主观性,也就没有将抽象的自由提升到"精神"(黑格尔哲学意义上的"Geist")的层次从而获得现实性和客观性。由此,没有伦理情感支撑的德性很可能走向自我封闭从而导致自虐式的崇高,无法在人性以及现实环境的基础上培养起健全的道德情感。因为道德情感的形成正是在教化的基础上形成的人作为"类存在"的一种共通感。只有这种共通感才能恰当地命中"中道",才能够对人性的有限性与境遇的条件性作出恰当、及时、合理的判断,并以"虚己"的姿态敞开胸怀无碍地契入他人的世界。

道德教化是"借助于个人的存在将个体带入全体之中。个人进入世界而不是固守着自己的一隅之地,因此他狭小的存在被万物注入了新的生气。如果人与一个更明朗、更充实的世界合为一体的话,人就能够真正成为他自己"①。可见,道德教化的任务一方面是通过理性的形式把个体从其"狭小的"自然性(无论是外在自然还是内在自然)中解放出来,从而获得道德主体性;但更为重要的是另一方面,即道德教化在于通过"精神"自身的运动而实现"伦理性的统一",与"一个更明朗、更充实的世界"相融无碍。但现代性的主体性是建立在"原子式自我"与"他者"的区分、隔离与差异的基础上,而不是建立在与"他者"共契共在的相互渗透、交融与统一的基础上的。所以说,对伦理与道德的区分具有重要的方法论意义,我们所强调的走向伦理精神的道德教化的目的乃是要让主体认识到他性格中起推动作用的就是伦理普遍物,"这种普遍物是不受推动的",并表现为现实的合理性。同时,还要让主体认识到,他的尊严以及他的特殊目的全部稳定性都建立在这

---

① 　[德]雅斯贝尔斯:《什么是教育》,邹进译,生活·读书·新知三联书店 1991 年版,第 54 页。

种普遍物中,而且确实在其中实现了他的尊严和目的。正如黑格尔对伦理性的"爱"所作的描述那样,当我欲成为单个的个体的时候乃是残缺不全的,爱是精神对自身统一的感觉,我在另一个人身上找到了我自己,他者的利益构成了自我利益的重要部分。在这种伦理性的统一中,自我乃是一普遍性的精神存在。

正是在对现代性道德批判的基础上,我们主张教化必须以伦理的实体性作为培育具有普遍性道德精神的基础和出发点。依循黑格尔伦理思想的理路,即从"实体性"出发而不是从"原子式个体"出发来阐释道德。从原子式的个体出发,虽然也能形成普遍性,但这种普遍性与特殊性之间是截然对立的,它不是精神的、历史的和具体的普遍性,乃是一理智的(知性的)、抽象的和形式普遍性。所以,只有把个人看成是伦理实体的成员,并自觉地以共体的普遍性来塑造自我的性格,达到与他人、共体之"你"在精神上的相遇,这才是现实的、有力量的。正如黑格尔所说:"单独的个别的人,从其本义来说,只在他是体现着[一切]个别性的普遍的众多时才是真实的;离开这个众多,则孤独的自我事实上是一个非现实的无力量的自我。"①此外,道德不能只是停留在思维层面,它还必须走向现实,只有在现实伦理生活中才能使道德价值得以具体实现。也就是说,必须把思维与意志统一起来,不是把它们看成是两种不同的官能,而只是理论态度和实践态度的区别,"意志不过是特殊的思维方式,即把自己转变为定在的那种思维,作为达到定在的冲动的那种思维"②。真正的思维要求把那种"对其自身具有确定性的精神"外化出来,避免成为"优美的灵魂"而束之于无限内心的孤芳自赏。

为此,我们认为从概念上对伦理与道德做严格的区分对于我们理

---

① [德]黑格尔:《精神现象学》下卷,贺麟、王玖兴译,商务印书馆 1979 年版,第 36 页。

② [德]黑格尔:《法哲学原理》,范扬、张企泰译,商务印书馆 1961 年版,第 12 页。

解"真实的自由"有着重要的理论意义。真实的自由不仅仅是外在的、经验层面的自由,还是理念上即哲学意义上的意志自由,更是共同体生活中的伦理自由。这就决定了我们不能仅仅从经验的层面、个体的层面理解和把握德性与自由,还应该从德性背后的伦理生活作"精神"的考察。黑格尔深刻地指出,"在考察伦理时永远只有两种观点可能:或者从实体性出发,或者原子式地进行探讨,即以单个的人为基础而逐渐提高。后一种观点是没有精神的,因为它只能做到集合并列,但是精神不是单一的东西,而是单一物和普遍物的统一"①。个体与实体之间有着非同寻常的联系,"在个体性那里实体是作为个体性的悲怆情素出现的,而个体性是作为实体的生命赋予者出现的,因而是凌驾于实体之上的;但是,实体这一悲怆情素同时就是行为者的性格;伦理的个体性跟他的性格这个普遍性直接地自在地即是一个东西,它只存在于性格这个普遍性中,它在这个伦理势力因相反的势力的缘故而遭到毁灭时不能不随之同归于尽"②。可见,脱离实体的个体是不可想象的,实体渗透着个体的整体生命过程,因为个体自在地就已经是实体的一部分,它的性格必须受到实体普遍性的熏染和塑造。在自然性的伦理世界中,个体甚至只是表现其实体性,它们是直接同一的。虽然我们并不否认个体与实体直接同一乃是非反思地把本真性系于外部存在,以致自主性处于遮蔽之中,但是重构伦理性的统一对于个体性的教化来说是十分重要的。我们所提出的具有伦理精神的道德教化乃是针对现代性"个体化"社会中,由于实体性维度的缺失而导致德性价值以及个体生活意义失落的拯救方案。

显然,道德的"个体化"视角使现代性的道德教化难以取得实效,它只会在抽象自由的鼓动下陷入对形式普遍性的迷信,从而在舒舒服

---

① ［德］黑格尔:《法哲学原理》,范扬、张企泰译,商务印书馆 1961 年版,第 173 页。
② ［德］黑格尔:《精神现象学》下卷,贺麟、王玖兴译,商务印书馆 1979 年版,第 27 页。

服中荒废了对自我进行治理以及价值省察的能力,使自由成为自我主体的幻象。而且,现代社会生活的多样化以及价值的多元化使得传统伦理共同体解体,虽然传统伦理共同体的解体使个体的特殊性以及主体性获得了极大的实现。必须指出的是,现代社会所孕育的自由总是徘徊于"无确定性的自由"与"无自由的确定性"两极,它没有在自由与确定性之间构筑必要的张力以保持动态的平衡。个中原因乃是伦理性的统一即伦理精神在工具理性的肢解下失落了,具有统一性和共生性质素的"好的目的"变得晦暗不彰,工具理性所构筑的"牢笼"阉割了生活意义的丰富性和生命价值的神圣性及超越性。"无伦理的道德"与"无道德的伦理"①恰恰是现代社会伦理-道德悖论的独特景观。因此提出一种走向伦理精神的道德教化有着重要的理论价值和现实意义。

　　"传统"已然断裂,仅仅专注于"当下"却导致虚无,海德格尔为主体性的沉沦所开出的药方是先行到未来,以人的有限性(本真的向死而在)来唤醒主体性的自觉,激发个体过一种有为的生活。但主体性并不等于单纯的自我意识或个性,个性不能只专注于对特殊性的强调而否定普遍性,而是通过特殊性来表现普遍性,普遍性成为个性内在的结构才是真实的个性。而伦理正是体现了这样一种特质,它剔除了单纯良心的主观性与善的抽象性,并通过伦理生活把普遍性的善个性化、现实化,个体的主观意志接纳并提升到普遍性的意志,使德性既具有实在规范性又不乏主体性,既具有理性的形式性又不乏主体情感性认同。伦理精神是伦理实体与自我意识直接的统一体,它是"活的善"或"有生命力的善"。所以说在伦理义务中个体才获得了真正的自由和解放,自由不是毫无规定性的主观任性或成为"优美的灵魂",而是要在伦理义务中达到实体性自由。自由如果只是主观道德意义上的,

---

①　张志丹:《无伦理的道德与无道德的伦理》,《哲学研究》2014 年第 10 期。

即能够摆脱自然必然性的束缚,这还只是自由的可能性和抽象性而已,它还没有实现真实的自由,真实的自由是能够在客观的规定性中体现自由的有限性与无限性统一。如果固守一种抽象的形式普遍性,那么德性反而失去了自由的精神以及走向现实的动力。

　　基于对现代性道德教化范式的考察,我们认为现代性道德教化强调的是一种"无伦理的道德",它的抽象普遍性或形式普遍性使得道德教化沦落为一种全面的规训状态,虽然这种规训状态对个体自我来说乃是"自主的"甚至我情我愿的。但这种道德是无根的,是"毁灭的王国",个体主体无规范、无约束地发展,只能在"人类中心主义""个体中心主义"的"凯歌"中不断瓦解社会团结的精神基础。"无伦理"的道德世界观用形式理性完成对个体的教化又将导致现代社会"无道德的伦理"的悖论。因此,在批判性地诠释传统道德教化范式与现代性道德教化范式的基础上,提出一种走向伦理精神的道德教化就是本书的主旨。正如黑格尔所说,哲学的任务在于理解存在的东西。"哲学是探究理性东西的,正因为如此,它是了解现在的东西和现实的东西的,而不是提供某种彼岸的东西。"①理解现实伦理关系背后所蕴含的德性精神,或者为普遍性道德自我奠基于伦理之上就是教化论的题中应有之义。以为超脱现在或现实就可以知道更好的东西,这完全是空虚的想象。所以,道德教化的意义不在于我们是否能站在现实的对立面进而对现实展开批判,而在于投身于现实中,对现实存在着的理性(广义上的理性或精神)进行理解。没有这种解释学意义上的前理解结构,我们就无法从存在论上认同和体验现实存在着的东西的合理性。黑格尔对伦理、伦理实体的分析恰恰是在解释学意义上的,正如汤姆·罗克摩尔(Tom Rockmore)指出黑格尔的"绝对知识"既不同于笛卡尔

---

　　①　[德]黑格尔:《法哲学原理》,范扬、张企泰译,商务印书馆 1961 年版,序言第 10 页。

哲学中的"确定性",也不同于康德哲学中的绝对内在性,而应该这样来认识:"我们绝对不可能从特定视角的考察进路里逃脱出来而达到某种超越了所有特定视角的考察角度。因为任何时候当我们仔细审查经验的时候,我们必然是从某种被我们所处的时空规定了的态度出发来做的。"①

　　正如黑格尔所说:"这里是罗陀斯,就在这里跳罢。"②

---

　　①　[美]罗克摩尔:《黑格尔:之前和之后》,柯小刚译,北京大学出版社 2005 年版,第 151 页。
　　②　[德]黑格尔:《法哲学原理》,范扬、张企泰译,商务印书馆 1961 年版,序言第 12 页。

第一章　教化的内涵及其历史源流

教化，在中西方文化中都源远流长，一方面由于个人只有经过教化方才成为人，且与动物相区别并高于动物；另一方面也只有经过教化才能使人脱离孤立的个体化生存，即塑造具有普遍性精神的个体，这一过程实际上就是使主体实体化进而成为类存在的过程。正如康德在其论著《论教育学》中指出，"人只有通过教育才能成为人"。教育就是要把动物性转变成人性，也即是人的社会化过程。动物通过其本能已经是其全部，只能"是其所是"，一个外在的理性存在物（即造物主）已经把一切都为它安排好了。人却要运用自己的理性努力地把全部自然禀赋从自身中发挥出来。不过更为重要的是，只有通过道德教化才能让人理解"好的目的"，这里所谓"好的目的"就不是经验或工具意义上的"理性的实践规范"，也应超越康德所说的充分体现意志自由的"先天的实践法则"，而是在伦理生活实践中不断实现自我的道德价值。正是借助于普遍性的实践法则，人与人共存的基础才得以确立。这种人人相与之道的普遍性的确立不是理智推论的结果，而是情感相通的普遍性，是一种在具体伦理生活实践中的"获得性"品质，深深扎根于人类的生活经验和历史传统之中。因此，我们强调道德教化只有在伦理实体中才能获得其现实性①。而且道德教化也是与社会的政治、经济、文化结构分不开的。一句话，只有教化才使人从动物界以及孤立的个体性中抽身出来，进入人道或人文的世界，进而实现道德自我的价值。

第一节　"教化"释义及其实质

教化不是外在地向人灌输一种抽象普遍性的原则和规范，如果这样的话，只能造成教而不"化"的结果。教化是与人的心灵息息相关的，更是对人的情感的转化与提升，使囿于一己之私的情感欲望向具有普遍性特质的情感欲望品质的转化，即使人具有设身处地感他人之所感的情感共鸣能力。在此意义上，教化是对人的整个生命存在的提升。现代性的道德教化与传统道德教化无论是在理念上还是在教化的范式上都存在着巨大的差异。为了审视现代性的道德教化，对"教化"一词的概念溯源与分析对于我们正确理解教化与道德、伦理的内在关系是大有裨益的。

---

①　这里所谓的"现实性"是在黑格尔哲学的意义上讲的，"现实性"有特殊的含义，现实性与实在性不同，实在性并不一定具有现实性，现实性是在实在性的基础上将自我意识灌注于其上，使之成为认识或实践的对象，从而获得"属人性"。可以说，"现实性"是与"合理性"相联系的。黑格尔说，"凡是合乎理性的东西都是现实的；凡是现实的东西都是合乎理性的"，那么通过"合理性"可以更清楚地理解"现实性"。什么是"合理性"呢？黑格尔在《法哲学原理》中从抽象和具体两方面对合理性作过思辨性的阐述。"抽象地说，合理性一般是普遍性和单一性相互渗透的统一。具体地说，这里合理性按其内容是客观自由（即普遍的实体性意志）与主观自由（即个人知识和他追求特殊目的意志）两者的统一；因此，合理性按其形式就是根据被思考的即普遍的规律和原则而规定自己的行动。"（［德］黑格尔：《法哲学原理》，范扬、张企泰译，商务印书馆1961年版，第254页。）简单地说，合理性应当是普遍性与特殊性、整体性与个体性、客观性和主观性的统一。因此，现实性是自在存在与自为存在的统一。

一、"教化"概念溯源

在中国古代,教化首先是在政治—伦理意义上讲的,所谓"明人伦,兴教化"。《说文》释"教"为:"上所施,下所效也。"即是说,古代教化是通过政治自上而下的方式来实现的。因此之故,它要求统治者有一种较高的道德情操,他们承担着一种先知觉后知、先觉觉后觉的道德责任,所谓"君子之德风,小人之德草,草上之风必偃"(《论语·颜渊》),"君者,民之原也;原清则流清,原浊则流浊"(《荀子·王霸》)。董仲舒也说:"凡以教化不立而万民不正也。夫万民之从利也,如水之走下,不以教化堤防之,不能止也。是故教化立而奸邪皆止者,其堤防完也;教化废而奸邪并出,刑罚不能胜者,其堤防坏也。古之王者明于此,是故南面而治天下,莫不以教化为大务。立太学以教于国,设庠序以化于邑,渐民以仁,摩民以谊,节民以礼,故其刑罚甚轻而禁不犯者,教化行而习俗美也。"(《汉书·董仲舒传》)可见,古代教化与"以吏为师""以法为教"还是有区别的,教化是"任德不任刑","刑"不过是教而不化的补救措施。因此,从教化的目的来说,教化一方面是为了维系传统社会的正常生活秩序并使人和谐相处的重要举措;另一方面,更为重要的是,教化具有人文意义,通过教化使人成为真正意义上的人。人之所以能够从动物界抽身而出,就在于人能够创制规范并赋予这种规范以生命的意义与人道的价值。人对于整个自然宇宙来说是微不足道的、渺小的,只有通过道德教化,开辟一个内在的人格世界和向上提升的可能性,进而获得超越性。"人只发现自身有此一人格世界,然后才能够自己塑造自己,把自己从一般动物中,不断地向上提高,因而使自己的生命力作无限的扩张与延展,而成为一切行为价值的无限源泉。"[1]自然性的人是有限的,但通过道德教化所开创的人格世界是无

---

① 徐复观:《中国人性论史·先秦篇》,上海三联书店 2001 年版,第 61 页。

限的,它能够通过对具有普遍性意义的"天道""天理"的契合而实现与"天地参"。

从教化的内容来看,"教"不是灌输一般的客观知识和具体规范,而是"教以人伦"(《孟子·滕文公上》)。"教以人伦"就充分体现了德性生成条件的各种人伦关系之间的互动,伦常礼俗不仅具有超越性,更具有现实性与客观性。如果说"教"体现的是人的向上的维度,那么"化"则指向道的下贯维度。没有"化"之一维,则"教"必流于空疏。"道"化而成"德","道"以"德"的方式呈现出来方可谓"化"也。《说文解字》释"化"为"教行也"可谓精当,内化为心,外化为行。"化"是通过政治—伦理措施使"道"在社会生活各方面得到落实,使生活于其中的每一个人都受到共同体价值的形塑与精神气质的改变,畅行于社会的人伦规范、政教措施获得了理性的认肯与情感的支持,并进驻了人的心灵,甚至作为一种无意识或潜意识而成为人的存在的一部分,正所谓"化民成俗"是也。教化是关乎人的整个伦理性存在的,它使人的心灵感受到共同体的普遍价值并以这种价值提升个体性的存在,获得生命的意义。"个人全部内在的经验、感觉、情绪和思想在接触外界的过程中,与外在的即他人的经验、感觉、情绪和思想等等联系了起来,个人的这一切内在之物必须让他人意识到,它以扩展了的形式显示着完整的人类本性,因为它本身即已为精神力量的种种扩展的、具体的努力所渗透。"①因此,教化不是单纯地对人的理智进行教化,而是对人的整个存在特别是人的感觉和情感进行引导和塑造,使自我的感觉经验以"完整的人类本性"来表达,并固化为人的精神品质。"教"的目的在于"化","化"是指人的内在气质、欲望品质得到了彻底的转变与提升,即人能够自觉地以某种普遍性的价值精神塑造自我,使自我的欲

①　[德]洪堡特:《论人类语言结构的差异及其对人类精神发展的影响》,姚小平译,商务印书馆1999年版,第31页。

望与他者并行不悖,"从而被塑造成型了一种深厚的、有着超出本能的个别性状态的、与他人甚至外物相通的旷达胸襟的精神品德,而且还截断了倒退到野蛮、粗鄙状态的回路"①。恰如荀子所说,"长迁而不返其初则化矣"(《荀子·不苟》)。管子也说:"渐也,顺也,靡也,久也,服也,习也,谓之化。"(《管子·七法》)由此我们可知,从本质上讲,教化乃是对人的情感的教化,使个别性的情感秉持理性的普遍性。当然,情感、欲望并没有因理性化、普遍化而丧失自身,而是使之具有与人相通的向度。这就说明教化不是单纯的理智教化,而是融理性于其中的情感教化。从形式上讲,教化成于习惯,习惯使德性成为人的第二天性。

在古希腊,思想家们也认为德行不是天生的,而是通过学习和教化获得的。教化的希腊词"paideia"就是教人以德行,使某种普遍性的价值支配人的思想和行动,"教化的基础是一般意义上的支配人们生活的价值意识"。据词源学的考察,"paideia"最初的含义是"儿童的教养"(childrearing),"它通常指人类身心一切理想的完美,一种完全的kalolagathia,即 nobleness(高贵)和 goodness(善),在智者时代,这个概念用来意指真正的理智和精神文化"②。总体上讲,西方语境下,教化更强调一种"形式"(form)并赋形于人心之上,因此在教化方式上,它更强调一种理智教化。因为在他们看来,理性与经验、感觉、欲望是截然对立的,这种二分结构导致了其主张通过理性对激情、欲望的绝对统治来获得灵魂的提升。在德语中,"Bildung"一词也充分展示了教化的意义。史密斯(John H. Smith)通过对赫尔德(Johann Gottfried Herder)关于"Bildung"概念的追溯中指出教化概念的意义与范围主要表现在如下几个方面:(1)单个事物形式(form)的提升;

---

① 詹世友:《道德教化与经济技术时代》,江西人民出版社 2002 年版,第 5 页。
② 转引杜丽燕:《人性的曙光——希腊人道主义探源》,华夏出版社 2005 年版,第184 页。

（2）教育（education），特别是先进民族或国家的教育；（3）人类文化形成（the formation of human cultures）的过程和成就；（4）"人性"概念的历史展开（the historical unfolding of "humanity"）；（5）通过按照每一存在者都争取它的理想的有机形式的原则（principle）统一所有自然世界的科学的观点。①

可见，"Bildung"概念的主要含义是通过一种普遍性的形式对人的自然性的提升，使这种自然性符合人性和理性普遍性的特质。而且伽达默尔也指出，"教化"一词从词源上说，最初起源于中世纪的神秘主义，之后被巴洛克神秘教派所继承，再通过克洛施普托克那部主宰了整个时代的史诗《弥赛亚》而得到其宗教性的精神意蕴，最后被赫尔德从根本上规定为"达到人性的崇高教化"（Emporbidung zur Humanität，reaching up to humanity）。② 可见，在西方语境下教化是一个赋形的过程，对于人来说，教化就是使人性通过改变、提升以分有或符合神性。不过，经历文艺复兴和启蒙运动之后，神性下堕为人性，人性丧失了精神的丰富性和超越性。因为人性要么直接就等同于人的自然欲望，要么通过科学理性或工具理性来认识人的存在，从而把人还原为没有任何精神和高贵气质的动物，人的行为即是由趋利避害而产生的机械行为。法国启蒙思想家拉美特利"人是机器"的格言可谓道出了近代启蒙以来的人性观。神性或超越性的失坠，使得教化由此丧失了其根基，自由与必然陷入了二律背反的矛盾之中。

对自由的拯救毋宁是康德批判哲学的一大功勋。在康德看来，自由是不可认识却可以理解的东西，正是自由才是人之为人的本质规定。没有超出自然必然性的自由，人的理智与情感、欲望直接就是指

---

① John H. Smith, *The spirit and its letter：traces of rhetoric in Hegel's philosophy of Bildung* ，Ithaca，N. Y：Cornell University Press，1988，p.48.

② ［德］伽达默尔：《真理与方法》上卷，洪汉鼎译，商务印书馆 2007 年版，第 19—20 页。

向同一个对象,在这种意义上,人只不过是更聪明的动物而已。然而,自由与必然并不是绝对对立的范畴,而是辩证统一的关系。正如黑格尔所说:"无疑地,必然作为必然还不是自由;但是自由以必然为前提,包含必然性在自身内,作为被扬弃了的东西。一个有德行的人自己意识着他的行为内容的必然性和自在自为的义务性。由于这样,他不但不感到他的自由受到了妨害,甚至可以说,正由于有了这种必然性与义务性的意识,他才首先达到真正的内容充实的自由,有别于从刚愎任性而来的空无内容的和单纯可能性的自由。"①借助于黑格尔对自由与必然范畴的辩证关系的理解,我们可以更准确地理解教化的真实含义:教化是使人获得一种真实自由而非任性的品质,缺乏规定性或必然性内容的自由乃是抽象的自由。这里所说的"行为内容的必然"和"自在自为的义务性"绝非出自理性主观反思的普遍必然性,而是建立在伦理共同体生活基础之上的必然性。此必然与自我的本真性有着内在的关联,有德行之人才不会觉得"必然"是对他的自由的戕害,只有对必然性的"扬弃"才能实现"真正的内容充实的自由"。所以我们说,教化的对象乃是对人的情感、欲望进行延迟,使之秉承一种普遍性的价值,从而使人的精神气质得到改塑变得更宽阔和灵慧。德国人文主义者(如歌德、席勒、施莱尔马赫、赫尔德以及洪堡特等)敏锐地意识到"Bildung"概念在人文科学或精神科学中的重要地位。正如洪堡特所说:"当我们讲到德语 Bildung(教养)这个词的时候,我们同时还连带指某种更高级的、更内在的现象,那就是情操(Sinnesart),它建立在对全部精神、道德追求的认识和感受的基础之上,并对情感和个性的形成产生和谐的影响。"②这样,教化(Bildung)就不仅只是形式(Form),而是内在地包含着"形象"(Bild),形象既可以指摹本

---

① 〔德〕黑格尔:《小逻辑》,贺麟译,商务印书馆 1980 年版,第 323 页。
② 〔德〕洪堡特:《论人类语言结构的差异及其对人类精神发展的影响》,姚小平译,商务印书馆 1999 年版,第 37 页。

(Nachbild)，又可以指范本(Vorbild)，而形式概念则不具有这种神秘莫测的双重关系。①

正如伽达默尔所认为的那样，"教化"概念在精神科学②中有着核心的地位。因为从本质上说，精神的存在是与教化观念紧密联系在一起的。人之为人的显著特征就在于他能够从其动物性的野蛮状态中超拔出来，脱离直接性与本能性的东西。而且，人还应该从其个别性的状态中走出来，使其精神的各个方面都习得一种普遍性。从教化论上看，作为自由的人不应该沉湎于他天生所是的那样子，而应成为他所应是的那样子。"人类教化的一般本质就是使自身成为一个普遍的精神存在。谁沉湎于个别性，谁就是未受到教化的。"③教化之所以能够从其直接性的本能存在中抽身出来，就在于他本质上具有精神的理性的方面。精神的理性是一种教化的理性或生命的理性，它并不是通过理智而把"感觉"抹杀掉，而是把人的感觉欲望作为自由意志的对象和目的并获得一种普遍性的形式，即转化和提升为一种"普遍的感觉"。也就是说，教化"它是一种这样的教育，引导个体把多样的特殊经验内在化，以便通过系统化并作为一般概念来表达并超越它们的特殊性"④。

美国当代哲学家理查德·罗蒂用"Edification"一词来释德语

---

① ［德］伽达默尔：《真理与方法》上卷，洪汉鼎译，商务印书馆 2007 年版，第 21 页。

② "精神科学"(Geistswissenschaften)是德语的翻译者用来对译约翰·密尔在《逻辑学》中的"moral science"(道德科学)这一概念的。

③ ［德］伽达默尔：《真理与方法》上卷，洪汉鼎译，商务印书馆 2007 年版，第 23 页。由此，我们可以见出，道德教化作为一种精神性的教化，有着双重的任务：一方面道德使人从动物性的感觉中走出来，使之成为一个具有理性普遍性的存在；另一方面，道德教化又把人从个别性的状态拯救出来，使其成为社会化的人。当然，这里所谓的社会化的人并不只是理智或知性意义上与他人结成一种外在的关系，它更强调的是一种精神上或存在论意义上的与他人、社会的共存共在。

④ John H. Smith, *The spirit and its letter: traces of rhetoric in Hegel's philosophy of Bildung*, Ithaca, N. Y.: Cornell University Press, 1988, p. 19.

"Bildung"这一概念。"Edification"的意思是"精神的改善与提升",大体与"Bildung"的含义契合。不过,罗蒂是在对西方形而上学批判的立场上来使用这一概念的。在他看来,西方哲学的主流是"系统哲学",系统哲学是一种认知性的,它打算以一种最新认识的成就为模式去改造文化的其他部分,以最终的词汇追求普遍公度性。作为认知论的系统哲学企图将把握到的普遍公度性当作一种"模式",并与要求道德承诺的东西挂钩,认其为真理、实在、客观性。"既然某一种研究路线取得了如此令人惊异的成就,就让我们根据它的模式来改造一切研究乃至文化的一切部分罢。"①罗蒂企图通过与"系统哲学"相对立的"教化哲学"的视角来批判它可能导致的"人类的非人化",并恢复精神的内在禀性。不过我们必须指出的是,罗蒂的"教化哲学"是完全站在后现代相对主义的立场上,认为教化哲学的目的不是去发现客观真理,而是去摧毁任何寻求真理、本质、普遍性基础的信念与可能。因为在他看来,真理是既不能说明,也是难以描述的。可见,虽然罗蒂所谓的教化哲学对人的内在精神生活的转化以及防止教育蜕化为训令与我们所说的教化有某种相通之处,由于其相对主义、去基础主义的立场,它实则与"教化"的本质大异其趣。

二、"教化"的实质

我们上面已经追溯了"教化"概念在中西方传统语境中的确切内涵。那么,到底什么是"教化"? 或者说"教化"要成就什么? 黑格尔讲,"教化的意思显然就是自我意识在它本有的性格和才能的力量所许可的范围内尽量把自己变化得符合于现实"②。黑格尔所谓的"符

---

① ［德］罗蒂:《哲学与自然之镜》,李幼蒸译,生活·读书·新知三联书店1987年版,第320页。

② ［德］黑格尔:《精神现象学》下卷,贺麟、王玖兴译,商务印书馆1979年版,第44页。

合现实"实际上指的就是真理与实在、普遍性与特殊性、主观性与客观性的辩证统一,也就是要尽可能地把人本身所具有的理智、情感、欲望提升到精神的或伦理的层次。这种提升并不是要把人本身所具有的自然性存在根除殆尽,而是要在自然性的基础上,使自然性并不局限于粗鄙的个别性,而是借助于教化所提升到的普遍性层次使其能够与他人、社会、自然在精神上沟通。自然性并没有丢失,而是保存在普遍性当中,在特殊性中把普遍性体现出来。换句话说,人的自然性存在并没有因其普遍化而丧失,因为在教化中,什么也不会丧失,一切都被保存下来了。教化,简单地讲,即变化气质是也。人只有经过教化才能获得现实性,个体不再是作为单纯理性或感性的存在物,也不是作为单独孤立的原子而存在于世,因为人乃一社会性的存在,即我是作为"我们"之一员而存在的。"我们个体存在的个别性、特殊性、独立性只是相对的个别性,它不仅产生于包容它的统一性中,而且只能存在于其中。"①没有绝对的个体,个体总是受社会共体的熏染而成为定在和现实的。在此意义上,社会共体既是个体成长、完善的基点,也是其归宿。黑格尔也指出,"个体的力量在于它把自己变化得符合于实体,也就是说,它把自己从其自身中外化出来,从而使自己成为对象性的存在着的实体。因此,个体的教化和个体自己的现实性,即是实体本身的实现"②。实体的普遍性和合理性是个体的本质,个体只有成为实体的一部分才是其本质的实现。

不可否认的是,在具体的教化方式上,中西方文化之间甚至文化内部各学派间都存在着差异。有的认为人只有通过朝向不变的存在即理念或神才能获得教化,而有的则从经验、历史的角度出发,强调对

①　[俄]弗兰克:《社会的精神基础》,王永译,生活·读书·新知三联书店 2003 年版,第 58 页。

②　[德]黑格尔:《精神现象学》下卷,贺麟、王玖兴译,商务印书馆 1979 年版,第 44 页。

情感、欲望的节制,使欲望的满足获得一种合理性与内在价值的支持。不管怎么样,道德教化都是通过对人的感性直接性的一种延迟、反思,使人获得一种普遍性的视野,从而能够站在一个超出自身即具有"他者"的向度来安排自己的个人生活与社会交往,并在社会交往实践的过程中,获得社会的认肯以及个人德性的提升。伽达默尔指出,"教化作为向普遍性的提升,乃是人类的一项使命。它要求为了普遍性而舍弃特殊性。但是舍弃特殊性乃是否定性的,即对欲望的抑制,以及由此摆脱欲望对象和自由地驾驭欲望对象的客观性"①。可见,教化所实现的普遍性其实是自由的实现,人不再受自然性的宰制,而是能够以精神的普遍性价值来决定并创造自我,使个体之我得到自由而全面的发展。

此外,道德教化的目的不是在自身之外,而是通过教化来实现人之所应是。就如伽达默尔所言,"人按其本性就不是他应当是的东西"②。"应当是"(should be)即表明了德性的内在性和自然性。在教化的视野下,手段和目的关系是内在的、有机的,因为"也不存在任何服务于达到道德目的单纯合目性的考虑,而手段的考虑本身就是一种道德的考虑,并且自身就可以使决定性目的道德正确性得以具体化"③。这与对天赋的自然素质(talent)单纯的培养不同,自然素质的训练和培养只是一种达到目的的单纯手段。苏格拉底就曾对技艺知识和美德知识做了区分:技艺知识的对象是外在的客体,而美德知识则指向内在自我本身。经过教化的东西,已然成为人自己的东西了,它已融入了人的存在,它总是"有诸己"的。因此,从这个角度来看,教化不同于普通的训练,因为动物也可能通过有条件的长期训练而获得

---

① 〔德〕伽达默尔:《真理与方法》上卷,洪汉鼎译,商务印书馆 2007 年版,第 23 页。
② 〔德〕伽达默尔:《真理与方法》上卷,洪汉鼎译,商务印书馆 2007 年版,第 23 页。
③ 〔德〕伽达默尔:《真理与方法》上卷,洪汉鼎译,商务印书馆 2007 年版,第 437—438 页。

更娴熟的技艺或更灵敏的感觉,但说到底,那只是一种条件反射或者在动物本能内的有限的提升,它无论如何也不可能超出物种之可能性或尺度。而人则不一样,它是力求超越自身的有限性而向无限性跃升的,正是对无限性的追求才真正体现了人之为人的内在尊严与价值,并且以无限性来观照人的生存处境,进而改铸自我,超出自我的狭隘性,以关系性自我实现道德价值。黑格尔说:"个体在这里赖以取得客观效准和现实性的手段,就是教化。个体真正的原始的本性和实体乃是使其自然存在发生异化的那种精神。因此,这种自然存在的外化既是个体的目的又是它的特定存在;它既是由在思维中的实体向现实的过渡,同时反过来又是由特定的个体性向本质性的过渡。这种个体性将自己教化为它自在的那个样子,而且只因通过这段教化它才自在地存在,它才取得现实的存在;它有多少教化,它就有多少现实性和力量。"①可见,正是通过教化,人的个别性存在向其本质性存在跃升,而人的自在的本质也是通过个别性表现出来从而获得实在性和现实性。教化后的个别性,就不仅仅是个别性而已,而是体现了实体性的个别性,也即"自在的那个样子"。

其实,教化就是扬弃它的自然的自我从而获得现实性。不幸的是,人们以为自然的特殊性或个别性的存在才是现实的,才是有"我"的。现代性及后现代性就是强调一种感性上的充分自我感,并把这种"唯我独尊"的自我感看成真实的自我。个性在他们眼里就是特殊性,就是标新立异,就是与一切实在、他人相区别,并且竭力使这种特殊性取得实在性、本真性。其实这是取消了"我"性,因为"我们的精神生活只有通过交流、通过为我们及其他人所共有的精神要素的循环才能实

①　[德]黑格尔:《精神现象学》下卷,贺麟、王玖兴译,商务印书馆1979年版,第42页。

现"①。没有他人意识和共同体精神的渗透，单纯的自我感只能是虚幻的和偏狭的，不是作为马克思所说的"现实的个人"而存在，自我意识只有借助于与"他者"的交流和互动才能得到丰富并获得现实性。个性不在于与他人格格不入，而恰恰在于能够被他人所理解并接受。所以黑格尔说："如果个体性被错误设定为由自然和性格的特殊性构成的，那么在实在世界里就没有一个一个的个体性的性格，而所有的个体就都具有彼此一样的存在了。"②由自然的特殊性出发，只能塑造彼此分离的抽象个体，他们的本质就是先在的物种的尺度，当然毫无个性可言。他还说："自我的目的和内容则完全属于普遍的实体本身，只能是一种普遍的存在。一个自然的特殊性，如果竟然成为目的和内容的话，那也只有是无力量的和不现实的东西。"③这一点，C.谢·弗兰克也指出，即使是我们自己创造的某个东西、那个表现了我们个人的"我"之最根本、最独特的东西也并非来源于孤立的"我"这个封闭的、独立狭小的范围，而是来源于精神深处，在那里我们与其他人在一个终极统一体中融合在一起。俗语说，"越是民族的，就越是世界的"。这一点对于单个的个人也同样适用，最有独创性的、出类拔萃的人也是最具"全人类"性质的人。只有拙劣的艺术家才会在其作品中处处突出其特异性、单纯的"我"性，这是一种虚假的个性。真正的艺术家乃是在作品中展现人性中真正普遍的东西、"我们"性的东西，"我们"性是理解发生和意义共享的必要前提。

对于个人来说，其心灵情感受到教化即指个人的整个精神气质得到了具有普遍性的伦理精神和价值理念的形塑。这种形塑不是暴风

---

①　[俄]弗兰克：《社会的精神基础》，王永译，生活·读书·新知三联书店 2003 年版，第 59 页。

②　[德]黑格尔：《精神现象学》下卷，贺麟、王玖兴译，商务印书馆 1979 年版，第 43 页。

③　[德]黑格尔：《精神现象学》下卷，贺麟、王玖兴译，商务印书馆 1979 年版，第 43 页。

骤雨式的,潜移默化、习与性成的方式使这种普遍性的价值成为人的第二天性。"礼之教化也微,其止邪也于未形,使人日徙善远罪而不自知也。"(《礼记·经解》)"化"是一种工夫,"化"实际上是使人的心智秩序得以确立,人的整个灵魂、心灵状态得到了彻底的改变;教化后的理性在心灵各部分中居统帅地位,能够协调好与情感、欲望之间的关系,使整个的心灵不再拘于"意""必""固""我",而是具有普遍性的情理,克服、战胜了个别性的狭隘私欲,能够站在与他人甚至天地相"通"的高度来审视自我,获得"民吾同胞,物吾与也"的博大胸襟。"化"更是一种成就,它使人的德性结构化为人的精神品质和性格质素而不是沦为一种偶然的善行,因为偶然的善行在受到威逼利诱时容易返回到受教化前的粗鄙状态。而由教化获得的"通"感是一种圣人气象,《说文解字》释"圣"为"通"实为确当。孔颖达疏:"圣者,通也。博达众物,庶事尽通也。"有学者称:"儒学所谓'性与天道'的形上本体,乃是在实存之实现完成历程中所呈现之'通'或'共通性',而非认知意义上的'共同性'。因此,这'通'性,非抽象的实体,而是一种把当下实存引向超越,创造和转化了实存并赋予其存在价值的创生性的本原。"①故而可见,教化并不是要把个体的特殊性泯灭,而是提升人性、克服固执狭隘的自我以获得价值的实现,当然这种克服和提升并非由逻辑分析的认知道路通达。受到教化的心灵在世界中不再被自然有限性所宰制,而是获得了一个无限性或不朽,它把自我投身于宇宙大化流行,投身于更高的精神追求,个体生命的有限性获得了无限大全的背景支持,生命的意义永远不会因个我生命的有限而受限制或枯竭,正所谓"内得于己,外得于人"。而且,受到教化的心灵能够实现自我治理,以共同体的普遍性价值来范导自身,而且不会因为私欲而退回到野蛮、粗鄙的状态。正如荀子所说的,"长迁而不返其初则化矣"(《荀子·不

---

① 　李景林:《教化哲学》,黑龙江人民出版社 2006 年版,绪言第 14 页。

苟》)。其实柏拉图也有类似的观点，当灵魂获得了最高理念的照耀时，"他们的心灵永远渴望逗留在高处的真实之境"，那才是人的本真性理想。

教化就是要达到"自己把握其自己的自我"，"它不是把握别的，只把握自我，并且它将一切都当作自我来把握，即是说，它对一切都进行概念的理解，剔除一切客观性的东西，把一切自在存在都转化为自为存在"。① 而且，教化的真理是获得自我意识与实体的统一，或者说是普遍的自我意识。自我意识的真理不是单个的存在物，而是单一物和普遍物、个体性和实体性的统一，或者说必须既是自为存在也是自在存在。如果说自为存在是"对自身具有确定性的精神"，那么自在存在则是"真实的精神"。"对自身具有确定性的精神"必须向其出发地即"真实的精神"返回从而获得客观性与现实性。没有自在存在对自为存在的限制和规定，单纯的自为存在可以说是一种任性或放纵。因此，由教化而得的自我能够把握住自己，意志对伦理普遍性的冲动是意志获得更高教化的表现。正如黑格尔所说："精神的一切普遍的决定性都个体化到我之中并为我所经验，这些构成了我的规定性。所以，它们不是遗留给我的自然素质，而是控制我生活的力量。它们属于我的现实性，就如同我的头脑和心智之于我的有机存在。我就是这种普遍的决定性整体。"② 只有普遍性的价值才是能够保持在人的内在经验结构中的，成为精神的有机部分。

最后，我们还必须指出，由教化而获得的人格是一种健全的人格，它是一种"有生命的平衡"。也就是说，教化的目的是使人心中的情感和理智相互渗透，是情感化的理性或理性化的情感。没有理性的情感是自私的、狭隘的，无法与他者的情感相通，但没有情感的理性也是没

---

① 　[德]黑格尔：《精神现象学》下卷，贺麟、王玖兴译，商务印书馆 1979 年版，第 40 页。

② 　转引詹世友：《道德教化与经济技术时代》，江西人民出版社 2002 年版，第23页。

有生命、没有灵性的。单纯的理智必然是机械而抽象的,没有生命情感的润泽,理性必然会退化成为毫无生气的逻辑推论和机械还原。健全的理性必然是要照亮(enlighten)具体的生命的,黑格尔也指出道德教化在于扬弃那引起固定的思想从而使普遍的东西成为现实的有生气的东西。因此,现代教化的实质在于如何使这种抽象的理智概念重新焕发出灵性的跃动和生命的情感感受,使我们的精神不再由于缺乏理性而狭隘,也不再由于缺乏情感而干涸。所以,教化的目的就是成就一种健康的精神。这种精神的特点用弗洛姆的话说就是:"有爱与创造的能力……有自我身分感,这种身分感来自自身的经验,即自己是力量的主体和主动者的经验;能理解自身之内及之外的现实,即能够发展客观性及理性。"①这种健康的精神既具有主体性,能够创造一个属于自我的世界;又具有规范性,在与外在世界打交道的过程中保持一种恰当的分寸感。

第二节　传统儒家道德教化的梳理

布洛克把西方思想看待人和宇宙的模式分为三种,超越自然的(即超越宇宙的)模式;自然的(即科学的)模式;人文主义的模式。②所谓人文主义的模式,是集焦点于人,以人的经验作为人对自己、上帝、自然的了解为出发点的。这三种看待宇宙和人生的思维模式可以说具有普遍的意义。人类文化由神秘性的原始宗教肇始,也即以超自然的方式来解读宇宙人生的意义,对"天命"等神秘力量体认以及由此

---

① ［美］弗洛姆:《健全的社会》,孙恺祥译,贵州人民出版社1994年版,第54—55页。

② ［英］布洛克:《西方人文主义传统》,生活·读书·新知三联书店1997年版,第12页。

形成对原始宗教、禁忌的敬畏来规约现世生活。当然,对神秘力量的体认或皈依可以诱发人超出自然性,但它本身还不具有自觉的意义,甚至还可以说是人的自我意识觉醒的一大障碍。当我们用这三种模式考之于先秦儒家的伦理(道德)观时,可以肯定,先秦儒家乃是以人文主义的模式,即以人自己的经验——作为类的情感经验——来确证伦理(道德)的发生与推演的。

一、传统儒家德性的人文趋向:"道不远人"

孔子说:"郁郁乎文哉! 吾从周。"(《论语·八佾》)从孔子对周代"礼乐文明"的赞美及其向内在超越路径的开拓就可以见出儒家的人文主义意义。因为在孔子看来,周代的"礼乐文明"已经超越了那种不可理解也不用理解的原始禁忌而获得了"文化"的意义。正如陈来先生所认为的,"周代的'礼乐文化'的特点不在于周代是否有政治、职官、土地、经济等制度,而在于周代是以礼仪即一套象征意义的行为及程序来规范、调整个人与他人、宗教、群体的关系,并由此使得交往关系'文'化和社会生活高度仪式化"①。没有"礼仪""文化",人无法从自然界超拔出来,更无法与他人共在,但如果没有内在道德意识的理性认知与情感认同,"礼仪"也与原始禁忌无异。"礼"的功能就在于"辨异",所谓"礼辨异"是也。它使人意识到自然性欲望的粗鄙性并自觉地克制之,从而成为人从自然界超越出来的标志。所以古代中国思想中特别注重以是否有"礼"来区分人与禽兽,人禽之别在于人伦,通过人禽之辨人可以发现"善性良知是天赋予人的,是先于经验的,是人区别于他物的类特性、类本质,在人之类的范围内是具有普遍性

① 陈来:《古代宗教与伦理——儒家思想的根源》,生活·读书·新知三联书店1996年版,第248页。

的"①。"礼仪"不仅在于限制人的动物性欲望,更具有人道的和人文的意义。因为"礼"是作为活动方式与原则的统一,也是内质外文的统一。古人所讲之"礼"有"义"和"数"两个方面,所谓"义",就是哲理、精神、生命;"数",就是仪式,具体的条文。《礼记·郊特性》说:"礼之所尊,尊其义也。失其义,陈其数,祝史之事也。故其数可陈也,其义难知也。知其义而敬守之,天子之所以治天下也。""义"必存于"数",即仪式中,所以"义"乃有迹可循,否则无从表现而流于空疏。但如果仅知"陈其数",而"失其义",那就是"祝史之事",把"礼"所蕴含的人文意义与人道价值放逐了,实乃舍本逐末。孔子以及后来儒家的功绩就在于对传统社会血缘关系结构上的具有准宗教性质的祖先崇拜的孝道进行改造,使之内化并升华为一种道德意识和对"道"的追求。

面对礼崩乐坏的时代,孔子以"仁"、孟子以"义"来提撕人心、匡扶时势。据统计,在《左传》中,"礼"共出现 462 次,"仁"只出现 33 次,而《论语》中,"仁"则出现多达 109 次,《孟子》中"仁"出现 157 次,"义"出现 108 次,而《说文解字》释"仁"为"亲也,从人从二。古文仁从千、心",释"义"为"己之威仪也。从我、羊"。从此我们可以看到传统文化内在精神的转变,即从外在性和禁忌性的"仪礼"向更具人文意义和道德价值的"仁""义"转变;不再强调外在性规范对人心的宰制,而是强调人的内在价值的觉醒;人性的完善和实现也不再是对"礼"的迫不得已的屈服和对"天命"的偶然性的切中,而是体现在对"礼"和"天命"内在精神的体认并拳拳服膺。"礼,国之干也;敬,礼之舆也。不敬,则礼不行;礼不行,则上下昏,何以长世。"(《左传·僖公十一年》)但在孔子的时代,一些"无礼"甚至"非礼"的举动乃司空见惯,而礼的内在意义更是已经失落,只变成一种僵化的仪式,所以孔子说:"礼云礼云,玉帛云乎哉! 乐云乐云,钟鼓云乎哉!"(《论语·阳货》)这也说明礼不仅仅

---

① 　郭齐勇:《中国儒学之精神》,复旦大学出版社 2013 年版,第 197 页。

是外在的仪式,更重要的是其体现的道德价值。"人而不仁,如礼何? 人而不仁,如乐何?"(《论语·八佾》)在原始儒学那里,看重的不是仪式,而是隐匿在仪式背后的价值精神——"敬"。如子游问孝,孔子曰: "今之孝者,是谓能养,至于犬马,皆能有养;不敬,何以别乎?"(《论语·为政》)所以由孔子所确立的由外在的礼的遵从到内在精神的转变,实际上规定着后来儒学的运思方向,即开创了一条寻求内在精神超越的文明路径。

以孔子为代表的传统儒家主要是着力于对传统的礼乐文明加以人文意义的诠释,使人从自然生命中超越出来,成就一道德生命,并为之建立一个形而上的超越性基础。但这种超越性却不是一种抽象的普遍性,而是在伦常日用之间实现的超越,"即工夫即本体"是也。从被儒家看作"至德"的"中庸"我们就可以得知"道不远人"①。《说文》讲"庸,用也","用,可施行也"。朱熹释"庸"为"平常也"可谓深得其义。所以《礼记·中庸》讲"君子之道费而隐,夫妇之愚,可以与知焉,及其至也,虽圣人亦有所不知焉;夫妇之不肖,可以能行焉,及其至也,虽圣人亦有所不能焉……君子之道,造端乎夫妇;及其至也,察乎天地"。君子之道广大而精微,不离人伦日常。《易·序卦传》也说:"有天地然后有万物,有万物然后有男女,有男女然后有夫妇,有夫妇然后有父子,有父子然后有君臣,有君臣然后有上下,有上下然后礼义有所错。"可见,在儒家的视野中,那"察乎天地"的超越性的"道",与作为生活样式的"礼义",具有内在的意义关联和发生学上的一致性。②

---

① 对于"中庸"的分析不可谓不多,但是侧重点大不相同。龚建平在《意义的生成与实现——〈礼记〉哲学思想》中就对"中"的超越性意义进行了专门的阐释(参见龚建平:《意义的生成与实现——〈礼记〉哲学思想》,商务印书馆 2005 年版,第 178—185 页),对"庸"却论述不多。不过,也有学者意识到"中庸"的解释若侧重于"庸"则更能够理解儒家哲学超越性的路径与特质,因为"仅言中而不言庸,则'中'可能仅悬空而成为一种观念"(徐复观:《中国人性论史·先秦篇》,上海三联书店 2001 年版,第 100 页)。

② 李景林:《教化的哲学》,黑龙江人民出版社 2006 年版,绪言第 3 页。

孔子说"吾道一以贯之",而其学生子贡认为"夫子之言性与天道，不可得而闻也"。其他学生也以为孔子有所隐瞒，孔子申诉道："二三子以我为隐乎？吾无隐乎尔。吾行而不与二三子者，是丘也。"(《论语·述而》)朱熹注曰："诸弟子以夫子之道高深不可及，故疑其有隐，勿不知圣人作、止、语、默无非教也，故夫子以此言晓之。程子曰：'……故圣人之教，常俯而就之如此，非独使资质庸下者勉思企及，而才气高迈者亦不敢躐易而进也。'"(《四书集注·论语集注》)而且《中庸》也引孔子之言曰："道不远人。人之为道而远人，不可以为道。"道不是玄远高妙之抽象，而是只要不违逆人性、人情，率性而为，就可使人性获得教化，精神境界获得提升。所以这也说明孔子之道在于知行合一，在于从人伦物理上把道体现出来。孔子作《春秋》之意也是"我欲载之空言，不如见之于行事之深切著明者也"(《史记·太史公自序》)。并且，《论语·乡党》一篇中大量记载孔子平生在乡党、宗庙、朝廷表现的礼容，其实也就是孔子所谓的道具体地表现在日常生活中的待人接物上。

二、传统儒家德性的情感基础："礼以养情"

儒家秉持这样一种观念，即礼乐制度是来源于情感的，情感是礼乐制度赖以建立的基础，正如《性自命出》所说："礼作于情，或兴之也。当事因方而制之。其先后之序则义道也。或序为之节，则度也。至容貌所以度，节也。……凡声，其出于情也信，然后其入拨人之心也厚。闻笑声，则鲜如也斯喜。闻歌谣，则陶如也斯奋。听琴瑟之声，则悸如也斯叹。"所以说，传统儒学之礼并非一味地禁绝人的自然本性或情感欲望，而恰恰是予以引导使之合宜适度，将之纳入一定的价值秩序。"道德之盛，使人之欲无不遂，人之情无不达，斯已矣。"(《孟子字义疏证·权》)在儒家那里，德性不是建立在纯粹理性的思辨上，而是从爱亲之"孝"和敬长之"义"的自然感情上推扩出来的。正因为这种自然而然而毫无半点勉强的情感使德性的生长有一个自然而不失坚实的基础。所以孔子把"仁"之本放在了"孝弟"上："君子务本,本立而道生。孝弟也者,其为仁之本与!"(《论语·学而》)朱熹引程子之言,注曰:"德有本,本立则其道充大。孝弟行于家,而后仁爱及于物,所谓亲亲而仁民也。故为仁以孝弟为本。论性,则以仁为孝弟之本。"(《四书集注·论语集注》)孝是人类发自内心的最原始也最真实的自然情感,不需任何的做作与虚饰。"巧言令色,鲜矣仁!"(《论语·学而》)仁德之所以有着厚实的客观性基础,根于其是一种天然的情感的自然流露,并且始终是以"己"之实感生发的。但儒家所谓的"己"并不同于"一己之私"之特殊性的"己",而是一种具有客观规定性的"己",即能够思人之所思、感人之所感。由"己"出发来体察当为还是不当为,"己"是作为出发点而不是落脚点。由自我出发,在儒家那里恰恰是想让我们进入他人的角色,从而超越自我的偏见,进而达至一普遍与超越的基地。①

　　而且,由"己"出发并归于"己"也说明德性不是外在的,而是内在利益的获取,《中庸》有云:"成己,仁也。"言仁必关涉己身,它直指人的本真性。这也与儒家所倡导的"为己之学"是相通的。孔子讲:"夫仁者,己欲立而立人,己欲达而达人。能近取譬,可谓仁之方也。"(《论语·雍也》)"己所不欲,勿施于人。"(《论语·卫灵公》)正是由于仁是从己出发的,所以才能对他人保有一种深切的、敏感的同情,德性说到底就是对道德情感的一种敏锐的体认。程子曰:"医书以手足痿痹为不仁,此言最善名状。仁者以天地万物为一体,莫非己也。认得为己,何所不至?若不属己,自与己不相干,如手足之不仁,气已不惯,皆不属己。"(《四书集注·论语集注》)正所谓"麻木不仁"。所以我们可以看到孔子立己成德不是从外在抽象的人性出发,而是从人的最本真最

---

　　①　王庆节:《道德感动与儒家示范伦理学》,北京大学出版社 2016 年版,第 50 页。

朴实的情感生发出来的,这也是孔子强调"质"和"直"的道德价值的原因。

孔子非常重视道德的纯朴性,这种纯朴性乃是德性生长的起点,德性不是外在的,而是在变化"质"的基础上,使个体的"质"成为一个具有普遍性的"质",这就是德性。孔子云:"文质彬彬,然后君子。"(《论语·雍也》)德性是人区别于动物并高于动物之处,所以人必须从动物性中超拔出来,但是德性的修为不是要把人性中"质"的东西剔除掉,而是要文质相杂适均。"文质不可以相胜。然质用文,犹之甘可以受和,白可以受采也。文胜而至于灭质,则其本亡矣。虽有文,将安施乎?然则与其史也,宁野。"(《四书集注·论语集注》)通过消灭人的自然本性之"质"以求"文","文"因其无内容而流于空疏。此外,孔子还非常重视"直"这种情感,在与友交时,"不得中行而与之,必也狂狷乎!狂者进取,狷者有所不为也"(《论语·子路》)。孔子之所以肯定狂狷之人,正是由于其没有隐瞒自己的真实感情,率性而为,则近道矣。这也深深影响到后儒对道德人格的定位,王阳明就要求有德之人须做得个"狂者的胸次,使天下人都说我行不掩言也"(《传习录·黄省曾录》)。而且在《宪问》篇中,孔子还强调"以直报怨"。特别是孔子还主张"父子相隐",理由则就是"直在其中矣"(《论语·子路》)。仁义道德不在于其多么地崇高和超迈而远离人性甚至于不近人情,类似于康德式道德那样,"怀着厌恶的心情去做道德之事",而是要奠基于人的自然情感,只有如此方能生生不息以至绵绵不绝。

孟子论"情"的地方也是非常多的。他所强调的"四端"之心实乃事亲、从兄二者之情也。"仁之实,事亲是也。义之实,从兄是也。智之实,知斯二者弗去是也。礼之实,节文斯二者是也。乐之实,乐斯二者,乐则生矣;生则恶可已也?恶可已,则不知足之蹈之、手之舞之。"(《孟子·离娄上》)故而朱熹解之曰:"故仁义之道,其用至广,而其实不越于事亲、从兄之间,盖良心之发,最为切近而精实者。"(《四书集注·孟子集注》)对每个人来说,事亲、从兄之情并不存在勉强之意,和顺从容乃自然流露,"手舞足蹈"之乐油然而生。朱熹把"四端"之心直接解释为情。孟子曰:"乃若其情,则可以为善矣,乃所谓善也。"(《孟子·告子上》)所以德性的涵泳始终是依循着人类最真实、最自然也最朴实的情感,这种情感的笃定是居仁由义的基础,否则沦为矫情、虚伪。儒家强调"爱有差等"的原因就在于此。因为仁爱就是将亲亲之情推扩出去,当然这也必须借助于"思"的力量,如孟子讲"心之官则思,思则得之,不思则不得也"(《孟子·告子上》),但我们必须看到这种思不是知识论意义上的理论思考,而是将心比心。戴震对"情与理何以异"的解释是:"在己与人皆谓之情,无过情无不及情之谓理。"(《孟子字义疏证·理》)可见,情与理是可以相通的,是一种情感化的理性或理性化的情感。如果违背人的自然情感而从外在抽象的"无情之理"出发,结果将非常可怕。

而且,在儒家看来,人情之自然乃不可免也,"由血气之自然,而审察之以知其必然,是之谓礼义;自然之与必然,非二事也。就其自然,明之尽而无几微之失焉,是其必然也。如是而后无憾,如是而后安,是乃自然之极则。若任其自然而流于失,转丧其自然,而非自然也;故归于必然,适全其自然"(《孟子字义疏证·理》)。由此可知,人性的自然只有获得必然的、普遍性的形式才能最大限度地实现,但是,必然不能与自然相对立,而只有内蕴自然的必然和普遍才是真正的善。这就是为什么孟子斥墨子的"兼爱"为"无君无父"也,实乃禽兽之行径,因为这是对人性的强求,甚至是反人性的。这在后儒王阳明那得到了进一步的发挥。当问及墨子"兼爱"为何反不得谓之仁时,王阳明回答道:"仁是造化生生不息之理,虽弥漫周遍,无处不是,然其流行发生,亦只有个渐,所以生生不息……譬之木,其始抽芽,便是木之生意发端处……父子、兄弟之爱,便是人心生意发端处,如木之抽芽。自此而仁民,而爱物,便是发干生枝生叶。墨氏兼爱无差等,将自家父子、兄弟与途人一般看,便自没了发端处。"(《传习录·陆澄录》)可见,仁德勃发的基础本就在人的最真实的自然情感上。"孟氏'尧、舜之道,孝弟而已'者,是就人之良知发见得最真切笃厚、不容蔽昧处提省人。使人于事君、处友、仁民、爱物,与凡动静语默间,皆是致他那一念事亲、从兄真诚恻怛的良知,即自然无不是道。"(《传习录·答聂文蔚(二)》)道或天理贵在自然而然,而不是戕贼人性;贵在"集义",而不是"义袭而取"。所以,孟子非常重视人的自然情感,因为这种情感是显仁著义的情感基础。舍是,则无法取得一个德性跃升的势能,正是这个势能是进而提升自我的德性修养的基石,"行有不慊于心,则馁也"(《孟子·公孙丑上》)。如果我们能够很好地理解这一点,也就能够理解"舜视弃天下,犹弃敝踪也;窃负而逃,遵海滨而处,终身䜣然,乐而忘天下"(《孟子·告子下》)的真实用意。①

总之,在传统儒学那里,合"礼"的行为就植根于人的内在的自然情感之中。在《论语·八佾》中记述了孔子回答林放"礼之本"的问题时说:"礼,与其奢也,宁俭;丧,与其易也,宁戚。"所以,儒家是从内在的情感来裁定一个人对"礼"的践履程度,这样"礼"的实践就不是对人性或人情的压制,而是一种自觉、自愿的道德实践。正如有学者所指出的:"儒家所说的自然,是有生命意义的,其主要功能是'生'或'生生',它不仅是形体生命的来源,而且是德性的来源。"②这也是中国传统儒家道德教化的特质。

---

① 有人认为孟子是徇私枉法,其实是未能理解孟子之深意。孟子也不是以情以势压法,因为在孟子看来,"天爵"比"人爵"更为重要。《大学》讲"富润屋,德润身",对于个人的自我完善来说,德是最重要的,而德性的生成又是在事亲之仁敬长之义上充实起来的。另外孟子还在《尽心上》提出"父母俱在,兄弟无故"乃君子三乐之中第一乐也,甚至王天下不与存焉。其实也应作如是观。

② 蒙培元:《情感与理性》,中国社会科学出版社 2002 年版,第 322 页。

三、传统儒家德性的涵养之方:"忠恕之道"

我们上面已经论述到,传统儒家的礼是因乎人情的,是对人情的治理。这也就决定了儒家德性的出发点必定是从"己"出发的,所谓"推己及人"是也。因为人对于自己的情感、感觉的"切肤"之痛痒是再熟悉不过的了,若从"己"之外的"他"出发则必借助于理性推理或想象,而这恰恰可能是"主观"的。之所以说借助于理性推理也可能会是主观的,主要是由于没有自己的切身感受、体会与他者的相通,没有通达天地古今之超越性和人类道德伦理生活之客观性对理性自我的约束与限制,理性会因其无法扎根而成为空虚的主观想象。这就是黑格尔批判康德的"形式的良心"也可能无恶不作的原因。不过我们知道,人情本身也可能有一己之私,如果没有别的限制或规定,则易流为恶。而儒家所强调的情感却是一种具有普遍性的,这是如何达到的呢?

曾子曰:"夫子之道,忠恕而已矣。"(《论语·里仁》)朱子解"忠恕"为"尽己之谓忠,推己之谓恕"。孔子也说:"夫仁者,己欲立而立人,己欲达而达人。能近取譬,可谓仁之方已。"(《论语·雍也》)可见,"为仁之方"是两方面的,"己立""己达"是"尽己"的功夫,而"立人""达人"则是"推己"的功夫,这两方面不可分离。单纯强调"尽己"一面,则易于流于偏私,因为它缺乏他者的向度。正如徐复观所说的,有的忠,未必通向恕,"恕才是通人我为一的桥梁,是仁的自觉的考验"①。而忽略"尽己"则"推己"也为空。可见,忠恕不可分作两截做,而是互为表里、明体达用。所以儒家所强调的德是"合内外之道"的"成己成物"(《礼记·中庸》)。成己成物必定要落实在行为实践中,在人伦事物中下功夫才是可实现的,而且就在人伦事物的践行中开显"道"。《中庸》有云:"诚者,非自成己而已也,所以成物也,成己,仁也;成物,知也。性

---

① 徐复观:《中国人性论史·先秦篇》,上海三联书店 2001 年版,第 86 页。

之德也，合外内之道，故时措之宜也。""合外内"既是对"诚""德"之主观性限制，更是对"诚""德"客观性达成的教化正途。因为德性之完成并非单纯依主体内在性即可，其必须落实在"成物"和"尽物之性"的客观活动中，真正消解自我中心主义的道德观。

孔子曰："不怨天，不尤人。下学而上达。知我者其天乎！"（《论语·宪问》）程子对此章注曰："学者须守下学上达之语，乃学之要。盖凡下学人事，便是上达天理。然习而不察，则亦不能上达矣。"（《四书集注·论语集注》）此解可谓精当。儒学并不在于把"天理"拔高到道德形而上学的高度，而是"即情显性"，这与康德的路径不一样。康德在《道德形而上学原理》中力图从普通的道德理性知识过渡到大众道德哲学，并最终上升到道德的形而上学。因为为了保证德性的力量和崇高性，康德认为只有奠基于纯粹理性才是可能的，否则易于在"自然辩证法"中败阵。相比而言，儒家更注重行为实践的合宜，这就是为什么王阳明强调"知行合一"。"懵懵懂懂的任意去做，全不解思惟省察，也只是个冥行妄做，所以必说个知，方才行得是……茫茫荡荡悬空去思索，全不肯着实躬行，也只是个揣摸影响，所以必说一个行，方才知得真。"（《传习录·徐爱录》）"知行合一"所强调的实际上是"知"和"行"之间的调解过程，这种调解实质上是主体结合自身的情态对实践行为、实践方式和实践环境作创造性的理解之后付诸实施。德性之知、之思完全是必要的，但把知上升到形而上学的高度则没有必要，因为在孔子看来，从自己的真实情感出发，"己所不欲，勿施于人"就足以保证道德的落实。虽然儒学是从己出发的，但绝不是固执于一己之私情，而且要把一己之欲、之情普遍化、共通化，否则是缺乏教养的表现，不可能敦厚德性。

在亚圣孟子那里也是如此。因为孟子首倡"性善"，人人都具有为善去恶的资质和可能性。仅停留于内心的善端若不推扩出来，不在人伦物则上显现并结构化为性，就不可能使德性得到涵养和充实。所以在一定意义上,性即情,性就是已发之情而能如礼。孟子的圣人也不是不食人间烟火的神,而是能够在物事上实现"道"。"形色,天性也;惟圣人然后可以践形。"(《孟子·尽心上》)"践形"就是能够把形上之理体现在形色一类形而下之人伦物则上,从而实现人性的圆满自足。孟子曰:"亲亲而仁民,仁民而爱物。"(《孟子·尽心上》)所以德性的修为不是局限于血缘亲情之爱一事上,而是要"老吾老以及人之老,幼吾幼以及人之幼",甚至及于宇宙万物,具有"民胞物与"的博大胸襟。亲亲只是涵泳善性的发端处,所以程明道云:"行仁自孝弟始。孝弟是仁之一事,谓之行仁之本则可,谓是仁之本则不可。"(《传习录·答聂文蔚(二)》)由此可见,儒家所强调的仁德不是个别性的私情,而是要在亲亲之情中获得一种敏感从而获得"尽己""推己"的情感基础。这是一种自然而然的润物无声式的教化方式。仁德是从人的自然情感出发,"可欲之谓善,有诸己之谓信,充实之谓美,充实而有光辉之谓大,大而化之之谓圣,圣而不可知之之谓神"(《孟子·尽心下》)。为什么儒家的"道"常人不容易认知和觉察,只因道在事上显,在身上显,乃"以身载道"。用道家的话说,即是"道在天地间不可见,可见者化而已;化在天地间不可见,可见者形而已"(《化书·仁化》)。道其实"化"在人践履人伦物则上,"诚于中"而"形于外"也。孟子之道的超越之途可以概括为:"尽其心者,知其性也,知其性则知天矣。存其心,养其性,所以事天也。夭寿不二,修身以俟之,所以立命也。"(《孟子·尽心上》)"尽心"不是在知识论意义上获得艰涩、深奥之理,也非一孤悬六合之外的精神实体,而是要将人之不忍恻隐之心推扩出去,此一方面;另一方面就是必须体现在行为实践上,贯彻忠恕之道,存心、养心,如此方能达到仁、义、礼、智诸性德。在王阳明看来,"诚意"只有在行为中体现方才是"诚意",否则只是"意"。他说:"意欲温清,意欲奉养者,所谓意也,而未可谓诚意。必实行其温清奉养之意,务求自慊而无自欺,然后谓之诚意。"(《传习录·答顾东桥书》)可见,知行工夫本不离,原始儒学的这种入世品格,对后儒影响深远。①

由上面的分析我们已经知道孟子要在血缘亲情之上把人的善端培育出来,使之达于外。"道在近而求诸远,事在易而求诸难:人人亲其亲、长其长,而天下平。"(《孟子·离娄上》)亲、长就在我们身边所以近,因此亲之、长之也不是难事,"而道初不外是也"。而且,就孔孟而言,"内圣"只是一个方面,必寻求落实于外在事功而达致"外王",修身齐家治国平天下。"外王"不是要求所有的人都为政,只不过是要求把内圣显现于外在事功上。有人问孔子为什么不为政时,孔子答道:"书云:'孝乎惟孝,友于兄弟,施于有政。'是亦为政,奚其为为政?"(《论语·为政》)由此,内圣外王之道可见一斑。

四、传统儒家德性的实现途径:"礼乐教化"

牟宗三先生曾将境界形态与存在形态作了区分,认为境界形态是"属于认识的,为水平线型",而存在形态是"属道德主体性学的,为垂直线型"。他认为儒家哲学不只是境界形态的,更主要是存在形态的,因此能"建立道之客观实体"而实现"主客观性相统一之规模"。② 在此我们不必纠缠于牟氏对这两种形态的划分是否恰当,但儒家道德哲学属于"垂直线型"的存在形态则是无疑义的。因为正如孟子看来,"四端"之情只有经过"扩充"才能成就德性,而扩充"不只是量的增加,

---

① 其实陆王心学与程朱理学的差别并不像有的学者所认为的那么大,王阳明自己对程朱理学也深有同感,在大的原则方向上没多大的区别,只不过是向内致知还是向外格物作为修身的起点,格物与致知也是不可分离的。"岂有尊德性,只空空去尊,更不去问学? 问学只是空空去问学,更与德性无关涉?"[(明)王阳明:《传习录·黄以方录》]朱熹也并非要把万有之性理当作外在的对象,而是与人的本质一体同时之意义,故想通过对外物之理的认识来促成对自身道德之理的自觉。(可参见高海波:《自律还是他律——反思牟宗三以朱子格物致知理论的定位》,《道德与文明》2021年第3期。)而王阳明则是在心中、行当下见性。

② 转引蒙培元:《情感与理性》,中国社会科学出版社2002年版,第3页。

它还有提升之义,有从主观变为客观、由内在变为外在,由特殊变为普遍的意义"①。也就说,儒家道德所追求的,就是在伦常日用之间涵厚其德,从而把自己提升到普遍性的层次,真正实现人之为人的本质。

在儒家看来,德性的修为并不是脱离伦常日用之间的抽象提升,而是通过礼乐的教化而实现的。所以儒家非常重视礼乐之教化作用。但是,这个礼乐的系统,乃是由历史传统之延续而形成的一种普泛的社会生活形式,并非儒家自身所专有的仪式系统。这使儒家的"教化"与宗教的教化大异其趣,这一点,应予以特别的注意。② 礼乐之义,"因人之情而为之节文"(《礼记·坊记》)。关于"礼"的起源,代表性的有两种③:一是起源于原始宗教说,"致其敬于鬼神","慎终追远"是也;一是起源于人事说,《荀子·礼论》云:"礼起于何也? 曰:人生而有欲,欲而不得,则不能无求;求而无度量分界,则不能不争;争则乱,乱则穷。先王恶其乱也,故制礼义以分之,以养人之欲,给人之求;使欲必不穷于物,物必不屈于欲,两者相持而长,是礼之所起也。"无论"礼"起于何者,"礼"都是人约束自然性的生命而寻求生命超越的追求,"是故先王之制礼乐也,非以极口腹耳目之欲也,将以教民平好恶而反人道之正也"(《礼记·乐记》)。人在自然性的存在上与动物无异,但人能够从自然性存在中超越出来,获得一种道德生命。而这种生命境界的提升就在于"礼"的"辨异"功能。"夫礼者,所以定亲疏、决嫌疑、别同异、明是非也。"(《礼记·曲礼上》)人与动物的差别说到底就是人能够借助于人类在伦理生活的历史长河中所创制的制度、规范来约束其本能,使人之本能加以雕琢以进入一种"人道"的秩序,"情深而文明"。孔子也认为,个体性的优秀品质如果没有具有普遍性的"礼"的约束,

---

① 蒙培元:《情感与理性》,中国社会科学出版社 2002 年版,第 136 页。

② 李景林:《教化的哲学》,黑龙江人民出版社 2006 年版,绪言第 2 页。

③ 参见龚建平:《意义的生成与实现——〈礼记〉哲学思想》,商务印书馆 2005 年版,第 62—65 页。

也可能会走向反面,因为"恭而无礼则劳,慎而无礼则葸,勇而无礼则乱,直而无礼则绞"(《论语·泰伯》)。所以要"立于礼","约之以礼","不学礼,无以立"(《论语·季氏》)。不过,作为一种规范的"礼"是一种外在的设置,"礼自外出"是也,它何以有效地获得人的认同从而自觉服膺呢? 根本的原因就在于儒家所强调的礼是因人情而制的,故而能够得到人情感的深切认同。《礼记·礼运》有云:"故圣人耐以天下为一家,以中国为一人者,非意之也,必知其情,辟于其义,明于其利,达于其患,然后能为之。"这就是说,圣人所创设之"礼"并非主观臆测,而是本乎人情,并使之成为人之实践活动的仪轨。孔子也把"人情"比作"圣人之田",认为必须"修礼以耕之,陈义以种之,讲学以耨之,本仁以聚之,播乐以安之"(《礼记·礼运》)。可见,人的自然情感乃是道德教化的着力点。

虽然说儒家所谓的"礼"不反人情,但若缺乏对"礼"的内在省察则必流于外在的程式或单纯的礼仪,也就仅仅成为一种外在的规诫或强制性的东西。这主要是因为,"情"的含义是多样的[①],但"情欲"则是不能免的。也就是说,情欲与外在的普遍性的礼制是格格不入的,礼制的目的就是要对人的私己化的情欲进行限制、转化以至提升。因此,儒家在礼的实施过程中不是片面地把外在的礼制强加于个体身上,而是强调"礼""乐"并举。"乐统同","乐教"使人获得对"礼"的自觉与心理情感上的支持。《礼记·乐记》云:"乐由中出,礼自外作。乐由中出,故静;礼由外作,故文。大乐必易,大礼必简。乐至则无怨,礼至则不争。揖让而治天下者,礼乐之谓也。"又云:"是故先王本之情性,稽之度数,合生气之和,道五常之行,使之阳而不散,阴而不密,刚

---

① 龚建平在对《礼记》关于"情"的梳理中,提出"情"具有四种含义:一为情欲;二为感情或情意;三为人之为人之情,也即"情理"或"性情";四为"情实"或"情状"。(可参见龚建平:《意义的生成与实现——〈礼记〉哲学思想》,商务印书馆 2005 年版,第 78—83 页。)

气不怒,柔气不慑,四畅交于中而发作于外,皆安其位而不相夺也,故曰:乐观其深矣。"由此可以看出,儒家并非从外在强加于人的义务或绝对命令的角度来理解道德,而是强调道德行为背后心理的支持。因为真正的道德行为必须有心理动因来推动,否则将使人的道德生活变成精神分裂的状态。这也正是儒家必须强调"乐教"的原因。

由于礼乐并举,所以"礼之教化也微,其止邪也未形,使人日徙善远罪而不知也,是以先王隆之也"(《礼记·经解》)。可见,礼的教化不能靠外在的强制,而是一种"润物无声式"的日夕熏染,习于向善。在荀子的教化思想中,礼既约束情欲又涵养情欲,乐既引导情志又鼓舞情志。一方面,从教化的过程来看,"礼教"不可离"乐教","乐教"是"礼教"的手段。"有礼则不可无乐,礼者,以人定之法,节制其身心,消极者也,乐者,以自然之美,化感其性灵,积极者也。礼之德方而智,乐之德圆而神。无礼之乐,或流于纵恣而无纪;无乐之礼,又涉于枯寂而无趣。是以荀子曰:'夫音乐,入人也深,而化人也速,故先王谨为之文,乐中平则民和而不流,乐肃庄则民齐而不乱,民和齐则兵劲而城固。'"①"乐教"能动人之情,使人不觉半点勉强而能"尊德乐义"、自觉如理。"乐也者,圣人之所乐也,而可以善人心。其感人深,其移风易俗,故先王著其教焉。"(《礼记·乐记》)王阳明也说:"大抵童子之情,乐嬉游而惮拘检,如草木之始萌芽,舒畅之则条达,推撕挠之衰瘘。今教童子,必使其趋向鼓舞,中心喜悦,则其进自不能已。譬之时雨春风,沾被卉木,莫不萌动发越,自然日长月化。若冰霜剥落,则生意萧索,日就枯槁矣。"(《传习录中·训蒙大意示教读刘伯颂等》)另一方面,从教化的目的来看,"乐教"又是"礼教"的目的,"乐者,德之华也"(《礼记·乐记》)。因为儒家道德所要达到的境界无非"随心所欲不逾矩""上下与天地同流"的化境。通过"乐教"使人达到内在的自觉,从

----

① 张汝伦:《文化融合与道德教化》,上海远东出版社 1994 年版,第 42 页。

善如流。荀子也言："仁、义、礼乐，其致一也。君子处仁以义，然后仁也；行义以礼，然后义也；制礼反本成末，然后礼也。三者皆通，然后道也。"(《荀子·大略》)可见，只有通过礼乐教化方能使人"与天地参"，在宇宙大化流行中挺立道德人格，从而实现人之为人的本性和道德价值。

可以说先秦儒学有着丰富的教化思想，但其教化并不是一种非人性的自我提升，而是依循着人的自然天性，对人情的治理，并在人伦日用、风俗习惯之间完成教化的。我们知道，先秦儒学对"性"的界定并非高高在上一精神实体，而是有着高下层级的，但"性"包含着人的自然欲求的层面，这一点儒家是不否认的①，甚至这种人之常情也应是儒者的关怀之维。从先秦儒学强调的"庶之""富之""养之""足之"就可知道，对他人合理性的情、欲的满足乃是必要的，而且也是成就自我德性的表现。而且，"庶之""富之""养之""足之"的关键不在于外在性的给予，而在于对自身的认识中有"他者"的向度，即他者也是和我一样有情有欲的人，这种认识以及对他者情感、欲望的尊重才是最重要的。尊重只有在情感相通之后才可能发生。但是我们也应该看到，儒家所强调的"性"并非圆满自足、不待教化的，如果"性"仅是天性自然，则人禽无分，而"人禽之辨"却是儒学关注的核心，所以"性"必有着更高的价值诉求。"性"的超越性内涵具体就体现在与"道""天命"的价值关联，《易传·系辞》云："一阴一阳之谓道，继之者善也，成之者性也。""对善的诠说是在道与性之间进行的，善必须在对道的承继上以及在对性的成就中才能开启自身。道不是实体性的，而是万物生化流

---

① 孔子说："性相近。"(《论语·阳货》)孟子也言："人之所不学而能者，其良能也，所不虑而知者，其良知也。"(《孟子·尽心上》)荀子说："人之不可学不可事之在人者，谓之性；可学而能可事而成之在人者，谓之伪。"(《荀子·性恶》)这就说明，在"性"上，人与人是相近的，都暗含着人情所不能免的东西。把"性"中之"情"排除出去，如果不是愚蠢的，那也是别有用心的。

行的过程,而且这一过程有着明确的条理性。善的行为就是对这种自然秩序的助成。"①此说对传统儒家道德教化的概括可谓恰当。

第三节　古希腊道德教化中的伦理特质

同处"轴心时代"的古希腊文明,也孕育着丰富的教化思想。虽然与中国传统儒家的道德教化存在着差异,它更突出理性的普遍性而不是注重情感的普遍性在道德教化的重要意义,同时它还区分了伦理德性与理智德性。但是,把人看作有待教化,并在伦理共同体中实施对个体的教化则在中西方是一致的。而且,德性乃关乎人的灵魂结构的和谐有序,并把个体提升、塑造成具有实体性的人。正如黑格尔所说的,有实体性的东西与个人的欲望、冲动和意志的直接统一就是希腊道德的特点。下面我们将对古希腊道德教化的伦理特质进行梳理。

一、道德教化的实体性与确定性的追寻

正如古希腊谚语所言,"荷马教化了希腊"。荷马史诗对希腊人的思想情感和道德的塑造起了重要的作用。希腊语"aretê"(也即现在所译成的"德性")一词在荷马史诗里并不具有现代意义上的道德含义,它更多的是表达一种功能性的卓越。运动员的卓越(aretê)就展现在他的强健的体魄和敏捷的身体;马的卓越(aretê)就在于它跑得快等等。而且,在英雄社会,勇敢的德性是最重要的德性,其原因就在于勇敢不仅由于它是个人的品质,而且由于他是维持一个家庭和一个共同体所必需的品质。由这一点我们可以很清楚地看到德性是与共同体

---

① 陈赟:《在合理性与可欲性之间:儒家思想中善的观念——以戴震为中心的考察》,《孔子研究》2000 年第 6 期。

联系在一起的。所以麦金太尔说："如果把英雄社会的德性从这种社会结构的社会关系中抽取出来，就不可能对这种德性恰当论述。"①因此，判断一个人的善或恶的依据，在于他在具体的环境中是否做出了与其在共同体中的角色相要求的行为。在此，每种德性既在社会共同体中得到确认，又在维护共同体生活中得以统一。但是，作为一个人的卓越的品质与作为一个社会成员所需要的品质之间还是存在不相容的地方，因为"英雄的自我本身并不希求把自己普遍化"。正如麦金太尔同时指出的那样，英雄时代的自我与当代情感主义的自我之间存在着鲜明的对立。因为当代情感主义把自我从任何特定立场抽身出来，并且是站在外部来观察和判断这些立场和观点。但是在英雄社会则没有"外部"可言。"在英雄社会中，一个人若试图脱离他既定的社会位置，那就是试图使自己从这个社会中消失。"②因此，德性在某种程度上是相对的，之所以说是相对，根本的原因就是这种诗性教化并不是建立在普遍的理性追问之上的，而是诉诸神明的力量。"诗性教化者如荷马和赫西俄德都自觉自己在传达神的声音，传述神的事（以及在众神目光下的人的生活）。神的言说在古代伦理中至关重要。在哲学家出场用各种理性方式解释和论证道德之前，伦理原则基本上呈现为宗教义务论型的（是神的命令，而不需要一大套理性论证来说服人们接受）。"③在共同体中生活即确定了人的神圣义务，共同体的价值信仰是人的本真性之源，当然也是非反思的。

应该说，是苏格拉底上演了希腊伦理学的首幕正剧。叶秀山先生指出，并不是说苏格拉底以前希腊没有伦理思想，"但智者学派在伦理

---

① ［美］麦金太尔：《德性之后》，龚群、戴扬毅等译，中国社会科学出版社1995年版，第155页。

② ［美］麦金太尔：《德性之后》，龚群、戴扬毅等译，中国社会科学出版社1995年版，第159页。

③ 包利民：《生命与逻各斯——希腊伦理思想史论》，东方出版社1996年版，第45页。

学上的感觉主义核心在于它的相对主义,这样,森严的'道德律'就遭到了'自然律'同样的命运,成为瞬息万变、无可捉摸的'江河',苏格拉底的任务就在于替道德品质找出坚实的基础,以与瞬息万变的万物对立"①。在《高尔吉亚篇》和《普罗泰戈拉篇》中,智者和苏格拉底之间就"德性是否可教"的问题进行了激烈的争论。与智者一样,苏格拉底认为德性是可教的,因为德性的共同本性就是知识,知识当然是可教的。但是他认为不能像智者那样把德性当作一门技术性的知识,而坚持德性乃是至善的光照亮人的心灵,使灵魂不再受可变现象世界的意见的蒙蔽。

既然美德是知识,知识是具有普遍确定性的,那么德性就应该也是确定性的。因此,苏格拉底的哲学就是要在流俗所谓的德行背后追寻是非善恶的理念或基础,在现行的法律后面追寻正义之善,在当下的公共生活中寻求普遍的原则。苏格拉底终生的哲学活动就是探求"什么是美德"。这与其所处的时代以及他所面对的问题有关,智者们都在兜售他们自称的道德真理,因为在智者们看来,"人是万物的尺度",概念都是约定俗成的,从而没有确定的含义。对于智者来说,对美德知识的学习目的不在于领悟其规范性与普遍性,而恰恰在于逃避规范的制裁或披上"显得善"的外衣,以获得自身最大的自然满足。美德教育的最终结果即是通过行不义以求欲望满足。苏格拉底所做的就是通过下定义的方式来反对智者们的感觉主义和相对主义。因此,在苏格拉底的对话中,最典型的问题形式就是:X 是什么? 勇敢、正义、友爱、节制、幸福、美等等,都成了他探究的对象。苏格拉底最著名的求真理的方式就是通过"反讽式的对话"来解蔽俗见从而为知识找到一个不可怀疑的肯定的起点。这与智者派所持的信念完全不同,智者们不仅不相信任何确定性,而且意在拆解确定性。黑格尔在谈到苏

---

① 叶秀山:《叶秀山文集》哲学卷(上),重庆出版社 2000 年版,第 476 页。

格拉底与智者派的区别时曾指出,苏格拉底同样提出过"人是尺度"的命题,但作了进一步的规定,在他那里,"人是尺度,是就人是思维的、人给自己提供一个普遍的内容而言"①。可见,苏格拉底既不像保守派那样为了维护雅典传统的伦理、宗教和惯常的习俗,也不像智者派那样从感觉出发进而导致道德相对主义的困境,而是致力于建构基于理性的知识和生活。这种为德性寻求理性确定性的方式影响深远,正如黑格尔所评价的那样,"苏格拉底的原则造成了整个世界史的改变,这个改变的转捩点便是:个人精神的证明代替了神谕,主体自己来从事决定"②。黑格尔指出苏格拉底这种"精神向自身折回"的"道德"第一次与"伦理"分离了,本真性与自主性建立了关联。

当然,道德与自我意识(知识、理性)的结盟不仅有陷入主观性的危险,更可能缺乏"现实化的环节"。不可否认,教化必须拒斥感性欲望对理性的蒙蔽,从而使理性主宰人的心灵,使整个灵魂实现转向并获得提升。不过对于苏格拉底所强调的单纯的理智态度,亚里士多德认为还应重视人性的有限性和境遇的条件性。对人性的有限性或境遇的条件性的重视并不必陷入道德主观主义或道德相对主义的泥潭。德性无疑具有普遍性,但这种普遍性不是形式的普遍性(formal universality)或抽象的普遍性(abstract universality),而是内容的普遍性(intensional universality)或具体的普遍性(concrete universality)。这种普遍性是直指实践的,在实践中应时应势而表现出德性的适度,而不是抽象地以一定的程式僵化地来表现,如果那样的话,就是外在的、对象化的。所以黑格尔批评道:"苏格拉底关于美德的话说的比普罗泰戈拉好,但是也不是完全正确的,因为他把美德当成一种知识,这

① 〔德〕黑格尔:《哲学史讲演录》第二卷,贺麟、王太庆译,商务印书馆1960年版,第27页。

② 〔德〕黑格尔:《哲学史讲演录》第二卷,贺麟、王太庆译,商务印书馆1960年版,第89页。

是不可能的。因为全部知识都与一种理由相结合，而理由只是存在于思维之中；因此他把一切美德都放在识见（知识）里面。因此我们看到他抛弃了心灵的非逻辑的——感性的——方面，亦即欲望和习惯。"①黑格尔认为，美德要进入现实，不仅要靠识见，还需要人心、心情与它合二为一。不过，应该指出的是，黑格尔对苏格拉底的评价还应辩证观之，虽然苏格拉底确实是要在伦理、习俗背后找到道德的理性根基，但把苏格拉底的道德哲学与现代性道德哲学等量齐观，却也有言过其实之嫌。因为苏格拉底把德性置于理性的根基之上，与康德意义上的那种探究"自我"如何"配享幸福"的学说不同，而是探究"自我"的伦理本质，以及说明教化无论如何不是如智者那般从外在灌输，而只能通过引导、启发使人摆脱外在意见的羁绊。不过，如果我们深入考察古希腊意义上作为美德的知识，我们就必然会发现，它不同于我们现代认识论意义上的知识，而是一种"实践的"知识。我们不仅想知道德性是什么，更重要的是，我们还是为了变得善良而去追求德性的知识的。所以，正如伽达默尔所说，在古希腊那里，知识不是各种真理的匿名的总体，而是人的一种举止。"理论也决不是处在实践的对立面上，而是一种最高的实践的实践本身。"②

二、道德教化的普遍性及其理智化特征

柏拉图遵循其师苏格拉底的对事物下定义的方法并发展成了"理

---

① ［德］黑格尔：《哲学史讲演录》第二卷，贺麟、王太庆译，商务印书馆 1960 年版，第 68 页。

② ［德］伽达默尔：《论一门哲学伦理学的可能性》，邓安庆译，《世界哲学》2007 年第 3 期。

念论"①,对"理念"的追求是柏拉图哲学的终极目的,对"善理念"的追求则奠定了柏拉图理智教化论的特质。"它的确就是一切事物中一切正确者和美者的原因,就是可见世界中创造光和光源者,在可理知世界中它本身就是真理和理性的决定性源泉:任何人凡能在私人生活或公共生活中行事合乎理性的,必定是看见了善的理念。"②柏拉图把世界分为两部分:可知世界与可见世界。可见世界就是现象世界,它是由复杂多样、变化不居的感性现象所构成,所以柏拉图的使命就是通过"理念"来拯救"现象",通过"灵魂转向"(conversion)来使人从对现象的痴迷走出来,进而专注于真实的实在,进入可知世界。灵魂的转向其实就是人的灵魂受到教化的过程,从最初的为感性直觉所迷惑之虚假真实上升到能够洞察真实实在本身,这是一个垂直上升的过程。在洞穴内,我们只能看到事物的影子,它是飘忽不定且不真实的东西,只能形成意见,而意见只具有偶然性。真正的实在是理念,理念是必然的、恒常的。人的灵魂结构主要由理性、激情和欲望三部分构成,而在柏拉图看来,人若受着激情和欲望的主宰就必然成为奴隶,就如其竭力批判的僭主的生活一样。僭主是一种依赖巴结恶棍的最卑劣的奴隶,而且他的欲望是永远无法满足的。所以,如果你善于从整体上观察他的心灵,透过芜杂的欲望你就可以看到他的真正贫穷:精神的贫穷与不安宁。僭主灵魂的三部分始终处于激烈冲突和矛盾的状态。

---

① 柏拉图将概念所把握的存在的普遍本质、绝对真理对象化为一种客观实在,即"理念","可以将它理解为精神性的客观实体,但不能将它理解为存在于个人的主观心灵中的东西(概念、观念)"。[姚介厚:《西方哲学史》第二卷(下),江苏人民出版社 2005 年版,第 576 页。]所以可以说,柏拉图的"理念论"把古希腊的哲学第一次提高到形而上学的高度。正如黑格尔说的,"哲学之发展成为科学,确切点说,是从苏格拉底的观点进展到科学的观点。哲学之作为科学是从柏拉图开始[而由亚里士多德完成的。他们比起所有别的哲学家来说,应该可以叫做人类的导师]"。([德]黑格尔:《哲学史讲演录》第二卷,贺麟、王太庆译,商务印书馆 1960 年版,第 151 页。)

② [古希腊]柏拉图:《理想国》,郭斌和、张竹明译,商务印书馆 1986 年版,第 276 页。

所以,人必须注视真实的实在,由理性来统帅激情和欲望,使这三者处于和谐、有序的状态,这时人才是真正自由的。由对欲望的迷狂转向对理念的凝思就是一个教化的过程,根据人的"理念"来塑造人,使人的灵魂或精神出离人的沉重肉身,从而使人的活动具有本体性的向度,以显示人性的高贵与超拔。在此,我们可以看出柏拉图哲学的形而上学的特质,即预设了"人的理念"或本质这一维度,并通过它把沉溺于"现象"即感觉的人拯救出来,从而达到本体性的自由。

柏拉图指出,灵魂转向不是靠外力,实质上是灵魂自身的一种提升,由沉溺于变动不居的现象世界的意见转变到具有普遍性的理念或真理的知识,从而使理性在人的灵魂结构中获得统治地位。理性或知识在柏拉图理论框架内有着特殊的意义,它不同于近代以来的工具理性或工具性的知识,而是有着价值指向的。说一个人是有理性的,是说这个人的灵魂是和谐有序的,这与说一个人是有教养的是同一个意思。教化不是别的,就是使具有普遍性特质的理性在人的心灵获得统治地位,从而在待人接物方面都能如理并做得合宜。"教化是人的心灵、精神从自然状态向普遍性状态的可体验的提升,在这个意义上说,教化是一种合乎理性的素质的获得。"[①]不过这种提升是需要一定的技巧的,即"一种使灵魂尽可能容易尽可能有效地转向的技巧。它不是要在灵魂中创造视力,而是肯定灵魂本身有视力,但认为它不能正确地把握方向,或不是在看该看的方向,因而想方设法努力促使它转向"[②]。因此,从这种意义上讲,灵魂转向不是从外面强加给个人以理性,而是作为理性存在者的人本身就具备这种理性的潜能,只不过被外在的意见或欲望取得了统治地位而遮蔽了灵魂的理性功能或能力。

而且,柏拉图所说的灵魂转向实际上是要使人的灵魂的每一部分

---

① 詹世友:《道德教化与经济技术时代》,江西人民出版社 2002 年版,第 13 页。

② 〔古希腊〕柏拉图:《理想国》,郭斌和、张竹明译,商务印书馆 1986 年版,第 278 页。

协调一致,听从灵魂的理性部分的指挥,只有这样,灵魂才会不被各种杂多无序的意见所充斥,从而转离变化无常的世界,灵魂本身所具有的"视力"才能选择正确的方向。"如果作为整体的心灵遵循其爱智部分的引导,内部没有纷争,那么,每个部分就会是正义的,在其他各方面起自己作用的同时,享受它自己特有的快乐,享受着最善的和各自范围内最真的快乐。"①只有这三者达到有序,即理性起主导和统筹作用,激情和欲望服从理性的引导,灵魂的每一部分都各司其职,才是一个有着正义灵魂的人。因此,"知识"在柏拉图的灵魂转向过程中具有重要的意义。"知识则是将人从黑暗中拉升到光明的灵魂牵引力,它固然不塑造德性本身,但是它通过引向德性而使人为德性及至善所光照。"②知识是"存在"而非"不存在"的,是"一"而不是"多",具有客观实在性。在这一点上,知识与德性具有内在一致性,因为德性是一个整体,很难想象某一个人会有此德而没有彼德,并且德性不会和德性相冲突,如果诸德性始终处于无法调适的矛盾之中,完整的人格就无法造就。这种本体性的知识不同于近代认识论意义上的知识,它是"一种有关存在的知识,一种有关至善的知识,实际上也就是一种有关神的知识。它比我们今天所说的、纯粹智力方面的'知识'有着更丰富、更广泛的内涵,因为除了一种智力方面的激情之外,一种道德上的激情也是它的动力,并且它的对象是包容万象的真实(Truth)"③。至善的知识渗透进个人的整个存在,使之切近本真性的认识。

当然,实现灵魂转向是要经过长期的学习,必须先后学习算术、几何学、天文学,最后学习辩证法。在柏拉图看来,只有通过这种学习和训练才能把灵魂引导到真理,才能将灵魂从变化世界转向真理和实

①　[古希腊]柏拉图:《理想国》,郭斌和、张竹明译,商务印书馆 1986 年版,第377 页。

②　石敏敏:《希腊人文主义》,上海人民出版社 2003 年版,第 191 页。

③　[英]基托:《希腊人》,徐卫翔等译,上海人民出版社 2006 年版,第 188 页。

在,也只有具备辩证法智慧的人才能完成整体的灵魂的转向,从而使灵魂转向它本真的状态,专注于"一"。"如果'一'本身就是视觉所能完全看清楚的,或能被别的感觉所把握的,它就不能牵引心灵去把握实在了……对'一'的研究便会把心灵引导或转向到对实在的注视上去了。"①

更重要的,柏拉图认为,个人的灵魂结构(理智、激情、欲望)与城邦的结构(智慧、勇敢、节制)具有同构性,城邦是个人灵魂受教化的基础,而个人的教化又有助于城邦达到和谐。卡西尔指出,"柏拉图在个人灵魂与国家灵魂之间的比较,决不意味着只是一种纯粹形象的说法或一种简单的类比;它恰恰表现了柏拉图的基本倾向:统一多样性将我们精神的混乱,我们期望和情欲的混乱、政治和社会生活的混乱,带进一种秩序,达到协调一致"②。卡西尔的看法应该说看到了柏拉图对普遍性理念追寻背后的目的,即普遍性虽然包含着个体灵魂结构中理智的成就,但更为重要的是普遍性生成的历史向度与价值指向也是其主要内容。人对善观念的接受、认同使其灵魂受到教化,以适应共同体生活的道德要求,铸就一种极具价值蕴含的公共生活。

虽然总体上讲,柏拉图的普遍性教化不可避免地具有理智性的特征,但在他那里,教化不仅是关乎个体的事情,个人的德性是必须在城邦共同体中才可以得到理解的。所以教化其实不可能离开政治关切。在柏拉图看来,灵魂转向、个人道德的完善和正义国家是一个完整的统一体。城邦共同体是个体受教化的现实基础,人不可能脱离共同体而能实现教化。正如耶格尔所说:"教化不只是指个体的实践:它本质上是共同体的一种功能……共同体对于其成员的构成性影响是最持久且活跃的,它缓慢而有力地教化诸个体的每个新的一代,按照它自

---

①　[古希腊]柏拉图:《理想国》,郭斌和、张竹明译,商务印书馆 1986 年版,第287 页。

②　[德]卡西尔:《国家的神话》,范进等译,华夏出版社 1999 年版,第 93 页。

身的形象塑造他们……因此,在每个人类共同体的教化是对于一种标准的主动意识的直接表达。"①可见,教化的本质就是要根据共同体的形象来塑造个体,使共同体所追求的范型或理想通过个体的生命实践来得以表达,而个体就是主动地接纳这种理想并参与其中。"我们的立法不是为城邦任何一个阶级的特殊幸福,而是为了造成全国作为一个整体的幸福。它运用说服或强制,使全体公民彼此协调和谐,使他们把各自能向集体提供的利益让大家分享。而它在城邦里造就这样的人,其目的就在于让他们不致各行其是,把他们团结成为一个不可分的城邦公民集体。"②成为城邦共同体的一员始终是柏拉图教化的目的。"希腊人"在某种意义上不再是有着共同血缘或具有共同生理特征的一群人,而是共享同一种教化的人。就像黑格尔所指出,"作为柏拉图理想国的根据的主要思想,就是可以认作希腊伦理生活的原则的那个原则:即伦理生活具有实体性的关系,可以被奉为神圣的。所以每一个别的主体皆以精神、共相为它的目的,为它的精神和习惯。只有在这个精神中欲求、行动、生活和享受,使得这个精神成为它的天性,亦即第二个精神的天性,那主体才能以有实体性的风俗习惯作为天性的方式而存在"③。受教化之人能够自觉遵守共同体的规范、原则而毫无违逆之感,因为自觉服膺规范的义务感成为人精神结构内在的一部分,形之于外的本能乃道德之本能。

不可否认的是,柏拉图的"理念"教化论具有较强的形而上学的意味,因为他把本体与现象截然二分,并用本体来范导甚至宰制现象。从这种角度看,在柏拉图那里,德性缺乏一种历史性的向度。这也是

---

① 转引石敏敏:《希腊人文主义》,上海人民出版社 2003 年版,第 10 页。

② [古希腊]柏拉图:《理想国》,郭斌和、张竹明译,商务印书馆 1986 年版,第 279 页。

③ [德]黑格尔:《哲学史讲演录》第二卷,贺麟、王太庆译,商务印书馆 1960 年版,第 250 页。

海德格尔把柏拉图主义看作形而上学的原因。因为在柏拉图的理念论中,个体的欲望无法获得存在的合理性,德性变成了与欲望直接对立的抽象的普遍性。这一点也为亚里士多德所不满,他认为柏拉图的善"是一种分离的绝对的存在",这显然是人无法实现和获得的善,也就是说,它是属神的善而不是属人的善。黑格尔也指出缺乏主观性(主体性)在柏拉图那里成为绝对的原则,殊不知,没有经历特殊性的中介,普遍性本身也是抽象的而无法成为现实性,因为"人们必须从他们自身里按照自己的利益和情欲产生出合理的事物来,正如理性必须通过急迫的需要、偶然的机会和外在的环境方成为现实性一样"①。摒弃一切经验的抽象普遍性一旦进入实践领域,必然造成对人的生命价值的无情践踏,这是我们必须警醒的。不过,我们也应该辩证地看待柏拉图的教化论,知识或真理不是游离于人的存在之外的工具理性,而是关涉到人的整个灵魂和谐的存在智慧;道德教化不是外在的灌输,而是灵魂的内在转向,让理性主宰其心;德性的获得也不是个体主观性的成就,它离不开伦理共同体的教化,伦理共同体构成了个体的精神、生命和本质。所以,通过对"善的理念"的追求而获得的本体性的自由对我们反思近代以来的主体性抑或主观性具有重要的启示意义。

三、道德教化的自然性与具体化

由上述可以看出,柏拉图的德性教化总体上是理智性的,他秉承苏格拉底的"美德即知识"的教化理路,认为人不会故意作恶,而是出于无知。因此,只有达到对"普遍善"或"善理念"的观照和凝视才能达到德性教化的目的,舍此别无他途。这种"知识论"倾向的教化理路是

①　[德]黑格尔:《哲学史讲演录》第二卷,贺麟、王太庆译,商务印书馆 1960 年版,第 266 页。

存在问题的。不过，必须指出的是，苏格拉底和柏拉图所谓的理智或知识是人本身的一种观照真理的能力，它在本真意义上是指向生活和行为实践的。也就是说这里所谓的"知识"不是静态的与生活善恶的抉择无关的对客观对象的知识，而是一种蕴含着对人之生命存在提升的智慧觉察。但是由于柏拉图哲学体系内在隐含的"理念"对"情感""意志"的绝对拒斥有着"泛认知主义"的倾向，由知识向行动的促发就显得动力不足。这从柏拉图强调借助于国家、制度对个体情欲的范导而要求"整齐划一"就可想而知了。因此，对理念的沉思、注视就不可避免染有"唯知识论"的倾向。黑格尔曾就柏拉图的这一"空虚理想"作出过评价，他指出，柏拉图通过理性在外部设定一个绝对的善理念，"他心想借助这种形式可以克服那种败坏的东西，殊不知这样做，他最沉重地损害了伦理深处的冲动，即自由的无限的人格"①。伦理的冲动才是道德行为发动的内在根源和不渴源泉。

这一点也为亚里士多德所识见到，他对人性不抱过奢的要求，毕竟善理念与人的自然本性有着无法逾越的鸿沟，因为善理念是理性在外部所设立的"绝对"。作为一种分离的绝对的存在，善理念终究是人无法抵达的，因为它直接无视了人的自然天性及一切经验性的限制条件。所以亚里士多德是基于人的自然性来塑造人的德性。但自然性（任性）的人何以可能教化为一个好人（好公民）呢？关键在于人的逻各斯。作为自然界的造物，人的活动主要包括植物性的营养活动、动物性的感觉活动以及合乎逻各斯（logos）的实践活动。而人之为人或人的卓越（aretê）并不在于营养活动和感觉活动——那是植物和动物

---

① ［德］黑格尔：《法哲学原理》，范扬、张企泰译，商务印书馆1961年版，序言第10页。当然黑格尔也并不是绝对地否定柏拉图理念论所探究的现实意义，在这段评述柏拉图的话后，他指出柏拉图理念为迫在眉睫的世界变革提供了枢轴，"显示了他的伟大天才"。但我们这里指出的主要是黑格尔对柏拉图的"空虚理想"的批判，这一点与亚里士多德是暗合的。

都具有的——而是在于合乎逻各斯的实践活动。"人类所不同于其他动物的特性就在他对善恶和是否合乎正义以及其他类似观念的辨认〔这些都由言语为之互相传达〕，而家庭和城邦的结合正是这类义理的结合。"①人正是凭借着人所特有的逻各斯本性过一种城邦的政治生活。虽然在时间顺序上，人的自然存在和家庭生活先于城邦生活，但在逻辑顺序上，在人的本性上，亚里士多德认为城邦是先于个人和家庭的。"我们确认自然生成的城邦先于个人，就因为〔个人只是城邦的组成部分，〕每一个隔离的个人都不足以自给其生活，必须共同集合于这个整体〔才能大家满足其需要〕。凡隔离而自外于城邦的人……他如果不是一只野兽，那就是一位神祇。"②那些离群索居的人就像棋局中的一个闲子，所以亚里士多德多次强调人在本性上是一个政治动物。③

在《政治学》中，亚里士多德对柏拉图的整齐划一的"理想国"提出了很多有力的批评。他基于对人性的更为现实的理解，从天性上讲，人人都是爱自己的甚于爱公共事务的，自爱是出于天赋与人性的自然，而不是偶发的冲动。"自私固然应该受到谴责，但所谴责的不是自

---

①　〔古希腊〕亚里士多德：《政治学》，吴寿彭译，商务印书馆 1965 年版，第 8 页。言语在古希腊是逻各斯的一种本原的含义，人正是借助于逻各斯的言语功能构筑了城邦。

②　〔古希腊〕亚里士多德：《政治学》，吴寿彭译，商务印书馆 1965 年版，第 9 页。

③　这里我们要特别注意亚里士多德的"人是政治的动物"这一论题。说"人是社会的动物"可能很多人会认可，但说"人是政治的动物"则似乎不太好理解。如果基于现代性意义上来理解，就可能会发生误解。其主要原因就是：我们现在对政治、法律和国家都是基于一种启蒙运动以来的契约论传统，认为政治、法律和国家主要是人们基于生活需要或安全需要而"不得不"相互协作和保证互不侵犯而设立的一种"必要的恶"。但亚里士多德则认为人的本性在于过城邦生活，因为人只有在城邦中生活才能发挥人的德性，所以城邦共同体是人实现人性卓越的场域。城邦不仅仅是为着生活而存在，并且是为着优良的生活而存在。这一点与黑格尔的观点是一致的。黑格尔在《法哲学原理》中也认为国家的建立不是基于契约，而是伦理的最高实现，人只有在国家中才真正实现了人的自由。可见在亚里士多德那里，说人是政治的动物与说人是伦理的动物是同一个意思。

爱的本性而是那超过限度的私意。"①自爱的本性无关乎道德,它只是道德治理的对象以保持在合理的范围。此外,他还分析了这种整齐划一的社会目的所依据的理由是不充分的,并且为了达到这一目的所实施的手段也是不可行的。对于一个城邦来说,某种程度的认同及形成一定的秩序是必要的,但"完全的划一却是不必要的。一个城邦,执意趋向划一而达到某种程度时,将不再成为一个城邦;或者虽然没有达到归于消亡的程度,还奄奄一息地弥留为一个城邦,实际上已经变为一个劣等而失去本来意义的城邦……城邦应该是许多分子的集合"②。和实生物,同则不继。一个伦理性共同体应形成能够包容多样性的统一性,为了实现理念上的绝对而剪裁多样性的实在,这其实是关于"一和多""普遍性和多样性"的形而上学在道德上的应用。应该说,在亚里士多德那里,城邦的首要德性已经有所转换,从柏拉图的城邦秩序(正义)德性转变为对自由德性的认肯。但是这种转换并不代表亚里士多德不重视城邦的秩序,而是在他看来,自由更能表征德性。如果一个城邦为了遵循秩序和社会正义的要求而泯灭了个性自由追求,那么这种所谓的德性就近乎一种宗教式狂热,对于德性的生长也是不利的。正如亚里士多德认为在那种强势道德观的要求下,许多有伦理价值的情感(如友爱)都消失了。所以,在柏拉图那里,个人拥有一切与个人一无所有并无实质性的差别,个体将是一个被消除了所有自身特性的抽象自我。当然,这种自由德性并不是对秩序正义的违逆,而是表现在遵循秩序正义的活动中体现出了对人性的关注和生存处境的关切。在柏拉图那里,秩序正义是一种理性建构的产物,而在亚氏那里,秩序正义是在人的自然性的基础上展现人之为人的伦理

---

① [古希腊]亚里士多德:《政治学》,吴寿彭译,商务印书馆 1965 年版,第 55 页。
② [古希腊]亚里士多德:《政治学》,吴寿彭译,商务印书馆 1965 年版,第 57 页。

本真,城邦恰恰应当是人实现其本质的场所而非相反①。正如包利民先生所评述的,"亚里士多德则将本体重新下调至经验个体,所以着力于用教育塑造在生活中正确自主选择的一个个道德主体(而非'集体的部件')"②。实现个人的善才符合人们对城邦政治的伦理期待。

相比较而言,亚里士多德的德性论则温和而亲近了许多,他无时无刻不考虑到人的有限性、实践的具体境遇和条件性。亚里士多德认为伦理学所研究的善应该是属人的,所以他以幸福为其伦理学的终极目的,认为幸福本身是完善和自足的。他说:"我们所说的自足是指一事物便使得生活值得欲求且无所缺乏,我们认为幸福就是这样的事物。"③而幸福是必须在生活中才能被界定的。亚里士多德认为,有三种主要的生活:享乐的生活、政治的生活和沉思的生活。在他看来,沉溺于享乐的生活是一种奴性的、动物式的生活,不足为道;而沉思的生活是人中的神性的生活,虽然它是最幸福的,但并不为大多数人所享有;只有政治的生活才是完全属人的生活,也是最重要的,它追求荣誉和德性。而这荣誉与德性之间,荣誉更多地依赖于授予者,只有德性是一个内在属己的、不易被拿走的东西,更好地体现了政治生活的目的。因此,真正有为并大有作为的德性教化应该是在政治生活中,是

---

① 因此,有学者认为古希腊政治哲学传统在亚里士多德那里终结了,原先强调的"公共空间"的本质丧失殆尽了。"空间"观念强调的是城邦的秩序与和谐,三个等级之间的界限是不容僭越的,并且个人完全服从于秩序的安排。(参见洪涛:《逻各斯与空间——古代希腊政治哲学研究》,上海人民出版社 1998 年版,第 269—279 页。)而亚里士多德的政治学(伦理学)则更强调了个体间的横向交往,所以现代很多政治哲学家(如阿伦特)都从亚氏那里获得公共空间与私人空间分野的启示。而且,德性概念的内涵在亚里士多德那里也发生了位移,与从"思不出位"的角色承担而获得德性不同,德性更加依据人本身。

② 包利民:《生命与逻各斯》,东方出版社 1996 年版,第 266 页。

③ [古希腊]亚里士多德:《尼各马可伦理学》,廖申白译注,商务印书馆 2003 年版,第 19 页。

在我们的无逻各斯但又分有逻各斯的部分（即欲望部分）①中实现的。因此，我们可以说，在亚里士多德那里，德性教化是落实在对人情的治理上，但对人情的治理不是如康德严峻的道德形而上学那样拒斥情感欲望，而是把情感欲望纳入道德治理的对象并使之遵循理性的秩序。正如伽达默尔在分析康德和舍勒伦理学之后，认为只有亚里士多德的伦理学对于"一种关于人性东西的人学，是如何可能的，作出了一种富有成效的回答，而不变成一种非人的自我提升"②。亚里士多德的德性论主要是基于人的自然天性的改铸，德性成为人的自我完善的一种存在方式。"教育的目的及其作用有如一般的艺术，原来就在效法自然，并对自然的任何缺漏加以殷勤的补缀而已。"③但我们还必须注意到，德性的自然并不是说德性即是自然或自然本身即是德性，因为人的自然欲望在没有德性的看护下就表现为一种感性的直接性和生蛮性，这与动物式的本能是毫无区别的。所以，德性的自然借助于理智能力对情感欲望的观照，使人能够侧身静观自我的本能，这是由于"他者"的自然性乃是自我道德关怀的对象。这样一来，情感欲望的相通使自我不再局囿于自身封闭疆域，而是获得了与他人共在的普遍性视野。显然，这种普遍性视野的获得是德性教化的成就和目标。因此，德性的自然只是昭示了德性教化的人性基础与自然前提。

伽达默尔非常恰当地解释道，在亚里士多德那里，伦理行为不是

---

①　亚里士多德认为，灵魂中无逻各斯部分又能分为两类，植物性营养部分是毫无逻各斯可言，但感觉生命活动却在某种意义上分有逻各斯（如自制者中就可以见到），当然也有反抗着逻各斯的部分（如不能自制者的冲动行为）。他说："欲望的部分则在某种意义上，即在听从（实际上是在考虑父亲和朋友的意见的意义上，而不是在服从数学定理的意义上听从）逻各斯的意义上分有逻各斯。"（［古希腊］亚里士多德：《尼各马可伦理学》，廖申白译注，商务印书馆 2003 年版，第 34 页。）

②　［德］伽达默尔：《论一门哲学伦理学的可能》，邓安庆译，《世界哲学》2007 年第 3 期。

③　［古希腊］亚里士多德：《尼各马可伦理学》，廖申白译注，商务印书馆 2003 年版，第 405 页。

像匠人那样将一个东西正确地做出来，就是正确的，相反它的正确性在于，而且首先在于我们自身之内，在我们如何为人中，即如何做一个人才是正确的。但反过来说也行："与其说依赖于我们所强调的意识，不如说依赖于我们的存在的伦理行为，持续地如同我们所是地（而不是如同我们所知地）把我们自身产生出来。但在此限度内我们存在的整体依赖于各种能力、可能性和具体情况，这些不是简单地能被给予到手的，包括我们的行动以之为目标的善的践履（Eupraxia）和我们以之为目标的、我们追求的幸福（Eudaimonia），比我们自身存在着的更多。我们的行动存在于城邦的领域内，我们对可行的东西的选择因此是在我们外部的社会存在的整体中加以扩展的。"①可见，德性不是知识，而是与人的存在紧密相连，正是人的存在境遇的复杂性决定了纯粹理性的局限性和抽象性。而且更为重要的是，亚里士多德强调行动背后的语境及背景框架，正是我们生活于其中的城邦在很大程度上决定了行动的限度及其可能，城邦的生活成为塑造个体品质的源泉。在这种意义上说，亚里士多德意义上的德性不是一种外在的或理智的普遍性，而是与主体自身整体性的存在一道，在理性与情感、具体实践与伦理环境的相互诠释以至循环解释的过程中获得的。

---

① ［德］伽达默尔：《论一门哲学伦理学的可能》，邓安庆译，《世界哲学》2007 年第 3 期。

第二章　伦理性道德教化的哲学审理

在上一章中,我们主要对教化的概念和中国传统儒家以及古希腊的道德教化思想做了梳理。从中我们也可看出中西方在道德教化观念上存在着差异,但也存在着非常多的相通之处。比如,传统道德教化在范式上都秉持一种目的论的视角;德性不是"为人之学",而是"为己之学";以及德性不是自我意识反思的产物,而是在伦理共同体中完成教化的。基于对这些特质的考察,我们指出传统道德乃是一种"伦理的道德"①,传统道德教化范式乃是伦理性道德教化。对传统道德教化范式的反思既能让我们更清楚地了解道德教化的实质,以及伦理实体在传统道德教化中的地位,这也正是我们对现代性道德教化批判的起点和基础。

---

① "伦理的道德"主要是与下文现代性"无伦理的道德"相对照的意义上讲的。它主要指在传统社会中,道德价值的实现或德性的教化离不开共同体的生活实践,也离不开血缘、历史、语言、宗教、社群等教化而形成的对共同体核心价值观的认同,并倾向于体现具有高度一致性的共通品质与德性。当然不可否认的是它的非反思非批判(至少是不彻底的)的局限性。

第一节　伦理性道德教化与目的论

传统的哲学观是有机论和目的论的。有机论与目的论决定了传统社会的思维方式，并且有机论与目的论的联袂也使得目的论与现代哲学意义上的目的论（后果论）有着本质的区别。在现代道德哲学中，目的论（后果论）是与义务论相对照意义上说的，目的论认为善独立于、优先于正当，正当依赖于善，善是其判断事物正当与否的根本标准和尺度。目的论在现代道德哲学的典型形态就是功利主义，即对于行为的评价只关注行为所带来的后果，行为者的内在动机以及行为发生的环境则不是其所考察的范围。这与传统的目的论是不同的，传统的目的论虽然也关注行为所产生的后果，但它主要关注的不是某一具体行为所带来的直接的后果，它更关注的是一个"自足目的"①。亚里士多德就是持这样一种目的论的立场。他认为人的任何行为都有着自己的目的，而且众多目的之间存在价值上的高下之分，为了避免陷入无穷追溯，必须有一个自身即是目的，而不以其他任何东西为目的的绝对好的目的，那就是"至善"。人生活的目的就是达到生活的整体之好，除此之外，不会有别的目的，而生活的整体之好就是幸福（eudaimonia）。这种自足目的即"幸福"就是所有行为的目的，而且"幸福"本身也不是一种感情状态，而是一种活动，指人的肉体与灵魂

---

①　所谓自足的目的，在亚里士多德看来，就是一事物自身便使得生活值得欲求且无所缺乏。其实，在亚氏那里，有自身就值得欲求的目的，有因它物而值得欲求的目的，还有既因自身又因它物而值得欲求的目的，这些目的之间存在一个等级序列的分别，"那些因自身而值得欲求的东西比那些因它物而值得欲求的东西更完善；那些从不因它物而值得欲求的东西比那些既因自身又因它物而值得欲求的东西更完善。所以，我们把那些始终因其自身而不因它物而值得欲求的东西称为最完善的"。（［古希腊］亚里士多德：《尼各马可伦理学》，廖申白译注，商务印书馆 2003 年版，第 18 页。）

活动的圆满实现,尤其是指人的灵魂的最好的思想活动的圆满实现①。所以在亚里士多德那里,幸福是灵魂的一种合乎德性的实现活动,幸福不仅是生活的好,而且也是行为的好。从这里,我们可以看到,并非所有的目的论都必然导致后果论。虽然德性的实践是达到人类的善(幸福)的手段,但没有德性的实践,人类的善本身也是无法实现的。这是一种内在目的论或有机的目的论②,目的和手段都必须依赖对方而得到充分的说明,换句话说,它们是互为目的和手段的关系。

在古希腊伦理学中,德性总是与"功能"概念联系在一起的。不同的事物、技能甚至人在不同的层面有不同的作用或特长,当某物在某方面的作用或特长达到了其他任何事物都无法达到的境界时,人们就将之称为某物特有的"功能"。在《理想国》中,柏拉图指出,所谓马的功能,或者任何事物的功能,就是"非它不能做","非它做不好"的一种特有的能力。事物之所以能发挥它的功能,就是由于它有特有的德性;之所以不能发挥它的功能乃是因为它特有的缺陷。③ "人"与"好人"的关系恰如"表"与"好表"或"马"与"好马"的关系一样,"表""马"这一概念不可能完全独立于"好表""好马"的限定而独自存在,也就是说,当"表""马"出色地完成了我们所期待于它的特定的功能就是"好

---

① 见[古希腊]亚里士多德:《尼各马可伦理学》,廖申白译注,商务印书馆 2003 年版,第 9 页下注①。

② 麦金太尔指出,手段与目的关系有内在与外在之分,"我称一个手段对一个特定的目的来说是内在的,是说如脱离对手段的描述就不能适当地描述目的"。([美]麦金太尔:《德性之后》,龚群、戴扬毅等译,中国社会科学出版社 1995 年版,第 233 页。)内在的目的其实是把目的与手段之间的关系理解成有机的而非机械的。"一个有机的自然产物是这样的,在其中一切都是目的而交互地也是手段。在其中,没有任何东西是白费的,无目的,或是要归之于某种盲目的自然机械作用的。"([德]康德:《判断力批判》,邓晓芒译,人民出版社 2002 年版,第 228 页。)这与机械目的论是不同的,在机械目的论中,目的是目的,手段是手段,而且目的正当决定手段的正当,甚至为了达到一个目的,可以采取大相径庭的手段。

③ [古希腊]柏拉图:《理想国》,郭斌和、张竹明译,商务印书馆 1986 年版,第 40—41 页。

表""好马"。"好人"就是出色地实现了其功能,当然这种功能是与个人在城邦中所承担的角色分不开的。在柏拉图那里,城邦的三个阶层(统治者、护国者、生产者)忠于各自的职责,从而把各自的功能发挥到极致,也就获得了各自的美德:智慧、勇敢、节制。美德不是一个抽象的概念,而是与各阶层忠于各自的职责及其功能的卓越联系在一起的。一个好公民就是一个能够很好地实现自己在城邦中的功能的公民。苗力田先生说:"德性可泛指一切事物的优越性,但在伦理学里,被较严格地规定为对功能完满实现的具有。"[①]由此可见,美德来源于功能,功能决定美德,美德实质上是对功能的描述和完美实现。

对"功能"概念的强调,也决定了传统教化论中有着关于人性的普遍法则和人的"理想"的预设,参照着"人性"的普遍性本质或人的理想状态把个体塑造成符合那普遍性的型式,从而显示人性的卓越和高贵。也可以说,这种预设在"所是之人"(man as he is)与"本性上的应是之人"(man as he ought by nature to be)之间作出了明显地区分和界定。所以,传统的教化总体上来说是一种"理想型"普遍主义,以宇宙本体为教化的基本模式。与古代思想家的这种预设不同,"现代思想家仅仅关注人的自然条件,关注他的所是,而非应是;他们理解的美德可教既是普遍的,亦是权威的:所以是普遍的,乃因为它动作时所依从的心理母体,是滋生我们大部分行为的温床(我们的激情);所以是权威,是因为我们每个人权衡行为(我们的自身利益)时,特别倾向于依据各种预期,这些预期反映在我们与他人共有的人性(humanity)中"[②]。从特雷安塔费勒斯的分析中,我们可以看出,现代性的道德教化已然缺失"本体""理念"的维度,因为它所谓的"本体""普遍"与心理、利益、感觉直接等同,而不是在它们之间理出价值秩序来。这也意

---

① ［古希腊］亚里士多德:《亚里士多德选集·伦理学卷》,苗力田编,中国人民大学出版社 1999 年版,序言第 6 页。

② 刘小枫、陈少明:《美德可教吗》,华夏出版社 2005 年版,第 6—7 页。

味着现代道德主义蕴含着一个人类学前提：人是一享乐的动物。① 所以，现代性道德教化所宣扬的"人性"不再是实体性的，即秉承共同体的普遍性价值并与伦理精神相接，而只是在心理、利益、感觉等经验层面的类似感受，"人性"的超越性向度荡然无存。

麦金太尔也曾深刻地揭示了现代道德主义贫乏的根源，即缺乏传统道德教化那样的目的论体系。他说："在这种目的论体系中，存在着一种'偶然成为的人'与'一旦认识到自身基本本性后可能成为的人'之间的重要对照。伦理学是一门使人们懂得如何从前一种状态转化为后一种状态的科学。"②所以，伦理学必须以对人的潜能或本质的说明为前提条件，更重要的是以对人的目的作本体性的阐述为前提条件。这样一来，一个完备的伦理学体系应该具备三个因素的结构："未经教化的人性"（"偶然形成的人性"）、"认识到自身真实目的后可能成为的人"和"能够使人从前者向后者转化的道德戒律"。③ 而且这个体系中的任何一个因素必须参照另外两个因素才能正确理解。但是，在麦金太尔看来，启蒙运动以来的道德合理性的论证之所以失败，关键

① 唐文明：《隐秘的颠覆：牟宗三、康德与原始儒家》，生活・读书・新知三联书店2012年版，第41页。功利主义自不待说，即使义务论也是如此看待人性的。若不然，道德如何成为悬在每个人头上的绝对命令。顺其自然地行善也是毫无价值可言的。与之不同，唐文明认为，孔子所开创的仁教则是天命之理的高度上肯定人，其所蕴含的人类学前提则是：人天生是伦理的动物。

② ［美］麦金太尔：《德性之后》，龚群、戴扬毅等译，中国社会科学出版社1995年版，第67页。麦金太尔在分析亚里士多德的德性论时指出，在亚氏伦理学中预设了一个重大的区别，"即任何特定个人在任何特殊时候认为对他是善的东西与作为人而言对他是真正善的东西的区别。正是为了获得后一种善，我们践行德性，并靠选择达到这个目的手段而能这样做"。（［美］麦金太尔：《德性之后》，龚群、戴扬毅等译，中国社会科学出版社1995年版，第189页。）这一点在中国传统伦理学中也不例外。就中国传统伦理学说，人生的根本目的就是"成性"，即完成自然界赋予自己的生命。虽然各家对于"性"的理解不同，儒家用"修齐治平"的"内圣外王之道"来诠释"性"，道家则用"自然无为"来诠释"性"等等，不过，对"性"的预设则是他们共同的出发点。

③ 参见［美］麦金太尔：《德性之后》，龚群、戴扬毅等译，中国社会科学出版社1995年版，第68—70页。

就在于取消了任何关于"认识到自身真实目的后可能成为的人"的概念，也即放弃了目的论的观念，而只剩下"未经教化的人性"和一组组道德禁令。这样一来，道德禁令与"未经教化的人性"之间的关系就只能是外在的，因为没有了真实目的观念，道德禁令只能是缺乏价值指向的，并且它与人性的完善之间缺乏必要的联系。而我们看来，伦理学应该展示人性所可能达到的高度，并参照这种"高度"或理想人格来为制度、秩序、规范奠定价值基础，而不能仅仅是一组组道德禁令的堆砌。正如古代的伦理学所认为的那样，道德与人性的完善具有本质的联系，而且是一个人的幸福的构成要素。

总的来说，目的论视野下的德性概念必然包含下面四个维度：

（1）统一性：德性概念是"理性"结合历史生活背景和文化环境下的产物，它是一种经过伦理道德教化而成的现实的品质，也是对人的整个精神气质、性格的塑造和涵养。因此，各种德性之间存在着内在的一致性，正如儒家讲的"仁"乃是一种总德，对"仁"德的分享则具体分为各种不同的德目，如恭、宽、信、敏、惠。在古希腊也如是，"正义"之德①就可看作"智慧""勇敢"和"节制"之德的总称，它是总德。恰如康德所说，是德性占有人，而不是人占有德性。具有德性之人所发乎于外的行为均能处处显仁著义，行为合宜，情感合度。各具体德性之间也是相通的，它统一于对人性或人的本质的自觉。布伯对儒家的"道"的解释就非常有启发性，他说："道并不意味着任何一种世界解释，而是指植根于真实生活统一性中的存在的整全意义，这种意义只有在那种统一性中才能经验，而且恰恰是这种统一被视为绝对者。如果有人试图从真实生活的统一性移目他处，去凝视承载其下的东西，

---

①　"正义"之德不是现代政治哲学意义上说的，它是心灵的各个部分（理智、情感和欲望）各安其所，相互协调，理智充当统帅，情感和欲望则服从理智的指挥，从而形成良好的心灵秩序。

那么便会除了不可知外一无所获。"①"道"是现实生存意义的绝对给予者,"道"与"德"之间的互动决定了"德"的统一性品格。

(2)秩序性:德性不仅仅是维系外在社会秩序的有力手段,更注重内在心智秩序的培育,而心智秩序就是人性朝向"善"的精神价值目标的生成。传统德性并非一味地抹杀个体的私欲,而是要在情感、欲望和理性之间寻求合理的动态平衡,以至在理性的规导下形成具有普遍性的情感和欲望。外在秩序与内在秩序的统一是德性的双重规定。当多样性的欲望目标冲突时,也不会陷入现代意义"诸神之争"的困境,而是能够借助秩序的高下之分理出先后来,从而避免行为选择和价值评判时陷入无所适从的境地。

(3)价值性:德性不仅是事物功能之卓越的描述,也是实践内在善获取的保证,更是人们追求自我生命完善的重要条件。价值的确立是目的论的理论基点,只有符合目的追求才是有价值的、有意义的。规范的价值不在规范本身,而在于规范之外的德性的涵泳或所体现的伦理精神。正如包利民教授所强调的:虽然在本体论上,生活价值(事实)高于道德价值(美德);但在价值论上,道德价值远远高于生活价值。② 没有行为的"好"及其美德的内在善,生活的"好"无论如何也是有缺陷的(只能获取实践的外在利益),甚至可能走向反面。因为从德性的价值意义上说,生活之"好"与行为之"好"乃是不可分离的。

(4)本原性:德性不仅是人道之极,更是体悟天道之原。《礼记·礼运》有云:"故圣人作则,必以天地为本,以阴阳为端,以四时为柄,以日星为纪,月以为量,鬼神以为徒,五行以为质,礼义以为器,人情以为田,四灵以为畜。"又云:"是故夫礼,必本于大一,分而为天地,转而为阴阳,变而为四时,列而为鬼神,其降曰命,其官于天也。"礼则的制定

---

① 转引[德]梅依:《海德格尔与东亚思想》,张志强译,中国社会科学出版社 2003年版,第72—73页。

② 包利民:《生命与逻各斯》,东方出版社 1996 年版,第9—10页。

非主观的发明,而是有其超越性之"大一"承当道德秩序的最高保证。"中国最早的想法是把人间秩序和道德价值归属于'帝'或'天',所谓'不知不识,顺帝之则'、'天生烝民,有物有则',都是这种观念的表现"①。人的存在的意义就在于对世界本体的领悟,而德性就是达到超越性本原的唯一凭借。孟子也有言,"尽其心者,知其性也,知其性则知天矣。存其心,养其性。所以事天也。夭寿不二,修身以俟之,所以立命也"(《孟子·尽心上》)。

从传统德性概念所内含的这四个维度看,我们可以得出,传统道德教化的范式是目的论的。

第二节 伦理性道德教化的存在论特质

与现代社会把道德更多地看作惩戒性的规范不同,在传统道德教化中,德性与人性的完满和人生的目的有着不可分割的内在联系。德性提升并实现着人性。耶格尔说:"希腊人所发现的人不是主观性的自我,而是意识到人性的普遍法则。希腊人的智性原理不是个体主义,而是人文主义……它意味着一个人被教化为真正的形式,具有真正率真的人性。"②这里所说的"真正率真的人性"既非抽象的人性,而是包含着欲望、情感、理性的灵魂结构的内在和谐或有序;也非孤立原子式个体主义自我,而是嵌入各种"厚"的伦理关系并在"伟大的存在之链"中来认识和把握自我。对率真人性的掘发是传统道德教化的出

---

① 余英时:《中国思想传统的现代诠释》,江苏人民出版社 1995 年版,第 7 页。孟子也曾说:"诚身有道,不明乎善,不诚其身矣。是故诚者,天之道也。思诚者,人之道也。"(《孟子·离娄上》)人道是天道的下贯,没有对天道的领悟,不可能"明乎善","明乎善"就在于明乎人自身与天命、天道、天秩之本真关切。

② 转引石敏敏:《希腊人文主义》,上海人民出版社 2003 年版,第 11 页。

发点,也是其最终旨趣。人性与动物性的不同就在于人的道德性,先秦各家特别是儒家特别注重"人禽之辨",而"人禽之辨"的目的,就在于把人之为人的本质特征揭示出来。孟子有言:"人之所以异于禽兽者几希,庶民去之,君子存之。舜明于庶物,察于人伦,由仁义行,非行仁义也。"(《孟子·离娄下》)"人之有道也,饱食、暖衣、逸居而无教,则近于禽兽。圣人乃忧之,使契为司徒,教以人伦;父子有亲,君臣有义,夫妇有别,长幼有序,朋友有信。"(《孟子·滕文公上》)"之所以异于"乃是从人的本质上来考察人禽之别,而人禽之别根本就在于人性所含蕴仁、义、礼、智诸种德性品质并具有向上提升的可能。所以,德性不仅是作为对外在性的规范的遵循,以保证社会结构的和谐有序,它更蕴含着人对自我伦理本性的认识以及价值觉察。或者说,德性是与人的存在分不开的,并且赋予存在以价值和力量。这一点,斯宾诺莎也有深刻的洞见,他认为,"一个人愈努力并且愈能够保持他的存在,则他便愈具有德性,而且只要他忽略了保持他自己的存在,他便是软弱无力"①。

德性与人的存在的统一,一方面表明人只有借助于德性才能使人的心灵各部分和谐有序,从而能够自觉地以理性来疏导情感、欲望,使

---

① ［德］斯宾诺莎:《伦理学》,贺麟译,商务印书馆1983年版,第185页。当然斯宾诺莎是从理性主义的角度来考察德性的内在统一性,而没有看到自我的统一性不仅是理智对情感、欲望的宰制,如果只是那样的话,自我的统一性也只是抽象的统一性而已。因为自我的心灵结构恰如柏拉图所说包括知、情、意三部分,强调任何一部分而忽视其他部分都无法实现自我德性的统一。不过,我们应该看到,斯宾诺莎所探讨的德性与自我统一性的关系或德性与人的存在的关系是非常有意义的。而现代性的道德教育中,知、情、意处于分割的状态,要么是理智占统治地位,要么是欲望占统治地位,而不是强调欲望与理智的相互渗透和谐调,这样自我并未实现真正的统一,因为被统治的一方会伺机而动,妄图取得统治地位。这样一来,德性就不是真正意义上的"为己之学",不是提升自我的方式,而是没有内在精神的道德规范。吕坤有言:"圣人缘情而生礼,君子见礼而得情。众人以礼视礼,而不知其情,由是礼为天下虚文。"(《呻吟语·应务》)作为规范的"礼"实际上是对人的欲望、情感的提升,如果普遍性的规范只是抽象理性推论的结果,忽视"情"在德性中的地位,礼最终也将成为一种虚设。

自我的情感、欲望转化为能够包容他者的向度而提升为普遍性的情感、欲望，即道德情感的培养。道德情感的养成反过来又推动着个体的行动，使之具有力量的同时，保持自我的统一性，而不用"怀着痛苦的心情去做道德的事情"，不会造成"现代伦理理论的精神分裂症"（迈克尔·斯托克语）那种病症。因为只有道德情感才足以保证道德行为是发自内心的，这也就是先秦儒家把"礼"和"乐"统一起来实施道德教化的原因。所以，德性维系着人心灵的秩序，从而实现着人格的统一或自我同一性。另一方面，德性不是表现为对人的存在（包括人的个性、禀赋、运气，它们都是不可分割地附着于人身上）的摒弃，而是把人的存在转化为符合人伦之理的实践。换言之，德性出于自然本性而又高于自然本性。正如亚里士多德所分析的，德性的养成既不是出于自然，也不是反乎自然。我们获得德性的能力是由自然赋予的（如逻各斯），但德性之为德性并不是作为一种潜能而自然而然地存在着，它必须在我们的实践活动中日夕熏染，习于向善，进而成就善德。所谓"善出于性，而性不可谓善"是也。所以，德性基于自然，并超越自然，最后回复到自然，内化为人的品质，成为人的第二天性。正如黑格尔所说，"教育学是使人们合乎伦理的一种艺术。它把人看作是自然的，它向他指出再生的道路，使他的原来天性转变为另一种天性，即精神的天性，也就是使这种精神的东西成为他的习惯。在习惯中，自然意志和主观意志之间的对立消失了"①。缺乏心理因素的主观意志虽知晓伦理规则的普遍性，却未必具有十足的意愿去践履它，知而不行的意志薄弱问题难免出现。

麦金太尔对亚里士多德德性观的评价也体现了这一点，"人的善当然是一种超自然的善，而不只是一种自然的善，但超自然却解救和

---

① ［德］黑格尔：《法哲学原理》，范扬、张企泰译，商务印书馆1961年版，第171页。

完善自然"①。也就是说，德性是一种成就，它是对人的自然性的提升，但提升并不意味着与自然性彻底决裂，如果是这样的话，德性就会完全成为一种异己的存在，一种自虐式的崇高，与人性相扞格。② 德性作为一种生命意义与精神价值，必须能够返回人自身，呵护与关怀着人性，否则的话，德性也就没有生命力了。并且，只有这样来理解，道德的自律才不会成为康德式绝对命令，真实的自由才是可能的。亚里士多德就指出放纵于随心所欲的生活的自由观念是卑劣的。"公民们都应遵守一邦所定的生活规则，让各人的行为有所约束，法律不应该被看作[和自由相对的]奴役，法律毋宁是拯救。"③德性对人的自然性的欲望来说，当然是一种宰制性或规范性力量，只对缺乏教养的野蛮人才是一种限制，真正有德性的人能够通过规范而见识到普遍性价值和真实的自由。黑格尔更为敏锐地分析，"关于德的学说不是一种单纯的义务论，它包含着经自然规定性为基础的个性的特殊方面，所以它是一部精神自然史"④。伦理性的道德教化总是在生活的各个方面以"自然"的方式塑造个体的心灵，使伦理精神渗入个体的整体存在，成为其精神结构中的主导性价值。

由此可见，德性是对人的自然性的提升，就人的自然性的欲望、情感来说，它是以一种特异性的方式来表征自我，而德性就在于使个别性的欲望、情感不再拘泥于一己之私，从而获得一种普遍性的立场，能

---

① ［美］麦金太尔：《德性之后》，龚群、戴扬毅等译，中国社会科学出版社 1995 年版，第 233 页。

② 进入中世纪以来的德性观就是如此，它斩断了德性（神性）与人的自然存在之间的纽带，人只有经过苦行僧式的艰苦修炼才能获得上帝的眷顾，虽然德性作为进入天国的门票还是内在的，但已经在人性与神性之间设置了一道无法逾越的障碍。而近代以来的德性观更是颠覆了亚里士多德的德性传统，德性最多只是作为一种获得世俗价值的手段，但由德性所带来的实践的内在利益失却了，而且德性所赋予的意义、精神也彻底放逐了。

③ ［古希腊］亚里士多德：《政治学》，吴寿彭译，商务印书馆 1965 年版，第 276 页。

④ ［德］黑格尔：《法哲学原理》，范扬、张企泰译，商务印书馆 1961 年版，第 169 页。

够以他人或社会的眼光来看待之。正如米德所说："只有当你能把你的动机和你所追求的实际目的与共同的善认同时，你才能达到道德的目的并获得合乎道德的幸福。因为人性本质上是社会的，合乎道德的目的也必定是社会性的。"①通过教化，人之为人不是基于人作为特异的独特自我（理性自我或欲望自我），不是作为与自然、社会相对立的原子式个体，而毋宁是作为自然、社会有机整体的一部分。在此指出人是"作为自然、社会有机整体的一部分"是非常必要的，因为这种"作为……一部分"的结构乃是教化对人的精神提升后的结构，它能够把自身投入一个更为宽广、深厚的背景框架来反观自我与自然、他人和社会的关系。自我封闭的"唯我论"只是本真性的一个不切实际的幻觉。同时，人的社会性无法通过工具理性的推理而认识到，工具理性把"手段—目的""投入—产出"的利益权衡关系推向极致，瓦解了社会关系的本质。严格说，这种社会性是存在论意义上的，是通过对人的自然性欲望教化而后实现的一种普遍性的情感，它是个别性的情感、欲望与普遍性的理性融合化通之后而形成的新的品质。教化之后所形成的新的品质具有一种道德敏感性，能够非常恰当地对事物或行为做出反应或判断。所以，教化后的德性乃是一种"实有诸己"的品质。孔子尝言"君子学以为己"，德性实乃提升自我，使自我由粗鄙、狭隘的状态经礼乐教化而向普遍性的状态跃升，它直接指向人自身的完善与自我实现。所以许慎释"德"为"升也"可谓深得其义。孟子也提出"养浩然之气"的学说，目的是使仁义礼智之道义价值融合渗透到感性气质之中，这样才能变化气质。这种气质的变化不是心灵结构中的某一部分的改变，而是整个心灵结构中欲望、情感和理智相互化通，从而达到心灵的内在统一性。"作为存在的一种统一形态，德性有其自身的

---

①　［美］米德：《心灵、自我与社会》，赵月瑟译，上海译文出版社1992年版，第333—334页。

结构。就德性与道德实践的关系而言,德性首先表现为一种为善的意向,这种为善的意向不同于偶然的意念,而是一种稳定的精神定势(disposition)。具有真实德性的人,不管处于何种境遇,都将追求自己所认定的道德目标;在面临各种选择之际,总是择善而弃恶。"①

所以,传统道德教化不仅强调个体对客观性存在的规范或"礼"的遵循,而且将之内在结构化为人的品质,即美德。美德说到底是对人的整个心灵的提升,是主体性原则与客观性原则的统一。在苏格拉底看来,诸种美德是一个整体,拥有一种美德就必定拥有美德的整体,缺乏一种美德必定毫无美德。这实质上就是把美德作为人格来看,而不是把人格肢解为各个碎片。现代性道德哲学突出律法化的规范或规则在社会生活的中心地位,而把美德边缘化、碎片化,存在着所谓职业道德与角色道德、公共道德与私人道德、宗教性道德与社会性道德等界分,甚至诸道德之间也存在着难以抉择的尴尬。我们不反对这些区分的理论价值与现实意义,但一味地强调各领域之间道德要求的殊异,实际上就是把人格看成可随意拆分的东西,而不是把它看成是人的整个精神塑造的结果。当做出一种合乎道德的抉择都意味着艰难的时候,说明德性还是游离于人性之外,而没有结构化成为人的第二天性。这也是现代性道德教化失败的主要原因之一。

在教化论的视野里,美德充盈于人的心灵,以致发乎于外的行为均能保持自我同一性,而不是会造成人格的分裂。成德之教实乃成人之教。假如诸美德陷入冲突,只能说一个完整的人格尚未建立起来。王阳明把良知看作心之本体实为确当:"夫良知也,以其妙用而言谓之神,以其流行而言谓之气,以其凝聚而言谓之精,安可形象方所求哉?"(《传习录·答陆原静书》)当德性占有人时,固然能够做到见父自然知孝,见兄自然知悌。这样一种道德敏感性的获得就表明德性已经成为

---

① 杨国荣:《伦理与存在》,上海人民出版社 2002 年版,第 143—144 页。

人的整个精神的一部分,而且精神的各个部分之间相互渗透、融合化通成一种普遍性的素质。由教化而获得的普遍性的素质不是在伦常日用之间灌输了一种别的心灵能力而实现的,而是在原有心灵能力的基础上的提升。正如黑格尔所说的:"精神的一切普遍的决定性都个体化到我之中并为我所经验,这些构成了我的规定性。所以,它们不是遗留给我的自然素质,而是控制我的生活的力量。它们属于我的现实存在,就如同我的头脑和心智之于我的有机存在。我就是这种普遍的决定性的整体。"①价值的普遍性和超越性已下贯并构成了自我的内在经验,定义了"我是谁"这一直指人的本真性存在问题。总之,在传统道德教化那里,教化的目的与人性的概念是分不开的,它所要实现的乃是真实的、普遍的自我。道德教化建构着人的自我同一性,当然这种"同一性"并不是意识的同一性,而是在生活世界的整体性、连续性基础之上生成的人格的统一性,即个体成为一个普遍性的精神存在。

第三节　伦理共同体:道德教化的环境支持

传统道德教化的另一重要特质就是教化的方式是"和风细雨式"地对人的精神、气质进行改塑。对"化"一词内在含义进行探究就可得知道德教化的方式,何谓"化"? "渐也,顺也,靡也,久也,服也,习也,谓之化。"(《管子·七法》)可见,道德教化不是像康德所说的那样进行一场"思维的革命",毕其功于一役就可完成的,而是包括情感、欲望在内的人的整个存在发生彻底的、连续的改变。如果说管子对"化"的诠释是从形式上讲的,那么荀子则从内容上点出了"化"的对象及其方

---

① 转引詹世友:《道德教化与经济技术时代》,江西人民出版社 2002 年版,第23 页。

式。荀子曰:"人无师法则隆性矣;有师法则隆积矣。而师法者,所得乎情。非所受乎性,不足以独立而治。性也者,吾所不能为也,然而可化也;情也者,非吾所有也,然而可为也。注错习俗,所以化性也;并一而不二,所以成积也;习俗移志,安久移质。"(《荀子·儒效》)"隆性",即厚性,谓恣其本性之欲。厚于积习,谓化为善也。荀子所言"化"的对象是人的"性",即天性。而所谓"化"的方式通过"注错"与"习俗","注错"即人的言行举止,人的言行举止的如一则使之在人身上得到积累、得到巩固,即所谓"并一不二,所以成积也"。而习俗可以改变人的心志、改变人的品质,长久在习俗的熏陶、浸染之下就会改变其原有的本性,所谓"安久移质"是也。所以,"化"性的过程是自然而然的,不是人刻意而勉强的作为,它所要达到的效果乃是"不见其事,而见其功"(《荀子·天论》),所谓"身日进于仁义而不自知者也"(《荀子·性恶》)。这可以见出,"化"是在伦理共同体的生活中所产生的潜移默化的作用,没有了伦理实体对个体的全面塑造,"化性"是不可能的,因为人总是生活于一定的伦理实体当中。从某种意义上说,有什么样的伦理实体,就塑造出什么样的个体。正如荀子所说:"居楚而楚,居越而越,居夏而夏。是非天性也,积、靡使然也。"(《荀子·儒效》)由此可见,教化作为完善人的德性品质的主要途径,它所依凭的不只是个体德性品质的内在规定,更为重要的是,教化无法离开个体所生于斯、长于斯的伦理环境。个体德性的塑造就是主体在具体的社会伦理环境之中,经过环境的熏陶与陶冶,才得以在"日生日成"的习行过程中成就善德。这与现代性的道德教化大异其趣。①

　　强调伦理实体或共同体的生活对于个体德性养成的重要作用乃是传统道德教化的特点，作为中国教养本原的传统儒家更是如此，道德教化是建立在自然血缘亲情的推扩之上的。恰如孔子所说："君子务本，本立而道生。孝弟也者，其为仁之本与！"（《论语·学而》）朱熹也讲："故仁义之道，其用至广，而其实不越于事亲、从兄之间，盖良心之发，最为切近而精实者。"（《四书集注·孟子集注》）在家国同构的古代中国，家庭共同体一直承担着教化人心的核心地位。德性的涵泳就在于将血缘亲情推扩出去，"老吾老，以及人之老；幼吾幼，以及人之幼"。人的存在不是单独个体的，而只有在共同体中才获得其真实性。这一点，在古希腊文化中也是如此。在古希腊，"paideia"首先意指在

————————————

　　①　在荀子看来，先天的情性是不能通过学习的办法使其发生改变的，要改变它只能通过"化"的方式。"谨注错，慎习俗，大积靡，慢为君子矣；纵性情而不足问学，则为小人矣。"（《荀子·儒效》）"以善先人者谓之教。"（《荀子·修身》）这与现代性的道德教化方式是存在根本上的分歧的。现代性的道德教化主要是通过对人的理智或思维方式的影响来达到教化的目的，这一点在康德那里是非常明显的。正如康德所说："人的道德修养必须不是从习俗的改善，而是从思维方式的转变和从一种品格的确立开始。虽然人们通常不是这样行事，而是个别地与各种恶作斗争，却不触动它们的普遍根据。"（［德］康德：《单纯理性限度内的宗教》，李秋零，中国人民大学出版社 2003 年版，第 40—41 页。）通过习俗的改善只会造成"一个具有善良德性的人"（bene moratus）。这种人经过长期的养成习惯，改造自己的行事方式，坚定自己的准则，从而获得经验性的特性（virtus phaenomenon［道德现象］）的合法性，即德性。而通过思维方式的转变则造成"一个道德上善良的人"（moraliter bonus）。这种人直接就把义务自身的这种观念作为唯一的动机，所以他根据智性的特性（virtus noumenon［道德本体］）是有道德的。因此，建基于纯粹理性之上的道德本体昭示了德性修为的方向并为其提供保障，否则的话，仅仅靠养成习惯的只是经验性质的善，而且一遇重大利诱和威迫时，可能会走向德性的反面，从而是偶然的。"只要准则的基础依然不纯，就不能通过逐渐的改良，而是必须通过人的意念中的一场革命（一种向意念的圣洁性准则的转变）来促成。他只有通过一种再生，就好像是通过一种重新创造，以及通过心灵的改变才能成为一个新人。"（［德］康德：《单纯理性限度内的宗教》，李秋零，中国人民大学出版社 2003 年版，第 39 页。）可见康德的方式是从思维方式上着手的，这种探讨方式也是非常有意义的。不过，片面地强调理智的推论而忽视情感以及伦理环境、传统习俗对于道德教化的重要意义，无论如何也是不完整的。

城邦事务和日常生活中如何才能应对自如。① 因为人的德性的充分展示，必须以城邦中的公共生活为前提性条件，城邦也是人实现其本质的场域。亚里士多德就说："城邦出于自然的演化，而人类自然是趋向于城邦生活的动物（人类在本性上，也正是一个政治动物）。凡人由于本性或由于偶然而不归属于任何城邦的，他如果不是一个鄙夫，那就是一位超人，这种'出族、法外、失去坛火（无家无邦）的人'，荷马曾卑鄙视为自然的弃物。"②这就是为什么亚里士多德认为伦理学可以称作政治学，虽然伦理学是讨论人的完善所必需的诸种德性，但德性的实现却离不开各种社会关系以及城邦的良善的法制。在亚氏那里，城邦共同体是人获得幸福的最重要的前提条件，共同体有其伦理性的目标，它是为了人的良善生活与自我成全。但是城邦是包括家庭在内的初级共同体自然演化的产物，是对这些初级共同体的超越，没有满足不同层次自然需要的初级共同体，城邦共同体是肯定不能存在的。不过需要指出的是，城邦共同体不仅仅承担着满足个体自然需要即人之生存的任务，更重要的是，城邦共同体还承担着教化个体从而实现良善生活的目的，因为"城邦的长成出于人类'生活'的发展，而其实际的存在却是为了'优良的生活'"③。而且就城邦的本性来说，是先于个人和家庭的。人只有生活于一定的伦理实体或共同体中，才是真正意义上的人，因为"人类所不同于其他动物的特性就在他对善恶和是否合乎正义以及其他类似观念的辨认［这些都由言语为之互相传达］，而家庭和城邦的结合正是这类义理的结合"④。人区别于动物的"义理"并非先验或由人主观定义的，而是由家庭、城邦这类伦理事务教化

---

① 杜丽燕：《人性的曙光——希腊人道主义探源》，华夏出版社 2005 年版，第192 页。

② ［古希腊］亚里士多德：《政治学》，吴寿彭译，商务印书馆 1965 年版，第 7—8 页。

③ ［古希腊］亚里士多德：《政治学》，吴寿彭译，商务印书馆 1965 年版，第 7 页。

④ ［古希腊］亚里士多德：《政治学》，吴寿彭译，商务印书馆 1965 年版，第 8 页。

中"发现"的。客观的伦理事务是数千年来人们在交往实践中凝结的具有实在性、普遍性乃至神圣性的东西，它是道德价值本源之所在。所以，古希腊德性教化的基本指向就是"按照共同体的形式确立人的生命向度，这样人就秉持着宇宙的宏观尺度。……将秩序概念（公共空间）从本体下降到具体的生存者，进而从生存着的存在者中开出通向公共空间（逻各斯）的基本道路"①。也就是说，共同体是人存在更是良善存在的基础，作为秩序性和伦理性存在的共同体是教化人的德性的根基。"在希腊人看来，'教化'的本质是依据共同体的形象塑造个体的自由，根据共同体的标准培养人的本性，把人性与宇宙的和谐自然地关联在共同体的生活中。"②基于人类数千年交往实践积淀而成的"共同体的标准"要比个人主观的价值标准牢靠得多。人心的秩序与共同体的秩序具有内在的一致性，或者说，共同体的秩序乃人心秩序的"型"，人就是按照这种"型"来教化自我的，使自我成为一个普遍化的个体。

对于教化与共同体的关系，耶格尔在其巨著《教化：希腊文化的理想》中所作的探讨具有启示意义。他开宗明义地说："教化不只是指个体的实践：它本质上是共同体的一种功能。共同体的特征被表达在由以构成的诸个体之中；因为人，这城邦的动物，远超过任何动物的种属，共同体是一切行为之源。共同体对于其成员的构成性影响是最持久且活跃的，它缓慢而有力地教化诸个体的每个新的一代，按照它自身的形象塑造他们。任何社会的结构都基于那结合它和它的成员的成文和不成文的法则，因此，在每个人类共同体中的教化（可以是家庭

---

① 石敏敏：《希腊人文主义》，上海人民出版社 2003 年版，第 92 页。
② 石敏敏：《希腊人文主义》，上海人民出版社 2003 年版，第 3 页。这样一种理论旨趣与现代性的视野完全是相反的。因为在现代性那里，个体的自由更多的是理智建构的产物，社会或国家更多的是为个体的自由提供保障，也就是说社会或国家只具有工具意义。

的、社会阶级的、某种职业的，或诸如种族或国家的更大范围的复合体的）是对于一处标准的主动意识的直接表达。"①由此可见，教化是指共同体对于个体的一种关切、一种塑造。共同体的本质特征就在于其伦理性，而伦理性或伦理精神是对人的自然情感的呵护，它的核心和真义就表现为爱，爱的本质就是"意识到我与别一个人的统一，使我不专为自己而孤立起来"。因此，在伦理共同体中，自我与他人、自我与伦理实体的统一就是精神层面上（而不是知性层面上）的共生共在，这种"共生共在"才是本真意义上的关系性存在，个体在这种关系中并没有丧失自我，而是把自我投入精神的普遍性并保存于其中。所以，在伦理实体中，人超越于自我的特殊性，实现了实体性的自由，也即具体的自由。这从黑格尔对古希腊伦理生活的评介中就可以知道，他说："希腊人生活在自觉的主体自由和伦理实体的这两个领域的恰到好处的中间地带。"希腊人一方面没有丧失自我，能够在伦理实体的生活中觉解到主体性的自由；另一方面，希腊人也还没有使主体沉浸于个体自我，把个体从整体和普遍性的东西割裂开来独自赋予自我选择的价值。因为虽然在前现代社会人已经具有反思性的自我意识，能够追问习俗、法律的正义价值（像苏格拉底那样），但那种反思更多的是被限定在对传统的重新解释或领悟伦理事务的神圣性上，原子式个体不可能成为一种自我理解的"社会想象"（查尔斯·泰勒意义上的）。正如黑格尔所论述的："在希腊的伦理生活里，个人固然是本身独立自足和自由的，却也还没有脱离现实政治的一般现存的旨趣以及积极内在于当前实际情况的精神自由，按照希腊生活的原则，伦理的普遍原则和个人在内外双方的抽象的自由是处在不受干扰的和谐中的；……政治生活的实体就沉浸到个人生活里去，而个人也只有在全体公民的共同

---

① 转引石敏敏：《希腊人文主义》，上海人民出版社 2003 年版，第 10 页。

旨趣里才能找到自己的自由。"①在黑格尔的视野里,希腊伦理生活中个体自主性与伦理本真性处于一种和谐之中,"独立自足和自由的"个人因"伦理的普遍原则"限制未蜕变成现代"反常和琐碎的个人主义","伦理的普遍原则"保障政治共同体秩序的同时也担负着实现个体的自由和完善。

　　无论如何,教化也是与伦理实体分不开的,教化就是把伦理实体中的伦理精神揭示出来并成为个体教养的本原。所以正如泰勒所说:"'Sittlichkeit(伦理)'意指我们对我们作为其一部分的一个现行社会所应担负起来的道德职责。……'Sittlichkeit(伦理)'的重要特征是,它责成我们造就出我们本已存在的东西。"②伦理是个体本真性存在的家园。这种伦理的视角与道德的视角是不一样的,正如泰勒所分析的,道德不是实现我们已然存在的东西,而是责成我们去实现某种尚未存在而"应该"存在的东西。在伦理的视角那里,是(Sein)和应该(Sollen)之间是不存在鸿沟的。因为"构成我的道德职责之基础的公共生活是已经在那里存在着的"。我所应该做的就是公共生活对我的实然要求,"实然"和"应然"是统一的。而在道德世界观中,"应该"是对"实然"的超越,而且这种超越使得我的职责不再是缘于我是共同体的一部分,"而是缘于我是一个个别的理性意志",实然与应然处于尖锐的对立之中。也就是说,伦理的本性乃是共同体赋予我们的,这种本性也是共同体自身中所包含的本质环节,缺乏此伦理精神无法构筑共同体团结的精神纽带。任何一个实存中的共同体总会有这样或那样的缺陷,但它必定是现实的东西,也是共同体进一步完善的地基,没有经过教化的人是无法认识到这种现实性的,教化的目的就是把共同体的现实性在个体中实现出来,是我们所"是",并是我们所"应是"。

---

　　① ［德］黑格尔:《美学》第二卷,朱光潜译,商务印书馆 1979 年版,第 169 页。
　　② ［加］泰勒:《黑格尔》,张国清、朱进东译,译林出版社 2002 年版,第 575 页。

去"是"的过程本身也就是伦理教化的过程。在这种意义上,伦理实体或伦理共同体乃是精神与它的世界的统一。这也反映出"伦理并不是生来就有的。人们在同他人的交往中,在社会和国家等共同生活中信奉共同的信念和决定,这并不是随大流或人云亦云,恰好相反,正是它构成了人的自我存在和自我理解的尊严"①。伦理构成了人自我理解的背景性视域,否则自我是无法得到描述的,就如"前理解"是理解之所以能发生的前提。

　　道德的实现要在一个现实的伦理实体中才是可能的,正如黑格尔所说,德乃是伦理的造诣。在传统道德教化中,伦理实体是个体德性生长的自然基础,只有在伦理实体中,个体的普遍性本质才能以现实性的方式实现出来,而非理性建构的产物。而传统伦理实体中的风俗习惯或礼仪规则都具有深刻的伦理意蕴,对这些礼仪规则的践履,实际上是个体向自我的普遍性本质回归的一种伦理训练或伦理实践,并在"习礼"过程中获得教化。通过伦理的教化,个体才真正占有自己的本质并成为伦理性的存在,即成为共同体的一员。正如黑格尔所说的那样,"英雄时代的个人也很少和他所隶属的那个伦理的社会整体分割开来,他意识到自己与那个体处于实体性的统一。我们现代人却不然,我们根据现时流行的观念,把自己看作有私人目的和关系的私人,和上述整体的目的分割开来。个人所作所为都是根据他私人的人格,目的也是为自己,因此他只对他自己的行动负责,而不对他所属的那个实体性的整体的行为负责。……但是在古代的富有弹性的整体里,个人不是孤立的,而是他的家庭和他的种族中的一个成员"②。现代人对"私人目的"的专注使社会失去了道德共契感,各人自负其责而不对"他所属的那个实体性的整体"负责,必然导致"道德的个人"与"不

---

① ［德］伽达默尔:《赞美理论》,夏镇平译,上海三联书店 1988 年版,第 71—72 页。
② ［德］黑格尔:《美学》第一卷,朱光潜译,商务印书馆 1979 年版,第 241 页。

道德的社会"之悖论,加剧了人类的分裂。"成为……一员"的结构使个体有着非常深厚的背景支撑和情感归属,个体不再是一种"被抛"的感觉,而是"嵌入"(embedding)一种有序的伦理关系。只有对伦理实体深刻认同,个体才不致成为共同体的弃物而无所皈依。

第四节　道德教化的伦理之维

基于对"教化"概念内涵及其实质的分析,我们知道,道德教化的任务是双重的:不仅要把人从其自然性中超越出来,使其获得道德主体性;还要把人从其个别性的状态中提升出来,使其获得伦理实体性。主体性与实体性在教化论的视野下是辩证统一的。但我们现在很多研究者往往把这一对关系割裂甚至对立起来,好像主体性只能是"我的"而不能是"我们的",主体性只有与一切必然性、客观性、实体性决裂方能实现。在教化论看来,没有实体性的主体性会迷失方向并最终自我取消,因为实体性乃是主体性的自在本质,是主体性生成的逻辑起点和现实要求。不过,实体性也只有通过主体性才能从其单纯的自在性走向自为存在,从而获得现实性。基于这种认识,我们认为道德教化不应该仅是在自我意识的反思中"空转",还应该扎根于现实的伦理实体中才能真正实现。不过,为了更清晰地理解伦理精神的道德教化的真实内涵,我们首先还应对伦理与道德的原始含义作概略地梳理。

在普通用语中,一般不把伦理(ethic)和道德(moral)区分开来,伦理与道德作为相同的内涵通用,所谓伦理道德是也。但是,日常用语的模糊不仅不便于我们理解道德与伦理的内在关联,而且伦理一词似乎失去了其所应有的活力。正如在康德的道德哲学中,道德几乎取代了伦理的地位,伦理被看成是自由意志的对立面。因为教化的关键在于借助于传统伦理对于人格的塑造来审视现代性的道德,所以从概念上梳理"伦理"与"道德"的区别还是非常重要的。

关于伦,《说文解字》说:"伦,辈也。从人仑声。一曰道也。"段玉裁注曰:"军发车百两为辈,引申之同类之次曰辈。郑玄注《曲礼》《乐记》曰:'伦,犹类也。'"《说文》释"理"为"治玉也",也即整治事物的纹理,故可引申为事物实存的客观规律或必然性。可见,在古汉语中,伦理主要指人与人相与之道,并有着价值、秩序、规律、等级等意蕴,它是指人们在现实生活中所处的位置的客观实在性。因此,这种关系就不是仅仅表现为个体内在的心性,更体现了个体与其所"生于斯、长于斯"的共同体的心理情感认同的关系。所以,"伦谓人群相待相倚之生活关系,此伦之含义也"①。由此可以看出,"伦理"的含义更突出其客观性、必然性,是"真实的精神",通常引申为维系人伦秩序的原则和规范,以及维系人心秩序和情感认同的人伦理则。我们现在使用的"ethic"(伦理)一词源于古希腊 ethos(本质、气质、风俗、习惯)。西方的"moral""morality"(道德),源于拉丁文"Moralis",后来西塞罗在《论命运》一书中创造一个词即"moralis"来翻译希腊词"êthikos"。"Moralis"的意思是"关于品格"的,而一个人的品格不过是他的那些一贯地以某种方式来行为的一类导致他过一种特定生活的气质。②

"道"的含义较广,其原初意义主要指道路,引申为法则、规律和规范。而关于"德",许慎在《说文解字》中曰:"德,升也。从彳。悳声。""悳,外得于人,内得于己也。从直。从心。"段玉裁注:"内得于己,谓身心所自得也。外得于人,谓惠泽使人得之也。"孔颖达疏:"德者,得也。谓内得于心,外得于物。在心为德,施之为行。德是行之未发者也,而德在于心不可闻见。"朱子也指出道德即是得道:"德者,得也,行

---

① 黄建中:《比较伦理学》,山东人民出版社 1998 年版,第 21 页。
② [美]麦金太尔:《德性之后》,龚群、戴扬毅等译,中国社会科学出版社 1995 年版,第 51 页。

道而有得于心者也。"(《四书集注·论语集注》)①由此可见,道德更强调的是"外无愧于人,内有得于心"的主观"心情"。道德首先是循"道"而"德"的东西,是一个人从内心对自我的要求,具有明显的主观性、主体性倾向。因为是循"道"而获"得"("德"通"得")的东西,传统意义上的"德"必定蕴含着社会客观性法则(即"道")的内容。若非如此,"德"就不可能成为一种优良的品质、品性,因为优良之为优良只有在特定的社会环境下才能够得到恰当地界定。

　　然而,近代以来逐渐凸显主观"道德"而把客观"伦理"忽略了。究其原因,一方面是现代社会经济、政治、制度的结构较之于传统社会已发生了根本性的变化。随着现代社会交往活动和领域的扩大,从传统熟人社会向现代市民社会的转变,决定了个人间的交往不再是以伦理情感为纽带,更多的是以一种保护个人私利得以实现的契约来规范人与人的现实交往。契约精神成为现代社会的一种"普世精神",而个体与实体的"厚"的伦理关系也转变成个体与个体的"薄"的利益关系。正如麦金太尔所恰当分析的,现代道德哲学"没有把社会秩序描述成个人必须在其中过道德生活的社会架构,而是把这个社会秩序仅仅描述为个人的意志和利益的总和。一种粗糙的道德心理学把道德规则理解为如何有效地达到私人目的工具"②。另一方面也是维系传统共同体结构稳定的精神基础在现代科学理性的"分析"中失落了,传统伦理精神"妙不可言"的实践智慧在现代性的确定性面前毫无立锥之地。所以,黑格尔感叹道:"没有了公共伦理,道德就立刻出现了。"因此,我们认为"道德"对"伦理"的拒斥是"现代性的事件"。

　　如黑格尔所评述的,康德的道德哲学中多半使用"道德"一词,"其实在他的哲学中,各项实践原则完全限于道德这一概念,致使伦理的

---

　　①　不过需要指出的是,在古代中国,"德"是与"性""天道"联系在一起的。《礼记·乐记》云:"德,性之端也。"德行,是人之为人的表露与承当。

　　②　[美]麦金太尔:《伦理学简史》,龚群译,商务印书馆 2003 年版,第 344 页。

观点完全不能成立,并且甚至把它公然取消,加以凌辱"①。与之不同,黑格尔对道德与伦理作出了严格的区分,并对道德的主观性进行了严厉的批判。② 黑格尔伦理对道德超越的理路为我们反省现代性的道德哲学提供了深厚的理论资源。据泰勒考察,普通德语里,"Sittlichkeit"意指"伦理"(ethics),它和后者具有相同的词源学词根"Sitten"。"Sitten"可以译为"惯例"(customs,习惯)。黑格尔在《自然法》中指出,"伦理"(Sittlichkeit)是以某种社群或共同体之中实际存在的、具体的、享有生命力的习俗、价值观念和制度为基础。它与"Moralität"(道德)形成了鲜明的对照。道德"Moralität"与"规则"(mores)具有相同的词源学词根。我们可以看出,道德与规则都是理性自我建构的产物,它所考察的对象只能是一个主体性(主观性)的人格(Person),只能通过形式的普遍性把个人自我从其特殊性、具体性以及历史性中抽象出来的。我国研究黑格尔的著名学者张颐非常同意斯特林(Stirling)用"伦理"(Ethicality)来翻译德语"Sittlichkeit"一词。他的理由是,因为在黑格尔看来,"Sittlichkeit"是"自由"的"概念与客观性的统一"或"理念","它是活生生的伦理精神,当它实现于社会秩序中时,它仍然处于活生生的和不断实现的过程中,而决不会完全具体化"。③ 所以"伦理"在黑格尔看来可以是无限自我超越的价值

---

① [德]黑格尔:《法哲学原理》,范扬、张企泰译,商务印书馆 1961 年版,第 42 页。康德之所以避开伦理而谈道德,是因为在康德看来,道德的世界是基于本体界的人的本质而确立的行为准则,唯其如此方有普遍必然性;伦理的世界总是充斥着经验的累赘,注定只有偶然性。这与康德立意找寻到对所有时空范围内的人均有效的普遍性法则的理论旨趣是分不开的。(可参见廖申白:《伦理学概论》,北京师范大学出版社 2009 年版,第 22 页,注③)

② 当然,并不是说黑格尔没有对道德这一环节表示任何的肯定,实际上,他认为"只有在作为主观意志的意识中,自由或自在地存在的意志才能成为现实的"。只是认为道德的阶段必定要被强调主观性与客观性、个体性与实体性辩证统一的伦理阶段超越。([德]黑格尔:《法哲学原理》,范扬、张企泰译,商务印书馆 1961 年版,第 110 页。)

③ 张颐:《张颐论黑格尔》,侯成亚等编译,四川大学出版社 2000 年版,第 14—15 页。

之源而非僵化的规范,它的意义与生机就在于"伦理"所体现的人道价值,而且这种人道价值只有扎根于现实的伦理生活之中才是现实的。

　　正是由于"伦理"与"道德"在精神层面的差别,教化论认为,必须对"伦理"与"道德"做严格的区分,虽然二者都与"习惯"一词相关,但比较而言,伦理更强调把内在的东西实现出来以获得外部的定在,从而使善获得现实。更为重要的是,"伦理的最初定在又是某种自然的东西,它采取爱和感觉的形式"①。可以说,伦理的起点是自然性的"爱",它可能是狭隘的,但如果基于这一点就把自然性的爱全然否定,所谓的道德一定是冷峻而不近人情的。因为"爱"的情感具有从特殊性到普遍性升华的向度与可能,真正的"爱"实质上乃是精神、情感之链把我、你、他统一于更大的实体当中。道德则更强调自我意识的主观建构,是意志深入主体的主观性和内在性的绝对命令,它要求的是形式的普遍性。不过,现代性道德哲学家所强调的普遍理性不是社会理性,而是个体的抽象理性、逻辑理性。正如黑格尔所说的,道德不关心别的,只关心"我的判断、意图以及我的目的",它拒绝任何实在的内容。恰如笛卡尔的"我思"那样只是纯形式、纯逻辑可能的,这就把一切权利、义务和定在等规定性都抛弃了,从而把自我贬低为意志的纯内在性。正是对道德主观性的批判,黑格尔指出伦理是"活的善","这活的善在自我意识中具有它的知识和意志,通过自我意识的行动而达到它的现实性;另一方面自我意识在伦理性的存在中具有它的绝对基础和起推动作用的目的"。② 所以,道德实际上是一种伦理上的造诣,只有根于伦理性的实体,道德的自我意志才能与意志的概念(普遍意志)相一致。教化说到底就是一种伦理关切,注重在现实交往和生活世界中体现伦理精神,力求做到"正确""正当"。它并不是要把个体的

---

① ［德］黑格尔:《法哲学原理》,范扬、张企泰译,商务印书馆1961年版,第43页。
② ［德］黑格尔:《法哲学原理》,范扬、张企泰译,商务印书馆1961年版,第164页。

经验性情感从伦理实体中拔根而起,而恰恰是要在自然情感的基地上涵厚其德。所以伽达默尔指出 Bildung(教化)一词与古希腊语里的 Physis(自然)相类似可谓意义深刻。

第三章　现代性道德自我的生成
与"无伦理的道德"

　　现代性是以一种非历史、非文化的具有"普世"精神的姿态而出现的，在切断了与历史、文化传统的联系时，现代性本身的存在也是无根和荒诞的。这一点突出地表现在精神或人性方面。正如舍勒所描述的，现代现象中最重大的事件是：古代关于人的观念已根本动摇，以至于"在历史上没有任何一个时代像当前这样，人对于自身如此困惑不解"。究其原因，乃"现代现象不仅是一场事物的转变，不仅是环境、制度、知识的基本概念及其形式的转变，不仅是所有知识事务的转变，更是人自身的一场转变，是人的身体、行为、心理和精神的内在构造本身的转变；不仅是人的实际生存的转变，而且是人的生存标尺的转变，人的身体—精神统一体的此时此在的实存样式的处于漂浮状态，个体身位已找不到自己的安身之位"①。现代性精神气质的整体转换，企图以"理性"来替代上帝而成为"道德秩序的最高保证"，其实是取消了所有真正意义上的道德因素，"在理性道德的名义下，留给我们的将只有一种贫乏而苍白的道德"②。理性使得个体承担起定义自我生存意义

---

　　①　［德］舍勒：《舍勒选集》，刘小枫选编，上海三联书店 1999 年版，编者导言第24 页。

　　②　［法］涂尔干：《道德教育》，陈光金等译，上海人民出版社 2001 年版，第 12 页。

和价值阐释的使命，道德也在个体原子化过程中丧失了伦理本根。道德从共同体的总体性观念中挣脱出来，日益贫乏、"碎片化"和私人化。

第一节　现代性的价值追求及其悖论

精神的失落、自由的幻象以及情感的贫乏成为现代性自我的道德困境。我们并不是要简单地否定启蒙以来的现代性给人性解放和个性自主的许诺，为个体间的自由平等权利提供制度性保障，以及理性在经济、管理、科技等方面应用带来的高效，而是主张在个体自由与伦理精神之间应该保持一种动态的平衡和张力。启蒙片面地以个体主义和工具理性成为组织全部社会生活的唯一的方法和原则，将不可避免地导致道德相对主义甚至道德虚无主义，它将导致道德生态的严重破坏以及空前的意义迷失。这也与现代性的多元主义①所编织的美好愿景背道而驰。

---

① 现代社会的一个突出特点是多元而不是一元的生存方式，不过人们对于多元的真实内涵的理解往往是存在偏颇的。正如有学者所正确指出的那样，多元不仅是一个"量"的范畴，更应该从质的立场上来理解和把握。多元社会并不是指一个社会在量上存在着多种利益集团或多种价值选择方式，不是"怎么都行"的道德无政府状态，它更强调的是在"质"上各利益集团间或主体间相互平等的包容性、社会结构的开放性、价值评价体系非单一性的社会。"多元社会是一个非排他性生活世界，在这个生活世界中，所有存在者身份都是平等的，并以一种理性的态度在经验生活中彼此商谈、交流，构建起主体间关系。"（参见宋希仁：《社会伦理学》，山西教育出版社 2007 年版，第 97—110 页。）由此可见，对于现代性不能只是局限于平面化或庸俗化的理解，从精神哲学（黑格尔哲学意义上的）的高度来把握现代性所追求的理性与自由具有重要的启示意义。而且现代性所理解的自由、平等精神被当成一个现成的、个体与生俱来的能力来使用，而不是把现代性的精神看成有待教化的，即自由、平等精神只有在教化的作用下才能真正实现对人的主体人格的尊重以及对个体价值选择的宽容。在这种意义上说，自由、平等不仅仅是个体的一种权利，更是一种德性。

一、神性的"祛魅"与精神的失落

现代性文明的演进肇始于启蒙运动,启蒙所倡导的理性成为判断一切事物的终极标准,当然这里所说的理性不是与经验相对的,更多的是一种思维方式或论理方式。在这种意义上,启蒙运动的"理性"是从与"信仰"相对照的意义上来讲的,因为启蒙运动是在对抗神性的过程中为个体生命存在寻找合理化论证,感性欲望的张扬、俗世幸福的追求、功利主义的价值诉求都成为其口号或理由,只不过感性欲望的张扬是以一种理性论理的方式来进行的,经不起理性的、逻辑的或实证的方法检验是虚妄不实的。信仰则是以一种超验主义体悟的方式来言说的,它直接与理性相对立。经验主义的论证方式(如洛克、休谟等)也是合乎逻辑、形式的。所以在这一点上,理性主义与经验主义是能够共谋并与超验主义对立的。用马克斯·韦伯的经典论断来概括,我们的时代是一个理性祛除巫魅的时代,一切终极的价值从公众生活中隐退了。现代性的目标包括"工业化、都市化、技术化、官僚化、科学主义、工具理性、世俗化、平等主义以及唯物主义"①。从这些目标我们可以看出,现代性表现在政治、经济、文化以及思维方式各个方面都要求合乎理性,更准确地说,是合乎工具理性。工具理性是一种计算理性,它是为了实现一个明确的目的而设计出最合算、最经济的方法、手段。② 由此,一切不可计算或不合算的东西统统被视为"巫魅"加以祛除,它所信赖的是经验的可证实性、严格的逻辑推论以及精确的数

---

① ［美］格里芬:《后现代精神》,王成兵译,中央编译出版社 1998 年版,第 17 页。

② 在韦伯那里,工具合理性是与价值合理性相对照的,价值合理性根植于人们的宗教或哲学信仰,是关于人生根本选择的合理性。正如韦伯所说的:"谁要是无视可以预见的后果,他的行为服务于他对义务、尊严、美、宗教训示、孝顺,或者某一件'事'的重要性的信念,不管什么形式的,他坚信必须这样做,这就是纯粹的价值合理性的行为。"(［德］韦伯:《经济与社会》上卷,林荣远译,商务印书馆 1997 年版,第 57 页。)

字计算,说到底是一种孔德所推崇的实证精神。"作为我们智慧成熟标志的根本革命,主要是在于处处以单纯的规律探求,即研究被观察现象之间存在的恒定关系,来代替无法认识的本义的起因。"①这种理性化的进程一方面给社会带来了巨大物质进步,使社会组织更为有效,并使我们世俗化的生活得到最大满足。但是另一方面,它也不可避免地消解了价值这一"巨大的存在之链"(great chain of being)。

从这个角度来看,启蒙以来的现代性精神更多的是在做分析的工作,它是以一种实证的、感性的眼光来看待生命和精神的。黑格尔对启蒙的看法是辩证的,一方面肯定了纯粹识见是"对它自己的直接的确定性",它体现出一种概念的力量,一种"自我"确证对象的主体性力量。而另一方面,正如它看到了眼前的一切,却无法看到自己的眼睛一样,即忽视了视力本身的有限性或阈限,"意识在它自己所识见到的对象中认识到自己本身并即在对象中直接地(无须先离开被思维的东西然后再返回自身)具有着自己本身"②。纯粹识见没有看到信仰本身的合理内容及其生命,只是把有限的事物当成绝对的本质,绝对本质在它看来乃是完全平凡的真理。"启蒙,自称是纯粹性的东西,在这里把精神所认为的永恒生命[永生]和神圣精神[圣灵]都当成一种现实的、无常的事物,并以属于感性确定性的一种本身毫无价值的看法加以沾污。"③因此,启蒙所开启的现代性在使人们的行为与思想理性化的同时,也驱走了我们内心形而上学的信仰,驱赶了各种各样的神秘和浪漫的东西,如马克思所说的,"一切神圣的东西都被亵渎了"。因这些素被尊崇的神圣观念是晦暗不明的,是启蒙之光必须驱散的阴

---

① [法]孔德:《论实证精神》,黄建华译,商务印书馆1993年版,第10页。

② [德]黑格尔:《精神现象学》下卷,贺麟、王玖兴译,商务印书馆1979年版,第88页。

③ [德]黑格尔:《精神现象学》下卷,贺麟、王玖兴译,商务印书馆1979年版,第91页。

影。但是形而上学乃是人性的内在渴望,也是个人受教化的精神之源。正如黑格尔所说:"一个没有形而上学的民族就象一座没有祭坛的神庙,一座空的神庙,一座没有任何东西寓于其中的神庙,因而它本身也不再是任何东西。"①

启蒙在挣脱和打碎蒙昧主义的枷锁的同时,也不可避免地挤压了人的灵性、情感和想象力的空间。这样,世界由一系列物质和材料构成,毫无灵性可言。熊彼特在对资本主义的分析中精辟地指出,资本主义理性化的方式不仅改造了我们达到目的的方法,而且也改造了最终目的本身。"由此产生的在唯物主义一元论、世俗主义和务实地接受人世现实这个意义上的'自由思想',确实不是逻辑上的必然,却是十分自然的。一方面,我们承袭下来的责任感已被剥夺了传统的基础,变得以改善人类条件的功利思想为中心,这点当然不合逻辑,但它看来比(譬如说)敬畏上帝更经得起理性主义的批判。另一方面,同样的灵魂理性化从每一种阶级权利身上抹去超经验约束力的全部魅力。"②理性主义主宰了现代性的方方面面,人也成了客观化的科学分析对象,因其更经得起理性的检验。同时,传统伦理对个体道德责任的要求被追求利益最大化原则的功利主义所取代,人与人的交往除了赤裸裸的利害计算关系,再也没有别的联系了。

因此,可以说理性化、形式化的现代性是一场"净化运动","这个净化运动完成了事物的 Entgöttrung(世俗化)过程。世界变成了完全呈现在人的意识面前,向它透明地袒露的一系列外在现实"。③ 这样一来,世界被缩减为无灵性、无意义的世界。正如泰勒所指出的,所有

---

① [德]伽达默尔:《科学时代的理性》,薛华等译,国际文化出版公司 1988 年版,第 3 页。

② [美]熊彼特:《资本主义、社会主义与民主》,吴健良译,商务印书馆 1999 年版,第 204—205 页。

③ [加]泰勒:《黑格尔》,张国清、朱进东译,译林出版社 2002 年版,第 615 页。

外在现实都被对象化了,都被取消了精神意义,并且都被看作一个展现在普遍科学意识面前的、由可以感觉到的物质事物所组成的世界。胡塞尔也深刻地指出了欧洲科学的危机主要不是方法的危机、技术的危机,说到底是人性的危机。人性的创造力、自由力被程式化、被对象化,"现代人让自己的整个世界观受实证科学支配,并迷惑于实证科学所造成的'繁荣'。这种独特现象意味着,现代人漫不经心地抹去了那些对于真正的人来说至关重要的问题。只见事实的科学造成了只见事实的人"①。"事实的人"是什么? 就是作为欲望之主体的肉身存在。

在现代性看来,伴随着"上帝已死"的终极价值的崩塌,神义论向人义论的价值位移,生活的意义和生命的价值是由个体自身来建构和充实的,人们享受着充分的自由来自我决定"什么是好生活",任何社会或个人都不能对自我的价值选择予以评价,毕竟自我就足以确立自己的道德价值图景。然而,在前现代社会中,整个宇宙都是有目的的并存在一种神圣的秩序,每个个体就是通过对宇宙秩序的理解和领悟而达到对自我或主体性的理解,宇宙秩序构成自我理解的背景框架和语境。现代社会在科学主义的狂飙突进中成了一个"祛魅"了的世界,形而上学的基础地位被各种建构主义所取代,建构主义从方法上说只能是个体主义的和主观主义的。个体自我不仅独立于目的论的宇宙秩序,而且自身具有赋予生活以意义和价值的能力:宇宙秩序不再是个体生活意义的源泉,自我成为将自然界对象化并加以支配和控制的主体。精神、人性等价值之维不可避免地在不断地萎缩,在我们面前的完全是一个纯粹客观化的、冷冰冰的、陌生的并且需要经过理性实证的世界。"现代性的阈限在于,宇宙为神意注定的合法性衰落了;只

---

① 〔德〕胡塞尔:《欧洲科学的危机和超验现象学》,张庆熊译,上海译文出版社1988年版,第5—6页。

有当设定的宇宙合法性不再被视为理所当然、不再无可非议时，才会有现代性，才会有这种或那种现代性。"①所以，所谓主体的人并没有给最高存在留有任何余地，他自信自己就有能力获得充分的自在感。泰勒深刻地指出，"启蒙运动的基本错误在于拒绝这种超越性，千方百计地单独依靠人来达到这种圆满"②。

　　从某种意义上说，人的终极意义或超越性价值的绝对承担者的缺席，精神的实在性不可避免地丧失了。价值的位移表现在道德上，就是现代性极力合理化能为个体所经验的感觉及其有用性。所以在黑格尔看来，启蒙的世界就是功利的世界。这种价值观实际上是本能对逻各斯的造反，真正能够确证自我的只有自我感觉。而对于社会结构与德性关系来说，现代性的道德虽然也强调道德规范对于社会的正常交往是非常必要的，但是这种以个体主观化的视角来构筑道德关系消解了作为社会精神基础的价值秩序，不可避免地出现分离性道德。没有伦理精神贯注的一般社会交往关系并不是一种真正意义上的伦理关系，它的结构是任意的和松散的，因而是一种"无生命、无精神的共体"，造成了实质性的道德秩序的解体，道德教化既无必要也无可能。

　　自然与社会仅仅作为满足个体欲望更好地实现的一种工具或手段而已。现代性的道德由于是自我本体的，而自我本体在个体间又是无法通约的，至少在价值合理性上无法提供效准，所以道德只能缩减为外在的、形式化的规范或规则。"国家和宗教机构不再是人必须向其确证自身的令人敬畏的现实，而仅仅成为世界的中介，成为向着科学意识的考察开放的，且任其处置的世界的中介（neutral stuff）部分。"③现代性道德自我原子式的"社会想象"使人与他者的关系处于

---

① ［以］艾森斯塔特：《反思现代性》，旷新年等译，生活·读书·新知三联书店 2006 年版，第 8 页。
② ［加］泰勒：《黑格尔》，张国清、朱进东译，译林出版社 2002 年版，第 279 页。
③ ［加］泰勒：《黑格尔》，张国清、朱进东译，译林出版社 2002 年版，第 275 页。

分裂之中,不可能产生任何意义上的道德共契和伦理情感,道德的普遍性即形式性只提供一种逻辑上的有效性,无论如何都不再能够提供安顿人内在心灵秩序的家园感。这一点德国人文主义者洪堡也深有同感,他在分析古代国家和现代国家在教育(教化)公民所秉持的理念的差别时,指出了近代以来人们关心的不再是内在精神的丰富,而是放纵和迷失于外在福利的绞尽脑汁的追寻上。他说:"我们感到,在古代,吸引我们的首先是一个人的生命的奉献精神的伟大,是想象力的生机勃发、精神的深邃、意志的坚强、整个言行的一致,而单单后者就给予人真正的价值。人尤其是他的力量和教育,是激发任何活动的东西。在我们这里,过多的情况是涉及一种整体思想,从这种思想出发,人们似乎忘记各种个人,或者至少不是关心他们内在的本质,而是关心他们的安宁福利和幸福快乐。古代国家在德性中寻找幸福快乐,近代的国家致力于从德性中去发掘幸福快乐的时间太过长久了。"①可见,近代的国家观实质上就是大多数启蒙思想家所持的社会契约论,契约乃由于共享利益(shared interests)才把各个人或团体联结起来,因无客观的伦理精神内蕴其中而缺乏共享意义(shared meaning),故目的一旦达成或无法实现,契约即终止。因此,在这样一种社会结构中,只有"我"而没有真正意义上的"我们","我们"存在乃其有助于实现"我"之工具价值。在"我"作为第一性时,"我们"完全是一种派生的、外在的事物,就像一袋马铃薯一样,互不相嵌。

总之,现代性把"我"看作第一性的,"我"而不是"我们"是实体,这就消解了内在伦理精神在社会生活中的基础地位。"我"不论是作为意识主体还是感觉主体都不是"精神"的,因为意识主体虽然也能够建构起社会秩序,但这种秩序只能是外在的,它毕竟是自我本体的、逻辑

---

① [德]洪堡:《论国家的作用》,林荣远、冯兴元译,中国社会科学出版社 1998 年版,第 28 页。

推论的,而不是历史性的、实体性的伦理秩序。所以,当意识主体单纯以"自我"作为立论的基础时,它与感觉主体殊途同归。而且,主体的感觉化是现代性运行的暗流,它以一种实证化、对象化的视角来看待社会。殊不知,社会生活的本质不纯是物质的。什么是家庭?什么是国家?什么是民族?正如 C. 谢·弗兰克所指出的,"这些问题根本不能在有形的物质存在界来研究,而只能通过内心精神的参与,通过共同体验无形的社会活动来解决"①。在缺乏"上帝之眼"的现代性那里,我们丧失了体验神圣的能力,一切皆在被物质、感觉、有用性解构,精神的失落不可避免。正是由于这样,科耶夫辩证地说道:"启蒙运动在埋葬信仰的时候死去,因为它的生命仅仅在于批判。"②世俗化、工具化的理性无法领略现实存在的合理性及其社会秩序所隐含的伦理精神,而这正是人受教化的精神之源。

二、主体性的凯歌与自由的幻象

主体性和自由是现代性的核心价值之一,甚至可以说是最重要的价值,因为理性启蒙的目的就是获得自由,使人成为真正意义上的主体。霍克海默与阿多诺开宗明义地指出:"启蒙的根本目标就是要使人们摆脱恐惧,树立自主。"③主体性与自主性具有同等意义的内涵。现代性确立了人的主体地位,不仅"人为自然立法",而且还是"人为道德立法",这种自我立法的能力是前现代社会所不可想象的。在前现代社会中,个体并不具有赋义的能力,他得承认在自身之外还存在一个更大的绝对主体,只有把自我沉浸于这一绝对主体中才能获得充分

---

① ［俄］弗兰克:《社会的精神基础》,王永译,生活·读书·新知三联书店 2003 年版,第 77 页。

② ［法］科耶夫:《黑格尔导读》,姜志辉译,译林出版社 2005 年版,第 165 页。

③ ［德］霍克海默、阿道尔诺:《启蒙辩证法》,渠敬东、曹卫东译,上海人民出版社 2006 年版,第 1 页。

的自在感和意义感。由笛卡尔所肇始的"新世界的哲学"（黑格尔语）表明，自我、主体、我思才是真理的主要环节，那些不是出自内在性的原则，是站不住脚的。他主张用普遍怀疑的方法，把一切独断的、未经普遍理性确证的所谓知识悬置。而用这种方法怀疑一切时，唯一不可悬置的，就是正在怀疑的"自我"。这样，"自我"就从万事万物中独立出来，第一次成为本体论意义的独立存在，成为一个思想实体。而真正在哲学上把确立现代主体性原则当成使命的当属康德。为了回应休谟对知识或科学普遍必然性的质疑，康德提出了"知性"（Verstand）的建构功能，即理性通过"时空"先天直观形式和"范畴"的概念形式对感觉材料加以整合，从而形成"先天综合判断"，以确保科学知识的合法性。这种合法性主要表现在：一方面，使具有普遍必然性的知识免于陷入"同义反复"窠臼，因为它是有实质内容的；另一方面又使具有内容的知识不致只是经验材料的叠加而缺乏普遍必然性。这其实就涉及康德所谓的"哥白尼式的革命"，康德认为，已往的知识失足之处在于"主体"围着"客体"转，使"主体"符合"客体"，而康德批判哲学所做的工作就是将其颠倒过来，使"客体"围绕"主体"转。

不仅在纯粹理论理性范围内是这样的，康德指出，在实践理性范围内更应该如此。康德是通过对道德律的认识而引出人自身中的自由，作为自由意志的道德能够摒弃一切感性的、经验的东西对行为的规定而自为地决定自己为义务而义务。自我意识把个体当作自由的主体，他不再需要从权威的价值秩序中获取意义，价值秩序反而是自我意识主动选择的结果。价值主体性原则反映在社会政治哲学中就是确立了"权利"的基础性地位。将个体选择的"自由权利"置于价值主张的核心也体现在功利主义学说中，在功利主义道德哲学中，所谓自由就在于能够根据感性的快乐来选择行为的自由，只要没有触及"互不伤害原则"的底线。虽然理性的自由原则与感性的自爱原则之间存在着分歧，但在与传统价值生成逻辑的比较中，他们所信奉的价值自我导向上存在着内在的一致性：即个人乃是价值的本原。"在这里，每个人寻求着他自己的自我选择的好生活的观念。"①至于"好生活的观念"到底是什么，不再有权威来界限其价值的高下，故而对此问题的追问和反思就彻头彻尾地属于私人生活领域的事情而由个人自治了。现代社会所强调的不是选择什么样的价值观问题，而是对价值观的自我选择能力的最大化的保障。

　　如果我们深究之，将会发现，现代性所谓的主体化实质上就是"个体化"。②正如弗洛姆所分析的，个体化进程就像一把双刃剑：一方面，在个体完全切断束缚他进入外在世界的"脐带"之前，他毫无自由可言，因为一切外在的规定性在"觉醒"了的自我意识看来都是自由实现的障碍；另一方面，在获取所谓的自由的同时又不可避免地失去了他的精神归属和生命的根，从而陷入深深的精神孤独。"我们发现，人的自由增长过程与个人的成长过程一样具有辩证特征。一方面，它是一个力量不断增强，人日趋完善，对自然的支配越来越得心应手的过程，是理性能力，与他人的联系日益紧密的过程；但另一方面，这个日益加剧的个体化进程又意味着孤独感和不安全感日益增加，也意味着个人对自己在宇宙中的地位、对生命的怀疑增大，个人的无能为力感和微不足道感也日益加深。"③在不断强化的个体自主面前，人没有任何共享的或具权威性的价值可依托，只能陷入一种价值相对主义甚或价值虚无主义的迷茫。麦金太尔曾深刻地揭示了权威危机表征的现代性自反性："道德行为者虽然从似乎是传统的外在权威（等级、身份等）中解放出来了，但是这种解放的代价是新的自律行为者所表述的

---

① ［美］麦金太尔：《德性之后》，龚群、戴扬毅等译，中国社会科学出版社 1995 年版，第 246 页。

② 弗洛姆在《逃避自由》一书中所宣称的那样，现代化的社会是一个"个体化"的过程，也就是个人从原始纽带或社会纽带中脱颖而出，个人的价值具有君临一切的地位，只有归结为个体的满足才是有意义的，社会只能是虚构的结合体。

③ ［美］弗洛姆：《逃避自由》，刘林海译，国际文化出版公司 2002 年，第 24 页。

任何道德言辞都推动了全部权威性内容。"①人类普遍性的伦理观念在自我主体性的不断解构下，只剩下道德的只言片语，而理性追求普遍性的内在冲动将导致韦伯所谓价值世界的"诸神的冲突"。

现代性主体绝对化逻辑表现在人与自然的关系方面，必将导致人类中心主义，即由单纯的自我利益出发向外在自然无限制地开拓疆域。因此，对自然资源掠夺式的开发就是不可避免的了，它其实也是人类主体性的一种极端表现，这里毋庸赘言。我们主要关注现代性的主体性在社会交往关系或社会伦理关系方面的表现。现代性所确立的主体性原则确有非常重要的意义，作为个体的、"小写的"人才真正被发现。不过我们也应该警醒个体的人的在世方式，在现代社会中，最能够表现个体化的是感觉或快感，那是纯自我的，因此主体性原则更多地表现为欲望的主体性，正如后现代主义者利奥塔说的，"真正的主体并不存在于意识哲学、认识论和自我心理学所试图寻找的地方，即不存在于反思的思辨游戏之中，因为，反思的主体已经是一种'异化了的主体'。愿望、欲望、生命的本能冲动是驱动人这一有机生命机器的'电流'，它在弗洛伊德那里是'里比多'，在叔本华那里是'生命意志'，在尼采那儿是'权力意志'，在拉康那里是'潜欲'"②。自由不再是表现为精神的完善和丰满，而是对欲望追逐的权利，对自由的理解也是去精神化了的。这一点从我们对现代史上争取自由的斗争中就可见出，他们大都着眼于反对旧式权威对个性的束缚，想当然地以为传统的束缚消灭得越多，个人获得的自由也就越大。但是，问题并没有那么简单，自由的旧敌（旧式权威）是消灭了，但又出现了新敌。"这

---

① ［美］麦金太尔：《德性之后》，龚群、戴扬毅等译，中国社会科学出版社 1995 年版，译者前言第 9 页。

② ［法］利奥塔等：《后现代主义》，赵一凡等译，社会科学文献出版社 1999 年版，第 38—39 页。

种新敌基本不是外在束缚,而是妨碍人格自由充分实现的内在因素。"①弗洛姆接着说,现代人享有信仰是自由的权利,但现代人在很大程度上却丧失了信仰的内在能力,他们只相信由自然科学方法证实了的东西;现代人也享有言论自由的权利,但现代人却处在一种"他"所想所说的东西都是任何一个人所想所说的境地,他并未获得不受他人干扰独立思考表达自己思想的能力;现代人虽然摆脱了外在权威的控制,却受到一种无所逃遁的"匿名"控制,它让我们毫无还手之力。因此,弗氏提醒世人,"我们对摆脱外在于自己的权力,不断获得更大的自由而欣喜若狂,却对内在的束缚、强迫和恐惧置若罔闻,它们会削弱自由战胜传统的敌人获得胜利的意义"②。启蒙现代性企图依赖自我的理解结构来解构一切权威的合法性,"自主"的人性秩序对"自然"的神圣秩序取得了压倒性胜利,却导演出一幕本体性生存观念断裂的悲喜剧。

因此,在我们看来,自由不仅是个"量"的问题,即获得多少具体的自由(liberties)权利,更是个"质"的问题,即具有自由(freedom)的能力。我们不但要使我们认识到属于自己的个人自我,还需能够在社会生活实践中对"自主性即是本真性"的道德妄想症保有警觉并自我限制,真正赢得一种具体的自由。可见,自由不仅表现为外在欲求的正当权利,同时也应表现为内在的精神自由与德性的完善。正如约翰·西布利在解读黑格尔《历史哲学》时所得出的结论那样,"假如积极的和活泼的道德被认为是人类真有价值的东西——假如主观的精神知道伸张自己的自由,用以对抗外来的种种不合理的和不义的诉求,并且用以对抗内生的纵恣任性、激情肉欲,这就要有一个有生命的、活动的、公平的和圣洁的'神'的寄托者来做它的崇拜的惟一可能

---

① [美]弗洛姆:《逃避自由》,刘林海译,国际文化出版公司 2002 年,第 76 页。
② [美]弗洛姆:《逃避自由》,刘林海译,国际文化出版公司 2002 年,第 76 页。

的对象"①。也就是说,"自由"具有"解放"的意义,具有"内""外"两个方面的含义,一方面是从外在的控制下得到解放;另一方面是从情欲的内在束缚中得到解放。但确保解放得以实现的条件不可能基于自身,它需要通过接受可"寄托者"也即现实的伦理实体的合理性权威来实现。现代性以来所伸张的自由无疑只是极大地注重外在的解放,我们不再受外在权威的束缚,我们能够扬弃自身任何一个他物或规定的自由。在黑格尔看来,精神的这种扬弃和支配它自身的任何内容的力量是精神的真正自由的基础和可能性,但仅是可能性而已,因为它只是一种形式的自由,即任意。

"神性"已然"祛魅",传统观念被置于科学理性的考量之下,人的政治、法律权利得到了前所未有的保障。但是,这种从外在束缚中所得到的解放,如果忽视内在的自由方面,则只是一种获取自由的"可能性",一种免于受强制的"消极自由"。这里所说的消极自由之"消极"并不是褒贬意义上来讲的,而是就其对自由权的侧重点不同而作的分类。我们主要是依据自由主义者伯林对消极自由与积极自由的区分,消极自由的表达式是"免于……的自由(free from……)",即一种防御性的、拒绝干涉的自由,它在个人与国家、社会之间划定一个清楚明白的界线,由此为个人保留一个任何力量都绝对不许进入、不许干涉的"私人领地"。而积极自由的表达式是"去做……的自由(free to)",即一种进取性的自由,它起源于人的自主性的要求。消极的自由并不一定就是现实性的自由,现实性的自由是理性能够合理地约束自我的情欲,从而获得一种精神的充盈而不是依赖于物的境地。精神的自由是自己"知道"自己的存在,并且能够自己回到自己、自己创造自己、自己实现自己。所以,"自由"是需要教化的,自由不是天然的,也不是任性

① ［德］黑格尔:《历史哲学》王造时译,上海书店出版社 2006 年版,英译者序言第5 页。

妄为的本能造反。正如黑格尔所说，"'自由'要靠知识和意志无穷的训练，才可以找出和获得。所以天然状态不外乎是无法的和凶暴的状态、没有驯服的天然冲动状态、不人道的行为和情感的状态。社会和国家当然产生了限制，但是这种限制只是限制了纯属兽性的情感和原始的本能，就如像在一种比较更进步的阶段，便是限制了放纵和热情考虑的意图。这一种限制，乃是真正的——合理的和依照概念的自由的意识和意志所由实现的手段"①。缺乏现实伦理实体对个人自主性的限制，无论如何也不可能获得真实的自由，只能在失控的本能以及对秩序的蔑视中再度丧失自我。

由于伦理精神的缺失，现代性的大多数思想家（以以赛亚·伯林为代表）对积极的自由表达了谨慎的态度，认为积极自由有导致社会专制的可能与倾向，易于走向自由的反面：奴役。为此，伯林有三个命题："第一，积极自由概念本身便含有反对自由的成分；第二，积极自由概念即理性的自我导向的概念的第一个暴虐是自我或人格的分裂；第三，用在社会政治领域，导致一种自居式的专制的产物。"②我们不否认积极自由确有引入专制之虞，不过，这只是从经验的或政治的层面来说，若从人性的、形而上的角度来说，单纯的消极自由只是一种形式上的自由。因为没有消极自由就没有积极自由，而没有积极自由也就谈不上消极自由。之所以会在积极自由和消极自由之间作出区分，实乃由于现代性的个体是原子式的而非实体性或普遍性的个体，原子式的个体之间不存在内在的认同，因而缺乏本体性的信任，甚至在自由和德性之间增加了一道不可逾越的鸿沟。在前现代社会，不是自由，而是德性才是保证秩序的基础，是人的尊严和真正自由（心灵自由）的保证。秩序不是别的，而是使理性免受感性欲望的引诱进而使其纳入

---

① ［德］黑格尔：《历史哲学》，王造时译，上海书店出版社 2006 年版，第 38 页。
② 转引胡传胜：《自由的幻像》，南京大学出版社 2001 年版，第 91 页。

合理化的轨道,社会的结构与人的心灵的结构具有同构性。而且,德性还维护着人的生活和人格的统一性,现代性所谓的自由却恰好相反,"现代人的特征似乎是完全正确主张自我,实际上他的自我受到了削弱,成为全部自我——智慧与意志力的一个碎片,整个人格中的所有其他部分全部被排除掉了"①。碎片化的点状自我之所以削弱了他的自我,在于它无法承诺对个人生活的整体性及"好生活"的认识,使自我的自主性追求因缺乏方向而陷入迷茫。

为此,我们可以说,现代性不仅未能带来自由,反而带来了精神分裂和价值冲突。在这种意义上,自由并不是人性的解放和德性的提升的有力武器,反而使人成为一个疑虑重重无安全感的自我个体。于是乎,现代性究竟是主体性的凯歌还是主体性的衰落或黄昏?自由权利的保障是否必然带来精神的丰盈,抑或陷入自由的幻象,甚至逃避自由?也许其中任何一种回答都是片面的,但各种可能给了我们反省现代性的维度,并且让我们认识到现代性主体性的自身缺陷。进入现代社会时,人开始从社会中抽身,剥离并非偶然属于人身上的伦理属性,不再认同共同的、内在的、整体性的"好",也不再把社会看成内在的或精神的共同体,而将其看成保护追求个人利益的外在屏障,这是"本质性的巨变"。就像泰勒所指出的那样,现代性是一个所谓的"大脱嵌"(great disembedding)过程,个人从整全的秩序中成为一"独立自由的个体"。这个"大脱嵌"内在地包含两个方面的转向:"人类中心主义的转向"(anthropocentric shift)和"个人中心主义的转向"(individualistic shift)。② 由此,人与人之间的典型关系成为操纵式的。正如黑格尔所言,现代性的症状是伦理生活的实证化,道德和行为规范脱离社会成员活生生的理解过程,变成了外在强加的教条。殊不知,"精神的自

---

① [美]弗洛姆:《逃避自由》,刘林海译,国际文化出版公司 2002 年,第 84 页。
② [加]泰勒:《本真性的伦理》,程炼译,上海三联书店 2012 年版,中文版导言第 7 页。

由不是一种在他物之外,而是在他物内争得的对于他物的不依赖性,就是说自由之成为现实,不是由于逃避他物,而是由于克服、即扬弃他物"①。也即是说,"只有受到生气灌注的东西,即心灵的生命,才有自由的无限性,才是在实际存在中对本身为内在的,因为它在它的外现里能回顾本身,停留在本身"②。现代性却以一种去精神的方式或知性的方式来追求主体性和自由,这样一来,主体性不可避免地走向其反面。正如海德格尔所分析的,现代性的建构方式是以技术的方式进行的,而"在以技术方式组织起来的人的全球性帝国主义中,人的主观主义达到了它的登峰造极的地步,人由此降落到被组织的千篇一律状态的层面上,并在那里设立自身。这种千篇一律状态成为对地球的完全的(亦即技术的)统治的最可靠的工具。现代的主体性之自由完全消融于与主体性相对应的客体性之中了"③。因此,可以说,抽象的主体性不可避免地堕入其反面,即被对象化、客体化,这其实就是"启蒙的辩证法"。"启蒙一直旨在将人类从恐惧中解放出来,并建立人的主宰,但充分启蒙了的世界却弥散着胜利的灾难。"④现代人在获得抽象自主的同时,因缺乏精神的内在深度使道德教化难以实现,生活的目的狭隘到充实不断激发的感性欲望,自我成了欲望对象填充的容器。

三、理性的独尊与情感的贫乏

把现代称为理性独尊的时代应该是没有异议的。只不过我们对于这里所说的理性必须有所界定,它不是精神的理性或社会的理性,而是实证理性、科学理性、工具理性,这一点霍克海默和阿多诺在《启

---

① 〔德〕黑格尔:《精神哲学》,杨祖陶译,人民出版社 2006 年版,译者导言第 7 页。

② 〔德〕黑格尔:《美学》第一卷,朱光潜译,商务印书馆 1996 年版,第 199 页。

③ 〔德〕海德格尔:《海德格尔选集》下卷,孙周兴选编,上海三联书店 1996 年版,第 894 页。

④ 〔美〕多尔迈:《主体性的黄昏》,万俊人等译,上海人民出版社 1992 年,第319 页。

蒙的辩证法》中多有论述,在他们看来,启蒙的纲领无非是用知识取代幻想。启蒙思想家们发动了一场摒弃探究上帝、灵魂、终极存在、形而上学的知识运动,因为终极实在属于形上领域而超出了知识的范围,知识、真理在启蒙思想家们看来必须是能够为经验证实或逻辑证明的。休谟在《人类理解研究》的结束语中就说:"我们如果相信这些原则,那么在巡视各图书馆时,将作出什么样的大破坏呢? 我们如果拿起一本书,例如神学书或经院哲学书,那么可以问问,书中有关于数和量的任何抽象推论吗? 没有。有关于实在事实和存在的任何经验推论吗? 没有。于是我们可以把它投入烈火,因为书中没有别的,只有诡辩和幻想。"①而且,这种实证理性侵入形而上学领域,致使形而上学的根基发生了根本性的动摇,这也就成为康德批判哲学对理性本身的能力、功能、范围和界限进行清理和批判的契机,进而把理性分为理论理性和实践领域的原因。而启蒙思想则是"从一开始起,非神秘化的努力和对偏见的攻击就浸透了家长式的冲动,即统治的冲动:'在战胜迷信之后,人类理性将统治一个警醒的自然。'为了获得支配地位,理性致力于简化宇宙,把所有个别的细节都归于抽象的范畴或系统的逻辑体系——理想地纳入方便的数学公式之内:'启蒙预先被当作现实或可在统一中掌握的东西;其理想就是建立一个可以从中推导出一切的体系……数学成了启蒙的准则'"②。启蒙理性实质上就在于让人取代上帝而成为宇宙中心的地位,并且是要以一种确定性的方式实现对外在自然与内在自然的统治。而实证理性或工具理性恰好满足了这一要求,这种理性是能够被人掌控的,从而具有改变现实世界的力量。

　　培根提出了"知识就是力量"的名言,"知识就是力量"的真实含义

---

① ［英］休谟:《人类理解研究》,关文运译,商务印书馆 1981 年版,第 145 页。
② ［美］多尔迈:《主体性的黄昏》,万俊人等译,上海人民出版社 1992 年,第317 页。

在于人借助于科学知识来分解自然，以所谓科学的、可证实的方式知晓自然的奥秘，从而获得支配自然的力量。所以，在启蒙所开启的现代性那里，理性不再是洞悉生命、把捉绝对本质进而获得生活意义的方式，而是为满足人的权力欲而提供的方便法门。正如卡西尔所说的，"18 世纪在一种不同的、比较朴素的意义上看待理性。理性不再是先于一切经验、揭示了事物的绝对本质的'天赋观念'的总和。现在，人们把理性看作一种后天获得物而不是遗产。它不是一座精神宝库，把真理象银币一样窖藏起来，而是一种引导我们去发现真理、建立真理和确定真理的独创性的理智力量"①。伴随着对知识力量的盲目确信，人们以为启蒙理性（科学理性、实证理性）可以破解一切（甚至人本身）形而上的神秘。这实际上是一种非理性的狂妄。正如阿尔·戈尔所说，人类已僭取了上帝和自然的权力，并已敢于使用神灵般的力量，却又没有神灵般的智慧。

　　现代性在使用理性（实证理性）时却未对理性自身进行限制，理性的片面化不可避免地导致了人性的危机。胡塞尔认为，理性的根本任务不只是征服外在自然，而且还包括寻求人生意义在内的整个世界。但现代人却让自己的整个世界观受实证科学的支配，并迷惑于实证科学所造就的繁荣。这使现代人漫不经心地抹去了那些对于真正的人来说至关重要的问题，即对于人生意义的探究。当然，我们并不能否认启蒙理性也涉及对人性的探讨，但正如我们前面所论述的那样，这种实证主义的方式把人动物化、感性化或者逻辑化，因为这非常方便地契合启蒙理性所遵循的明晰化、实证化原则。这种无精神的探讨方式肢解了人的生活的整全性以及人与世界的亲缘性。总的说来，无论是对于外在自然的探讨，还是对于人的内在自然的探讨，启蒙理性都难逃失败的命运。启蒙理性对自然宇宙的机械式理解导致自然成为

---

①　［德］卡西勒：《启蒙哲学》，顾伟铭等译，山东人民出版社 1988 年版，第 11 页。

一堆物质材料或至少可以还原为物质材料的集合。正如牛顿物理学所描绘的是一个外在于人的、可为人所操控的世界。世界不再神秘，而是符合机械原理的有规律的运动。"但丁和弥尔顿的富于光辉的浪漫主义情趣的宇宙，在人类想象力翱翔于时空之上时，对人类的想象力不曾有任何限制，现在却一扫而空了。空间与几何学领域变成一个东西了，时间则与数的连续变成一个东西了。从前人们认为他们所居处的世界，是一个富有色、声、香，充满了喜乐、爱、美，到处表现出有目的的和谐与创造性的理想的世界，现在这个世界却被逼到生物大脑的小小角落里去了。而真正重要的外部世界则是一个冷、硬、无声、无色的沉死的世界，一个量的世界，一个服从机械规律性、可用数学计算的运动的世界。"①世界的丰富性被还原化为可操控的自然客体。陀思妥耶夫斯基也说："世间的科学集结成一股巨大的力量，特别是在最近的一个世纪里，把圣经留给我们的一切天国的事物分析得清清楚楚，经过这个世界的学者残酷的分析，以前一切神圣的东西全都一扫而光了。"②经过启蒙理性的分析，世界可还原为由自然规律主宰支配的机械运动，只有可分析的东西才是真的，才是确定的。

首先，人不再是宇宙自然的一部分，与自然的关系也不再是共生共在的关系，而是支配自然的"主体"。人以自身的感性尺度来理解和支配宇宙自然，自然也就成了单纯物质性的自然，成了满足人感性欲望的客体。其次，在人的内在自然方面，虽然并不是说现代性否定了人的自然性，而是说它把人的自然性纳入理性的可预测、可支配的程序，强调人的自然性的齐一性，而否认人与人之间欲望、情感的丰富性与差异性。所以，自笛卡尔以来，哲学所说的人，不是具体的生命存在，而是单纯的"我思"主体，即被科学思维抽象化的一个符号。人是

---

① 转引李文阁：《回归现实生活世界》，中国社会科学出版社 2002 年版，第 23 页。
② ［俄］陀思妥耶夫斯基：《卡拉马佐夫兄弟》（上）：耿济之译，人民文学出版社 1981年，第 249—250 页。

万物的尺度，意味着理性是万物的尺度。人的感觉、激情、欲望都被符号化。"在近代西方思想中，人的人性（humanity）在任何场合下，都被看成不仅是与人的自然性（naturalness）毫不相关，而且是尖锐对立的。按笛卡尔的描述，我思主体的心灵或精神分离于、并且对立于外在的物质世界（有机的和无机的自然）。"①近代西方哲学主要以理性（形式理性或技术理性）来定义和分析人性，人的行为经过理性的分析也可找到其隐秘的心理根源。拉美特利就说"人是机器"。既然是机器，必然遵循机械原理而成为可控的，这样，人的自然性就彻底地与精神绝缘了。

有感于现代性理性的悖论，西方浪漫主义思想家认为，人的自然性是有着精神维度的，它具有文化的蕴含，而自我也不是无关乎自然的单纯自我。自然与精神统一于自我之中。正如谢林看来，"肉身性的东西并不简单地就是物体性的、空间性的存在，而是在维护生命的力中，在血液的力中，在欲望的冲动中，超越一切而显现出来的一种动力学的东西，一种冲击力、爆发力、意志力，包括所有给予人以力量的东西、人的行为的要素和其'本性'的耐力"②。但启蒙理性就缺乏在自然与精神之间作有张力地沟通，在他们看来，如果感性欲望、情绪等主观性的东西无法纳入理智分析并予以控制时，就被视为混乱的、"未被启蒙"的。正如后现代思想家们把现代性视为净化、清洁运动，不能忍受有任何"肮脏"或不明不白的东西，不能被启蒙之光照亮的"黑暗之地"没有存在的理由。这一点是浪漫主义思想家们所不同意的，与"光明"对照的"黑暗"并不简单地就是模糊不清的黑夜、深渊和混乱，而是隐而未显的、创造性的母腹，是无意识的空间，是创造性的本源。

---

①　［美］多尔迈:《主体性的黄昏》，万俊人等译，上海人民出版社 1992 年版，第 218 页。

②　［德］谢林:《对人类自由的本质及其相关对象的哲学研究》，邓安庆译，商务印书馆 2008 年版，第 21 页。

谢林就曾毫不犹豫地说:"所有的诞生都是脱离黑暗,临近光明,从无理智的(情感、渴望和认识的美丽之母)黑暗中才成长出闪光的思想。"①霍尔斯特·福尔曼斯对谢林的思想进行剖析时也指出,谢林认为"存在的根据"比启蒙理性所设想的事实上具有更多的"无理性的"(unvernünftiger)、非理性的东西,比启蒙运动设想的定在要黑暗得多、神秘得多、无规则得多、不稳定得多、危险得多。总之,定在不是无危险的(harmlos),而是充满危险的。②实际上,浪漫主义者所表达的就是在启蒙理性的魔爪下为"非理性的"自然性争得存在的空间,非理性的东西未必就是坏的。如果生活中一切都是透明的、可预测、可控制的,也未必就是美好的状态。陀思妥耶夫斯基笔下的"地下室人"不就起来反抗了吗?"地下室人"厌恶把人描述成一种可预测的动物。"每一件事情都被算计和指示得一目了然,以至于世界上再也没有什么事故和历险可言了。""你看,先生,理性真是一件美妙的东西,这是无可争辩的,但理性终究是理性,它只能满足人们推理能力的需要,而意志则是整个生命的显现,也就是整个人类生命包括理性和冲动的显现。尽管我们的生命在它的这种显现中常常是无价值的,然而它毕竟是生命,而不是简单的求平方根运算。"所以"地下室人"呼吁,"让我们按照我们自己那愚蠢的意志重新生活!"③非理性的冲动与理性一样,

---

① [德]谢林:《对人类自由的本质及其相关对象的哲学研究》,邓安庆译,商务印书馆 2008 年版,第 28 页。

② [德]谢林:《对人类自由的本质及其相关对象的哲学研究》,邓安庆译,商务印书馆 2008 年版,第 28 页。

③ [美]巴恩斯:《冷却的太阳》,万俊人等译,中央编译出版社 2004 年版,第 4 页。启蒙运动把人描述成一种可预测的动物,根据行为的后果推测人的内心,甚至把人的行为看成动物式的机械反应,具有因果必然性。应该说,康德对于启蒙的这一点抱有更大的警醒,认为理性的运用范围不能越过经验界,否则将导致二律背反。其实,康德所做的就是为信仰、道德留有地盘。而且,康德的批判哲学并不是否认形而上学的存在合理性,只不过是对旧形而上学做出了批判,"上帝的归上帝,凯撒的归凯撒"。其真实用意实乃在实践理性领域建立一门科学的形而上学体系。

都是人之生命的重要构成部分,它们共同奏响了生命的乐章。没有非理性的冲动、意志、情感的存在,生命将如一潭死水,毫无生机。

可见,启蒙理性在个体心灵方面并未给人的情感、想象留有空间。当然,我们不是说启蒙没有为感性欲求争得权利,恰恰相反,启蒙的理性说到底是一种工具理性,目的就是为人的现世享乐提供可靠的手段。所以黑格尔把"有用"看作启蒙的基本概念是十分恰当的。但感性欲望的满足并不一定就是人性的丰满,它甚至可能导致对生活的遗忘,即对人之精神生活以及超越性的遗忘。单纯地沉湎于感性欲望的快感是情感贫乏的表现,即自我感觉的极度扩张所造就的"帝王般的自我"其实是把个人孤立和封闭成孤家寡人,对社会生活和人生意义的认识失去了超越性的价值指向。"现代性是现代社会中一种特殊的人生体验方式,不仅被归纳为我们对于它的内在反应,而且被归纳为我们内在生活对它的接纳。外在世界变成我们内心世界的一部分。外在世界的实质成分被化约为永不休止之流,而其飞逝、碎片化和矛盾的时刻都被吸纳进我们的内心生活。"①在现代社会中,我们的内心生活由于受"永不休止"的外部世界的干扰,安宁而有丰度的精神生活成为一种奢侈品。我们也对精神生活本身近乎麻木,除非有更强烈的感官刺激来确证"我"之存在感,然而在强烈的刺激过后又陷入了深深的空虚和无聊之中,人的情感也陷入极度贫乏,原本有"涉他"指向的情感变得只有一个向度:"涉己"。这也使得现代人变得更加"狭隘和平庸","说他们狭隘,是因为他们缺乏生活中最必要的东西,即不满于现状、意识到还有其他选择的真正依据。他们得过且过,对逃离这种境况感到绝望。……说他们平庸,是因为缺少对事物的解释,缺少诗意或活跃的想象力,他们的心灵就像镜子,反映的不是本质,而是周围

---

① ［英］弗里斯比:《现代性的碎片》,卢晖临等译,商务印书馆 2003 年版,第 62 页。

的影像"。① 狭隘和平庸的心灵让人对超越的渴望变得日益淡化,心灵陶冶所赖以生根的土壤变得愈加贫瘠。

同时,启蒙理性还从社会制度层面禁锢了人的个性,使人的情感能力萎缩。因为充分体现现代性管理模式特点的官僚制或科层制事无巨细地为个人设定好了工作程序,它不需要也害怕变化,它处理对象的方式完全是按照理性化(狭义上的理性)和形式化的方式进行的,即使对象是人也是以冷冰冰的、无情感的方式对待。在制度面前,具有确定性的规则清单而不是人格才是最重要的,感性的、具体的、有血有肉的人隐遁在理性化、形式化的制度陷阱中。所以,在鲍曼看来,理性的独尊驱使人们将伦理道德领域的事情诉诸理性、规范和精密的计算来处理,其后果可能会是对信仰、情感、道德情操与伦理关怀完全缄默与冷淡,以及对自我道德判断力的拒绝。这不能不说是理性独尊的悖论:绝对的理性导致绝对的非理性。

第二节　现代性德性内涵的嬗变

现代性道德奠基于个体自我理性之上,"自我"主体是通过抽象的理性而不再预设一种更为基础性的秩序存在以及对神圣秩序的理性洞察来确证自我,理性自我独自就成为道德意义的规定者。现代性道德哲学试图脱魅于"自然"神圣秩序而完全依赖于理性自我来建构道德原则的尝试,不可避免地使"德性的道德"向"规则的道德"嬗变,且这种主观性的奠基方式内在地隐秘着"自由"与"规训"的深度悖论,生成了现代性所特有的规训景观。

---

① ［美］布卢姆:《美国精神的封闭》,战旭英译,译林出版社 2007 年版,第 16 页。

一、从德性的道德到规则的道德

现代性道德哲学将那种不言而喻、不证自明的形上本质置于可疑的地位,并判定传统道德教化是有问题的:传统道德的神圣性和权威性对人的自由的限制侵犯了人的最本质的东西。作为现代性肇始的启蒙运动"提出了与传统相分离的理性观念,因此,它对传统的质疑与批判是整体性的,从根本上动摇了'传统即应当'的观念"①。因为在现代性的理性看来,传统的德性是以一种"莫测之物"作为道德的根基,从而不可避免地造成道德的非反思性。所以在现代性道德哲学看来,我们现在要做的,就是摒弃那种"传统即应当"或"自然"的观念,逐步转向基于个体绝对自由并且具有确定性的道德观念。"倘若意志借助某种反省活动,有意识地充分放纵自身,将所有的行为普遍化或普世化,那么,它原则上就能使自己社会化,完全趋同其他自我实现的意志进行的类似活动。"②"传统"与"自然"观念的瓦解所导致的行为要求"普遍化""社会化"的现代性进程实质上乃是扼杀了德性。从道德所包含的实质性内容上看,道德一词所负载的意义确实经历了由强到弱、由厚到薄的演变过程,道德内涵的演化实质上反映了现代性文明演进中的"大脱嵌"和"大断裂":"目的观念从人类早期文明时代的共同的总体性观念'碎片化'、私人化了,与它紧密关联的德性观念也多元化、弱化并且分解了;另一方面,被看作没有共同的善和共同的德性的公共性的政治生活成为生活的中心舞台。"③

传统社会中,德性是在伦理共同体中教化而成的,根据共享的善观念使人的自然性欲望受到教化,转化为一种更高的并能够与人相通

---

①　陈嘉映:《何为良好生活》,上海文艺出版社 2015 年版,第 132 页。
②　刘小枫、陈少明:《美德可教吗》,华夏出版社 2005 年版,第 10—11 页。
③　廖申白:《伦理学概论》,北京师范大学出版社 2009 年版,第 46 页。

的普遍性的情感。总的来说,对善的觉解并没有脱离自然的神圣之根,因为自我本身就是在同宇宙秩序的关联中得到规定的。德性不仅是"为人"的,更是一种自我成全和自我实现,所谓"古之学者为己,今之学者为人"是也。"为己之学"就是自我把德性看作一种内在目的,对自我来说是"可欲"的,道德之理并非寻求于外并实现对自我的强制。规则的意义不仅是外在秩序的保障,规则背后所蕴含的伦理精神更是人的内在心智秩序建立的神圣来源。但现代性对规则的理解却单薄到"同意"的程序规定。泰勒恰当地指出现代道德秩序可以理解为"自由和互利的伦理",因为这种道德秩序可被描述为:(1)互利的秩序基于个人之间的利益;(2)这些利益主要包括生存和谋生的手段;(3)秩序是为了保障自由;(4)自由、权利是平等的。① 在现代道德秩序的描述中,人显然被理解为一欲望的主体,自然和社会则是满足这一欲望主体的工具罢了。故启蒙哲学,"在伦理学的基本观点上是功利主义式的,在其社会哲学上是原子论式的,在其人学上是分析的,它期望透过一番科学的社会工程,将人与社会重新组合,使人经由完美的交互调适,获得幸福"②。此一幸福实乃世俗化的幸福,与人的自我实现和道德完善全然无关,德性与幸福的内在联系被削弱,甚至是两件独立的事。要说有联系的话,道德也只能是实现俗世幸福的工具,更遑论道德的超越性维度了。

　　现代社会拔除了传统"理解的神圣之根"③,因此现代社会也只能

---

① [加]泰勒:《现代社会想象》,林曼红译,译林出版社 2014 年版,第 17 页。

② [加]泰勒:《黑格尔与现代社会》,徐文瑞译,吉林出版集团有限公司 2009 年版,第 2 页。

③ 有人把后现代哲学家(如尼采、海德格尔、福柯等)称之为"拔根者",甚至可以说后现代哲学的事业就是"拔根运动"。不过,我认为后现代性所做的事情只是继续深化现代性"未竟事业",因为现代性对传统社会的价值、观念都放在一手理性(科学理性或工具理性)抑或一手欲望的考量之下来获得确定性,而这种确定性也只是"主观的确定性",只是"我思"的确定性,而无法获得"理解"的现实性。在此,"理解"一词类似于马丁·布伯所提出的"教言"的意义。

是基于"共识"或"重叠共识"而结成的集合体。人们对基于共识而达成的规则的遵守就是应该的,违背就是不应该的。现代道德哲学家就在于为这种共识达成的规则的基础寻找合理化理由或论证(justify)。有的道德哲学家认为这个基础是理性甚或契约(以卢梭、康德、罗尔斯等为代表),有的则以为这个基础是功利(以边沁、密尔等为代表)。既然道德是外在"人为"的创制,而不是人出于人性自足的选择,道德知识也就不是一种"隐默之知"(tacit knowing),而是必须要有普遍确定性的。这种确定性与其说是实质的,毋宁说只是形式上的普遍性。情感作为一种经验或质料是不确定性的,为了成全形式的普遍性而必须予以抛弃。基于德性的道德无法获得确定性的根源在于伦理精神的失落,"共同体"作为秩序本源和价值本体的地位也在现代社会中被消解了。正如奥克肖特所说:"现代国家的兴起可以说是摧毁了'共同体'(communities)的文明,也就是说,摧毁了人在社群的紧密结合中彼此承认的'伙伴'身份,以及透过集体目标来认同的深刻满足。在此过程中,人逐渐被推向一个既冷酷又充满敌意的世界,在其中,彼此陌生的人从事各种交易活动。从此,这样一个世界凌驾了社群的亲昵与温情。"①共同体的瓦解使现代人从厚的伦理关系中"解放"出来,原子式的个体成了构筑现代道德秩序的阿基米德点。

由此可见,伦理精神的失落突出了个体的独尊地位,个体被"推向一个既冷酷又充满敌意的世界",再也无法寻觅精神的安顿之所。在无伦理性关联的个体与个体之间,道德只能是理智建构的规则,而无法实现对人的生命品质的塑造和提升。此外,在现代性那里,"好生活"的观念是私人的事情,应该排除在道德规则之外,我们不能为"好生活"进行价值排序,故而不能以命令的方式要求个人去选择某种价值观或人生观。社会的任务或职责就在于为任何一种生活方式或价

---

① 转引张汝伦:《思考与批判》,上海三联书店 1999 年版,第 18 页。

值系统提供保障，只要这种价值观指导下的行为不会对他人或社会造成直接的伤害。在自由主义的理论中，"道德活动中最重要的问题乃是遵守原则，而道德哲学的首要任务乃是建立道德原则。……至于个人的道德修养及德性的培养，则最后只被缩减到一种性向，这种性向就是对道德原则的服从"①。普遍性的规则而非人的德性被置于现代道德哲学的中心位置。传统伦理学中对"我如何成为一个完善的人"和"我应该如何生活"这样一类问题的关注就转换成现代道德哲学所追问的"我应当如何行动"。这种转换实际上意味着"道德生活"与"好的生活"之间关系的颠倒：传统伦理学倾向于根据"好的生活"来定义"道德生活"，道德的内容总是由所追求的"好的生活"来设定，没有德性的人无法实现"好的生活"；而现代性道德哲学基于人们对于"好的生活"的理解已不可通约的信念，认为"道德生活"要优先于"好的生活"，当然这种"道德生活"是最低限度的道德共识或规则共识。

启蒙以来，现代性道德哲学的谋划就是要给道德奠定一个合乎理性且确定不易的理由，道德主要是作为世俗化利益的"调解阀"或社会稳定运行的"润滑剂"。因为现代性总是意味着对自我的理解由群体主义向个体主义的重大转变，原子论及功利主义哲学大行其道，使得现代性道德哲学不再把社会或共同体看成是个体获得意义的来源，而

---

①　石元康：《从中国文化到现代性：典范转移?》，生活·读书·新知三联书店 2000年版，第 108 页。现代社会区分了公共领域与私人领域，并主张以私人领域的绝对独立性来对抗极权主义，这是民主法治进步的一个重要表现，从学理上确保了人的自由权利。贡斯当曾比较了古代人的自由与现代人的自由的区分，古代人的自由是一种集体性的政治自由，而现代人的自由则更强调一种个人在私人空间的独立自主。"古代人的目标是在有共同祖国的公民中间分享社会权力……而现代人的目标则是享受有保障的私人的快乐；他们把对这些私人快乐的制度保障称作自由。"（［法］贡斯当：《古代人的自由与现代人的自由》，阎克文、刘满贵译，商务印书馆 1999 年版，第 33 页。）但是我们也应该看到这两个领域的割裂所造成的后果也是严重的，人的生活本来就具有一贯性、连续性和不可分割性。而现代人的生活却囿于一己之狭窄空间，缺乏与他人的沟通，更缺乏参与公共生活的热情，从而也无法体会到亚里士多德意义上的友爱。

是把它理解为为达到某种世俗利益而自愿结合在一起的独立的个人的聚合体。个体与个体的关系是基于特殊利益的关联，因其特殊所以可能会有冲突，而"规则的道德"在人类社会中所起的作用就是维护人类社会正常秩序所不可或缺的最低限度的条件。因此，道德就沦落为维护社会正常运行的工具。以霍布斯为代表的契约论伦理学是"规则的道德"或"工具化道德"的典型：人之所以要是道德的，乃因自保的需要。因为在自然状态（state of nature）下，每个人都是自利的，人的欲望是无穷的，但自然资源又是有限的，冲突和战争决不可避免。"在没有一个共同权力能使大家慑服时，人们便处在所谓的战争状态之下。""这种战争是每一个人对每一个人的战争。"①所以为了避免彼此的争斗以至同归于尽，大家必须订立一个契约，这个契约就是由一组组规则所构成的。当冲突再次发生时，规则将调解矛盾以解决争端，使得大家可以有效地在社会中实现自己的正当利益。因此，道德规则之所以有价值，乃是由于它能够使人们获得更大的利益，道德本身是没有内在价值的。在霍布斯那里，"如果自然法必须得从自我保全的欲求中推演出来，如果，换句话说，自我保全的欲求乃是一切正义和道德的唯一根源，那么，基本的道德事实就不是一桩义务，而是一项权利；所有的义务都是从根本的和不可离弃的自我保全的权利中派生出来的"②。由此，遵守道德规则乃是迫不得已的无奈选择，不如此自我利益最大化必将遭遇"囚徒困境"而挫败。道德被看作权利诉求的方式，这是客观伦理文化的消失与个人主义的强势发展所带来的逻辑后果。

所以现代性的道德或义务不再被看作实现自我的伦理本性，而只是由对个体权利的保全所派生出来的。在此我们还可以看到休谟也是从工具性的角度来定义作为"人为之德性"的正义。正义是在大自

---

① ［英］霍布斯：《利维坦》，黎思复、黎廷弼译，商务印书馆 1985 年版，第 94 页。

② ［美］列奥·施特劳斯：《自然权利和历史》，彭刚译，生活·读书·新知三联书店 2003 年版，第 185 页。

然不会无限地满足人的欲望以及人类心灵慷慨的有限之下的"无奈"选择。两个条件中只要满足一个，"正义就是完全无用的，它会成为一种虚设的礼仪，而决不可能出现在德性的目录中"。因此，休谟得出了结论："公道或正义的规则完全依赖于人们所处的特定的状态和状况，它们的起源和实存归因于对它们的严格规范的遵守给公共所带来的那种效用。"①由此可见，现代性的道德仅仅成为外在秩序维系的保障，当然也包括对外在秩序本身的价值合理性的论证，但它总也无法与人的内在心智秩序和生命意义联系起来。这样一来，只要在某种情况下违反道德规则而又不被人发现并能够获得更大的利益，何乐而不为呢？而且，对于利他主义的行为也无从解释，因为他假定了所有的行为都是自利的，这也就是黑格尔所批评的"仆侍眼中无英雄"，不是因为没有英雄，只是奴仆的心理使然而已。生命的英雄维度的失落，人们只寻求一种"渺小和粗鄙的快乐"，对此类快乐的寻求将导致排他性的个人主义。

作为现代性道德哲学典型形态的康德式的"可普遍化原则"与密尔的"伤害原则"都可谓是规则的道德。义务论为道德论证是采用理性主义的方式，但由于义务论把道德看成是理性"自我"的创制，把它从历史传统、自然情感和伦理生活中连根拔起，因此也就忽视了德性、品格、心理在道德生活中的重要性。这与传统德性论有着巨大的差别。在亚里士多德那里，作为至善的幸福不仅是"生活的好"，也是"行为的好"，这两者是不可分裂的。但是极端的义务论片面地把"生活的好"与"行为的好"割裂开来了，如是，道德意义上的好变成了一种"自虐式"的崇高，以至为了符合所谓的"理性"（rational）而把"生活的好"放逐了。但是当道德生活与"生活的好"相去甚远时，这样的道德无论如何也不是人们所追求的，而且道德本身也会是没有生命力的。尼采

---

① ［英］休谟：《道德原则研究》，曾晓平译，商务印书馆2001年版，第36、39页。

批评这样一种道德是缺乏生命力的表现，因而是一种"颓废的道德""奴隶的道德"，"一旦没有了自私，也就没有了最好的东西，本能地择取对己有害的东西，就像偏爱毒药一样"。① 虽然尼采把道德的基础建立在自私之上是失之偏颇的，却也击中了义务论的痛处。

　　功利主义的论证方式虽也是理性的，但认为道德行为就在于行为的后果能够带来最大化的快乐，这种后果论的论理方式更是直接地取消了德性的价值。正如霍尔巴赫所说的，"如果从人的本性出发，就能从中推导出政治体系，它是一整套彼此密切联系的真理，一系列比人类知识其他领域中的原则更可靠的原则"②。从人的趋乐避苦的自然本性出发推导有约束力的规范体系后果论的通常做法。功利主义思想家边沁和密尔只不过是使这种工具化的道德更精致而已。边沁认为，对快乐的追求和对痛苦的避免是人的行为的最深层动机。他甚至认为，人类的其他一切义务、正义、责任、德性，都与快乐和痛苦相关。一旦从它们那里抽掉了快乐与痛苦的因素，它们也就变得没有任何意义。由此，边沁得出了他的功利原理："功利原理是指这样的原理：它按照看来势必增大或减小利益有关者之幸福的倾向，亦即促进或妨碍此种幸福的倾向，来赞成或非难任何一种行动。"③对于这样一种论证方式，康德表达了强烈的不满并对之进行了极为有力的批判，"经验主义则在意向中将德性连根拔除，并将一种完全另外的东西，即种种爱好一般地借以在相互之间推动交往的一种经验性的利益来代替义务而强加给意向，此外，也正因为如此，经验主义连同一切爱好，如果它们被提升到一个至上的实践原则的高位上来的话，都是贬低人类的，并且由于它们仍然如此有利于一切人的情愫，经验主义出于这一原因

---

　　① ［德］尼采：《偶像的黄昏》，周国平译，湖南人民出版社 1987 年版，第 93 页。
　　② ［法］霍尔巴赫：《自然政治论》，陈太先等译，商务印书馆 1965 年版，"著者序"第 1 页。
　　③ ［英］边沁：《道德与立法原理导论》，时殷弘译，商务印书馆 2000 年版，第 58 页。

就比所有的狂热都要危险得多,后者永远不可能构成大量人群的持久状态"①。应该说,康德对功利主义的批判是非常有力的,因为功利主义的道德甚至是取消了道德价值,因为在他们那里,道德毫无内在性可言,只沦落为可计算并可交易的规则系统,且这套系统乃是维护非道德的价值即快乐的,它贬低了人之为人的尊严。黑格尔也曾激烈批判过伊壁鸠鲁道德学的抽象原则,"如果感觉、愉快和不愉快可以作为衡量正义、善良、真实的标准,可以作为衡量什么应当是人生的目的的标准,那么,真正说来,道德学就被取消,或者说,道德的原则事实上也就成了一个不道德的原则了;——我们相信,如果这样,一切任意妄为将可以通行无阻"②。

不过,义务论和功利主义虽然理论旨趣上针锋相对,但它们对道德论理方式无疑都是以现代性理性的方式,这一点常常被我们所忽视。它们的理论着力点是放在"行为"上,并为"行为"的道德价值寻求基础③。不过应该指出的是,义务论看到了道德价值的超越性,这也是其比功利主义更具说服力的地方,但是由于其把道德看作单纯理性的立法,而忽视了道德对人的情感以及个人独特生活经验的考虑,这种道德不可避免地也可能陷入主观性和抽象性的指摘。所不同的只是,功利主义是按幸福原则行动的"理性人",而义务论是按照命令原

---

① ［德］康德:《实践理性批判》,邓晓芒译,人民出版社 2003 年版,第 97 页。

② ［德］黑格尔:《哲学史讲演录》第 3 卷,贺麟、王太庆译,商务印书馆 1959 年版,第 73 页。

③ 当然必须指出的是,义务论和功利主义对"道德价值"一词有着不同的理解。我们可以把功利主义所表征的道德价值用"moral utility"来翻译,而美国当代道德哲学家芭芭拉·赫尔曼在解读康德时,认为对于康德来说"道德价值"用"moral worth"比用"moral values"来翻译更恰当。有关道德价值的判断总是针对一个具体的行为,看该行为是否具有道德内容。赫尔曼认为,在康德那里,动机大致对应着"values",准则基本对应"worth",所以康德那里,道德评价的对象是行为者的意志活动,而不包括其他的要素。这也可以看出康德的道德哲学与康德式义务论还是存在着重大的区别。(参见［美］赫尔曼:《道德判断的实践》,陈虎平译,东方出版社 2006 年版,第 4 页译者注。)

则行动的"理性人"。也正是由于"自我"的主观性与形式性,使得道德义务与规则在逻辑上有着相同的来源,即理性。不是从马克思意义上的"现实的个人"出发来理解道德的普遍性和客观性,而是把个人从生活的丰富性和历史性中抽象出来,试图单纯依靠理智来建构人与人交往的原则,把道德及其规范当作"观念的发明",这是我们必须批判的。而且,规则的道德只是从外在性、工具性的角度来理解道德的基础。但正如詹世友教授所指出的那样,"基础"包含两层含义:"一是我们的日常行为必须遵守某些规范,因为规范对个人的先在性质使我们要受到规范的制约,从社会上说,遵守一些基本规范是我们的道德义务,因为只有这样,才能维护社会而不致解体。……二是我们认为规范的存在,是使我们的一般理智能够转变、提升为理性、情理的基础。"[①] 可见,"规则的道德"失去了对"基础"第二层含义的理解,即对人心内在秩序的关照。但如果片面地强调道德的工具性价值则不可避免地导致价值的危机甚至虚无主义,而这也是现代社会分裂的深层次原因。因为实际上,社会解体的最本质原因是生活意义和价值的破灭和沦丧,其表面才是规范的失效。[②] 这也是现代性道德教化的不足之处,它再也无力建立伦理的统一性来整合分裂的世界和碎片化的生活,只能依赖把道德问题变换成外在的制度性或半制度性规范问题的路径来建构规范性,其直接的后果就是德性的严重缺失。

二、基于"权利"与"功利"的义务

现代性道德由于缺乏伦理精神的维度,所以总体上来说,现代性道德哲学对道德的理解是外在的和非个人的[③],并把道德关注的焦点

---

① 詹世友:《道德教化与经济技术时代》,江西人民出版社 2002 年版,第 190 页。
② 詹世友:《道德教化与经济技术时代》,江西人民出版社 2002 年版,第 191 页。
③ 这里所说的"非个人的",意指现代性道德哲学追求的是道德的可普遍化,对于那些不可普遍化的而又确实属于个人的(如情感、冲动等)是不会给予关注的。

或重心由"行为者"转移到仅对"行为"的关注。这种焦点的转移意义深远,它实际上把"行为"从"行为者"及其当时的情感处境中抽象出来,人格的完整性以及生活的完整性就在这种抽象中被肢解了。行为者的情感安顿和内在品性是不重要的,重要的是行为必须出自或符合可普遍化的规则。这也就是为什么现代性道德哲学的主要目标就是以"自由""福利""权利"等概念取代"美德"以及古希腊意义上的"幸福"(eudaimonia)概念。这种目标的转移也为德国人文主义者威廉·洪堡所洞见到,他在论述古代国家与近代国家在教化上的差异时指出,"古代的国家关心人作为人本身的力量和教育,近代的国家关心人的福利、他的财产及其职业工作的能力。古代国家追求美德,近代的国家追求幸福快乐。……在古代的国家里,所有这些国家机构都维护并提高人活动的力量,甚至连人们永远都没有忽视的、培养强壮有力和容易知足的公民的观点,都在较大程度上推进了精神的升华和性格的培养"①。可见,古代国家并非把公民教化成热衷于追求快乐的个体,而是把"精神的升华""性格的培养"当作教化的重要目标。

现代性对于道德的想象更多的是从"薄"的规则的角度加以理解的,导致现代人把"自由"当作至善,当然其对自由的理解也仅关涉"行为的自由",即使是说"人的自由"也可还原为具体单个行动的不受约束或不受侵犯。在古希腊,作为至善的则是"幸福",而它则是一个更为丰富和复杂的概念,它必须关涉生活的连续性、整体性以及行动者的心理状态。我们不可能会单对一个行为满意就说是幸福,那至多是快乐或快感而不是幸福。此外,行为的动机和后果也在抽象化的过程中分裂了,义务论在评价行为时,只强调善良意志的真纯而忽视了行为的后果,而功利主义则只从行为所产生的后果来对某一行为作道德

---

① [德]洪堡:《论国家的作用》,林荣远、冯兴元译,中国社会科学出版社1998年版,第27页。

评价。这与"伦理"的视角迥然有异,"伦理的东西要求在做决定的时机、行动本身及后来对此做出的判断之间保持连续性。在已被证明是正当的生活中,一个人所是的主观过程与他同世界及他人的外在于自己的联系中所变成的客观化自我之间,存在着和谐及完美的连续性"①。显然,从伦理的视角看,表现于外的客观化行为与主体的主观性要素应该保持连续性与和谐。在此区分道德理由和道德心理非常重要,道德理由(moral reasons)更多的是对社会伦理生活所提出的道德要求或行为规范进行理性地论证和反思,以获得有说服力的或可辩护的立场和理由,道德心理则指行动发动时的主观状态及其过程。从这个意义上说,道德理性并非总与道德心理一致,"应该"或"有义务"做的事情很可能是行为者所"不愿意"做的,"知而不行"的意志薄弱问题并不鲜见,但"一种好生活的一个标志就是一个人的动机与其理由、价值观与辩护根据之间的和谐一致"②。在斯托克看来,现代道德理论无论义务论还是功利主义理论恰恰在我们的理由和我们的动机之间产生了一种不和谐的状态,即产生了"精神分裂",也使我们的生活缺乏和谐和统一。辩护理由也许是充分的、可普遍化的,但未必能触发行动,即使做出行动,也并非一定有好的心理状态作为道德行动的动因,而真正的道德行为必定是基于自觉自愿的心理动因。"伦理学所提供的道德理由只有落实于并体现为行为者的道德心理,真实地揭示行为者的主观世界,使其欣然接受这些理由,才能催生真正的道德行为。"③

之所以会产生道德理由(或辩护)与道德动机(情感)精神分裂的状况,根本还在于现代性道德哲学对"行为"而不是对作为整全的"行为者"的评价使人们对道德的理解狭隘化了。在现代日常生活中,道

---

① [美]巴恩斯:《冷却的太阳》,万俊人等译,中央编译出版社 2004 年版,第 9 页。
② 徐向东:《美德伦理与道德要求》,江苏人民出版社 2007 年版,第 59 页。
③ 李义天:《美德伦理与道德多样性》,中央编译出版社 2011 年版,第 28 页。

德甚至是以反面的形态出现的,即当事态要用"道德"一词来评价时,往往意味着不正常的事情或坏事出现了。正如霍尔和戴维斯所描述的那样,"'道德'这个名词越来越多地被人们误用……在日常讨论中,它几乎已经完全等同于性行为方面的事情……可能又专指政治上的腐败。可见人们往往把'道德'这个名词用于人类行为方面某些特定论题或范围,而这种意义上的限制正是我们思想贫乏的反映"[①]。所以,在现代人那里,对道德的理解极度贫乏,它更多的是被理解为一种防御性的或惩罚性的规则,合规即道德,越轨即不道德。也正因此,现代性道德已经被看作维护社会正常生活的最低限度要求,是不容越界的道德底线,否则社会将无法正常运行。这个时代,我们最普遍的口号便是:"不可越界!"而在满足这些条件的情况下,即在不触及或破坏底线的情况下,他有权利自由地去追求他所认同的"好的生活"。里坡维特斯基在《责任黄昏》中宣称:我们已最终进入了"后义务论时代"。"后义务论时代"是彻头彻尾的个人主义的时代,人们对美好生活的追求仅仅被对宽容的需求所限制,但当宽容与自我赞扬的和毫不犹豫的个人主义相结合时,可能仅仅表现为冷漠。这个时代仅仅承认一种发育最不完全、"最低限度的"道德,"我们的行为已经从强制性的'无限责任'、'戒律'和'绝对义务'中解脱出来",没有人被激励或者愿意使自己达到道德最高目标,并去守护这种道德价值观。[②] 正是基于这种底线道德,现代性的道德难以承担起对人的内在精神的教化,德性所蕴含的丰富心理资源也缩减为只是敬重并遵守法则的"义务感"。可见,当缺乏绝对价值和精神秩序引导人们的道德观念时,一些非道德甚至反道德的行为(如冷漠)被看作道德的行为(如宽容)。

---

① [美]霍尔、戴维斯:《道德教育的理论与实践》,陆有铨、魏贤超译,浙江教育出版社 2003 年版,第 1—2 页。

② 转引[英]鲍曼:《后现代伦理学》,张成岗译,江苏人民出版社 2003 年版,第 3 页。

　　康德式的义务论①与功利主义伦理学应该说是现代规则伦理学的典范，它遭到了当代美德伦理学的激烈批评。就康德式的义务论来说，行为本身具有内在价值，它不依赖于该行为是否产生了善的结果。也正因为此，现代很多道德哲学家都把义务论看作权利论的理论基础，即有一些人类的基本权利（如生命权、财产权等等）是任何人不论以何种理由都不可侵犯和剥夺的。对这些基本权利的侵犯和剥夺本身在道德上就是不正当的，不论这种侵犯是否带来了更大的利益补偿，对这些权利的尊重本身就是我们的义务。对权利的辩护本身并没有错，但义务论的辩护方式是值得商榷的。在义务论那里，权利并不需要在社会、历史框架内得到解释，而直接根据纯粹理性的概念就断

---

　　①　在此，有必要对"康德式的义务论"与康德本身的伦理学区分开来，康德伦理学体系及其思维的复杂性使得对其定位产生了困难。可以说，学术界一度对康德的伦理学产生了极大的误解，把在康德伦理学影响下、得到系统发展的"康德式的伦理学"归于康德本人名下。不过，近年来学术界对康德伦理学有了新的认识，赫费就对将康德伦理学归为规则伦理学提出了异议，而认为康德伦理学是准则伦理学。他认为，准则和规则是不同的，准则是行动的主观原理，因而具有个体差异性、行动主体性以及关涉整个生活领域（或关乎人格价值的评价），而"归于某个准则之下的行动规则却使判断原则与在普遍的生活领域内有规律地重复出现的情景类型相调解"。（〔德〕赫费：《康德：生平、著作与影响》，郑伊倩译，人民出版社 2007 年版，第 170 页。）也就是说，规则是与变动不居的生活条件相关的。为此，他认为康德伦理学的类型应是准则伦理学而不是规则或规范伦理学。"准则伦理学的意义恰恰在于它并不把道德原则直接与具体行动相关联，更不是与行动规则相联系，而是与已经形成的并且已经被证实的生活原理相关联，但并不是把这些原理的证实完全留给技术性的和实用性的思考。"（〔德〕赫费：《康德：生平、著作与影响》，郑伊倩译，人民出版社 2007 年版，第 183 页。）他还为准则伦理学优于规则或规范伦理学提供了四个有力的证明：(1)准则对行为者来说只给出一般性的梗概，对于具体的行动还必须有创建性的解释和判断过程；(2)准则涉及的是普遍性的生活原理，所以通过准则一个人的生活就不会散乱成无法看清楚的杂多规则，更不会散乱成无限多的行动，并且还给行为者的性情、能力等人格要素留有必要的自由空间；(3)准则表达了一个人的性格，因此也更适合成为道德同一性问题以及与此相联系的人的道德教育和评判问题的对象；(4)准则作为法则的表象，从而有能力为道德性而不仅仅是合法性的行为提供最高的衡量标准。此外，除了赫费外，还有芭芭拉·赫尔曼、亨利·E.阿利森等对康德伦理学进行了接近美德伦理学或目的论的新解读和辩护。我们无意纠缠于这种辩护是否成功，但至少说明康德伦理学与"康德式的伦理学"（Kantian Ethics）有着很大的区别。

定人享有权利，它是人们在追求生活、自由和幸福时所不应受到侵犯的自然的权利。

现代道德哲学把"义务"这个概念视为伦理生活的核心概念，但是正如安斯库姆所强调的，道德义务的概念是引申的而不是根本的、不可还原的。麦金太尔也指出启蒙以来所宣扬的这种自然权利实质上不过是一种虚构，他说："根本不存在这种权利，相信这种权利与相信独角兽或巫术是一样的。"①实质上，在康德式的伦理学那里，无论是义务还是权利，都是在可普遍化原则之下推导出来的，但可普遍化原则所依赖的"不偏不倚性"受到当代美德伦理学和后现代伦理学的批判。在当代美德伦理学看来，现代道德哲学关于道德的观点是强调"不偏不倚性"以及由它对于特定关系人的冷漠来表征的。它将非道德的关系和动机排除在道德行为决策的合理性之外，而这些关系和动机在我们的生活世界中却又是非常重要的。因为在康德主义者那里，只有在理性上、形式上才能确保普遍性，具体的、活生生的人被抽象成有理性的存在者，所以按伯纳德·威廉姆斯的说法，康德主义者在道德思想中是从个人的同一性中进行抽象的。鲍曼也对康德主义者的这种抽象表达了不满，"事实上，强调程序而非结果和目的道德上义务论的连贯概念，把'行善'逐出了道德的总议程，用纪律的问题来取代了它，它为操纵道德冲动、剥夺个体自律的道德判断权力、诽谤道德良心敞开了大门——所有这些都有潜在的灾难性后果"②。列维纳斯也指出，可普遍化原则作为一个道德的原则是成问题的，因为在道德关系上，我和他者是不可置换的，因此不能通过"合计"来形成一个复数的"我们"。"在道德关系上，所有可能想到的'责任'、'规则'都仅仅是由我来从事的，仅仅对我有约束力，将我并且将宾格的我建构成主格

---

① ［美］麦金太尔：《德性之后》，龚群、戴扬毅等译，中国社会科学出版社 1995 年版，第 89 页。

② ［英］鲍曼：《后现代伦理学》，张成岗译，江苏人民出版社 2003 年版，第 79 页。

的'我'。当针对我的时候,责任就是道德的。而一旦我想用它来约束他者,它就完全失去了它的道德内涵。"①举例来说,"我准备为他者而死"是一个道德陈述,但"他也应当准备为我而死"就明显不是一个道德陈述了。这个命令显然就是不可普遍化的。"正是这种责任的惟一性(而不是'普遍性')和非互换性把我置于道德关系之中。"②列维纳斯说"我总是比所有他人有更多的责任"。对于分外的崇高行为就更是如此,我们不可能强求所有的人都成为圣人,这不可能是一个道德的要求。

功利主义在强调功利的同时,也重视对个体权利的维护。约翰·密尔就是古典自由主义者的杰出代表,他所说的自由更多的是在政治、法律意义上的消极自由。他说:"人类之所以有理有权可以各别地或者集体地对其中任何分子的行动进行干涉,唯一的目的只是自我防卫。这就是说,对于文明群体中的任一成员,所以能够施用的权力以反其意志而不失为正当,唯一的目的只是防止他人的危害。若说为了那人自己的好处,不论是物质上的或者精神上的好处,那不成为充足的理由。""任何人的行为,只有涉及他人的那部分才须对社会负责,在仅只涉及本人的那部分,他的独立性在权利上则是绝对的。对于本人自己,对于他自己的身和心,个人乃是最高主权者。"③不过,在功利主义理论体系中,权利或自由是从属于功利原则(即最大多数人的最大幸福原则),功利主义认为道德上正确的行动就是最大限度地促进总体功利的量,而总体功利在个体间的分配则逸出了其理论考虑范围。密尔明确地说,"功用主义需要行为者对于自己的与别人的幸福严格

①　转引[英]鲍曼:《后现代伦理学》,张成岗译,江苏人民出版社 2003 年版,第 58—59 页。

②　转引[英]鲍曼:《后现代伦理学》,张成岗译,江苏人民出版社 2003 年版,第 60 页。

③　[英]密尔:《论自由》,程崇华译,商务印书馆 1959 年版,第 10 页。

地看作平等,像一个与本事无关而仁慈的旁观者一样。从拿撒勒的耶稣的黄金律内,我们见到功用伦理学的全部精神"①。由此可见,功利主义也强调"不偏不倚"地对待个人的价值,以便契合最大多数人的最大幸福原则,而且它还主张将这种个人的选择原则扩展到跨人际的社会之中,这显然忽视了人与人之间的分离性。这一点为很多权利论者所诟病,罗尔斯曾批评功利主义并不在人与人之间做出严格的区分。毕竟,个体自身的价值选择与整个社会的价值选择并不能直接地过渡,因为这很可能导致侵犯个人权利且为极权主义所利用。诺奇克也说道,"并不存在拥有利益的社会实体,这种社会实体能够为了自己的利益而承受某些牺牲。存在的只是个体的人,具有他们自己个别生命的不同的个体的人……以这种方式利用一个人就是没有充分地考虑和尊重这个事实,即他是一个各别的人,他的生命是他拥有的唯一生命"②。人的唯一性、不可重复性是一个本体论的事实。如果说康德主义者在道德思想中是从个人的"同一性"中进行抽象,那么功利主义者就是显著地从个人的"分离性"中进行抽象。因为,不管是总体效用最大化,还是平均效用最大化,都是以牺牲个人之间的满足的差异为代价的。在威廉姆斯看来,康德伦理学和功利主义都认为,道德的观点是由它对不偏不倚的承诺以及它对特殊的个人关系的漠不关心来描述的。结果,合理的道德慎思就要求我们把自己从特殊的人际关系中抽象出来,以符合可普遍化原则的要求。③

在当代美德伦理学看来,无论是义务论还是功利主义都强调"不偏不倚",以此来符合普遍化的原则,这样一来,他们实际上把人与人之间的关系外在化、抽象化,否定人具有他们自己独特的生活经验及

① [英]穆勒:《功用主义》,唐钺译,商务印书馆1957年版,第18页。
② [美]诺奇克:《无政府、国家和乌托邦》,姚大志译,中国社会科学出版社2008年版,第39—40页。
③ 徐向东:《美德伦理与道德要求》,江苏人民出版社2007年版,第25页。

需要。无论是把人看作按照功利原则行动的"理性人"（功利主义），还是按照可普遍化原则行动的"理性人"（义务论），在将人看作抽象的个人这一点上是一致的。"由于它们所理解的道德主体是从现实的人及其社会关系中抽离出来的抽象的个人，所以其确证的道德自由缺乏现实生活基础的支撑。这使得二者要么将道德自由推向了基于绝对命令的道德强制，要么将道德自由降格为追求权宜之计的道德任意。"① 无论是道德强制还是道德任意，实质上都是一种主观化、抽象化的价值独断主义逻辑。因为功利主义者认为其他人本质上都是可替代的，把他们看作一般的、抽象的功利价值的载体。这样一来，在功利主义理论框架内，像爱情、友谊、对共同体的忠诚这些日常生活中重要的美德都是无法理解的，因为爱一个人不是（或至少不仅仅是）把他看作一般的价值载体，而是由于与特定的人的特殊关系而这样做的。义务论何尝又不是掉入了无视他人之特殊性而只关注"义务"本身的陷阱呢?! 康德曾肯定《圣经》中"爱敌人"的诫条：只有爱敌人之爱不是出于爱好、情感上的爱，而是实践理性上的爱，这种爱坐落在意志之中，只有这种爱才真正具有道德价值。② 也就是说，在义务论看来，去爱一个人并不需要考虑受爱者是谁，也不论受爱者是否值得去爱，它只关心施爱者去爱本身，受爱者只是因其作为一个被动承受的价值器具或载体，爱只是施爱者与"神圣"义务的关系，"我爱你，与你何干"。不过，独特的生活经验、具体的人际关系以及社会物质关系对于义务的生成来说是无比重要的，义务之为义务绝不是个人内心的意志强制和情感动机，而是社会伦理责任的具体体现。此外，在当代美德伦理学看来，在作出道德判断和道德评价时，不应该把行为者的道德心理状

---

① 高广旭：《历史唯物主义视阈中的道德自由及其实现路径》，《道德与文明》2021年第 3 期。

② ［德］康德：《道德形而上学原理》，苗力田译，上海人民出版社 2002 年版，第15 页。

态和个性结构撇开。更为致命的是,现代道德哲学缺乏一个"好生活的观念",因为"好生活的观念"已经逸出了底线道德的范围而完全属于不受干预的私人领域问题,"好生活的观念"只具有相对的价值而并不存在等级高下之分。但是,"好生活的观念"其实是一种目的论的视角,它对于道德教化却是意义非凡的。麦金太尔深刻地剖析了现代道德哲学之所以混乱不清就在于取消了任何关于"认识到自己真实目的后可能成为的人"的概念。这也为我们反省现代道德哲学提供了一个很好的视角。

三、"权利"优先于"善"

西季威克在《伦理学方法》中提出,正当(right)还是善(good)的概念被视为更基本的,也即正当优先还是善优先作为伦理学探究的方法,道德价值表现为两种截然不同的形式。显然,在西季威克看来,现代伦理学信奉正当的优先性。[①] 如果正当是更基础的概念,那么善即是在符合职责或义务要求的情况下一个行为者所做的,它是正当欲望的对象;如果善是更基础的概念,那么正当即是一个行为者为了得到他所欲求的东西而应当做的。通常我们认为功利主义和义务论的区别在于"善优先于权利"还是"权利优先于善",实际上"两种理论都主张正当优先于善"。任何后果论的根本原则都是,正当的行动即在于按照使善的总量最大化的原则而行动,但这并非意味着正当行动的观念是从一种独立的善的概念中推衍出来的,相反,最大化的善本身就是通过诉诸一种绝对的正当原则而被确定的:"当这种善被宣称为我们就应做的时,它是通过我们公平地考虑所有相关个人的总体善——不管我们的个人利益是什么——而被定义的,因此追求这种善的义务

---

① ［英］西季威克:《伦理学方法》,廖申白译,中国社会科学出版社 1997 年版,第 25—29 页。

是无条件地约束着我们的。"①道德义务是独立于行动者自身的善的,这一点是义务论和后果论所共享的。而德性作为人类繁盛和自我实现的根本形式只有在主张善优先于正当的视野下才是可能的。

　　在古代伦理学中,只有有助于实现"善"(即"幸福"②)的行为才是正当的,否则是不正当的。也即是说,"权利"本身不是自足的,而是从属于"善","权利"是为了促进和实现共同体的"善"和个体的善而得到规定的。而且,外在的制度正义与个体心灵的正义之德是相对应的。在亚里士多德那里,城邦是先于个人的,这是从人的本性上得到规定的。"凡人由于本性或由于偶然而不属于任何城邦的,他如果不是一个鄙夫,那就是一位超人。"③显然这样一种观点是无法为现代性的道德哲学家所同意的。现代性的道德哲学恰恰是个体、自我优先的,社会或共同体只是从自我派生的。如果我们深入追问下去的话,就会得出这样的结论:从社会的角度来看,现代性的道德视角实际上只是个体主观的,而不是理性的。当然这里所谓的理性乃是指社会理性,因为现代性的道德或"权利"是以"自我为本体"而不是以"社会为本体"。这与传统的社会本体论存在着巨大的区别。正如詹世友教授所指出的,"古代思想家没有思考人群合作的前提,而是以人群合作的目标即追求善来立论的。所以,他们不会把人抽象为独立的、自由平等的量化的个体性存在,并把这些前提性价值看作需要加以保护和促进的。善是目标词、是目的、是结果,而独立、自由、平等、权利则是前提词、是

---

　　①　[美]拉莫尔:《现代性的教训》,刘擎、应奇译,东方出版社 2010 年版,第 22 页。
　　②　对于古希腊"幸福"(eudaimoniea)概念的理解,我们必须注意,它与我们现在的通俗理解还是有很大区别的。在亚里士多德那里,幸福的原意是"指人的肉体与灵魂活动的圆满实现,尤其是指人的灵魂的最好的思想活动的圆满实现"。([古希腊]亚里士多德:《尼各马可伦理学》,廖申白译注,商务印书馆 2003 年版,第 9 页注①。)
　　③　[古希腊]亚里士多德:《政治学》,吴寿彭译,商务印书馆 1965 年版,第 7 页。

条件、是起点"①。显然,把人抽象为独立的并可量化的个体性存在实际上就是把人当作原子式存在,现代道德主义蕴含了一个人类学前提:人是享乐的动物。与之相对照,传统社会伦理教化所蕴含的人类学前提则是:人天生就是伦理的动物。② 以"人是享乐的动物"作为道德哲学致思的逻辑起点和理论旨归显然会突出个体权利的优先性。当然以社会的善而忽视个体的权利是我们应该批判的,但是传统与现代关于"权利"优先还是"善"优先的探讨是我们应该关注的,并且这种转化及其后果也是我们应该注意的。

正如罗尔斯所说的那样,"善"和"权利"(或"正当")是伦理学的两个主要概念,而"一种伦理学理论的结构就大致是由它怎样定义和联系这两个基本概念来决定的"③。我们可以说,"权利"优先于"善"是现代性道德实现了从传统的德性伦理向现代的规则伦理转化才有的事情。德性的内在价值已经成为问题,它是必须经受理性确定性和普遍性检验的。价值问题也成为私人领域的事情,并且是因人而异的。罗尔斯把那种"善"独立于"正当"的理论称为目的论。在自由主义者看来,传统社会就是片面地强调"善"的核心地位而忽视了对个体自由权利的尊重,从而导致社会的专制。所以在自由主义看来,我们现在应该确立"权利"(正当或自由)优先于对"善"的追求。当然,自由主义某种程度上确实诊断出了传统或现代专制社会借追求所谓的普遍"善"的名义来践踏个体自由权利。何怀宏教授曾指出,"现代社会的道德接近于是一个最小的同心圆,这一'道德底线'也可以说是社会的基准线、水平线。普遍主义的道德要行之有效是需要建立在人们的共

---

① 詹世友:《西方近代正当与善的分离及其伦理学后果》,《道德与文明》2007 年第 6 期。

② 唐文明:《隐秘的颠覆:牟宗三、康德与原始儒家》,生活·读书·新知三联书店 2012 年版,第 39—41 页。

③ [美]罗尔斯:《正义论》,何怀宏等译,中国社会科学出版社 1988 年版,第 24 页。

识基础之上的,现代平等多元的社会则使人们趋向于形成一个最小的共识圈"①。"最小的共识圈"即现代社会对伦理底线的建构,这也使得个人的美德、完善人格的追求变得无足轻重。

不过,我们也应看到过于强调制度的正义而忽视了对公民的道德教化甚至放任私人领域所可能导致的后果。因为底线道德并没有正面告诉我们成为一个"人"的全部要素。正如赵汀阳所批评的:"(最低伦理)这种通俗化不仅把问题简单化,而且牺牲太多的学理性,它们只谈论一些众所周知的规范,而不顾那些规范所涉及的深刻问题。这样的伦理学甚至不是伦理的普及教育,而是一种娱乐性的大众文化。"②我们在此无意纠葛于这种争论,而是从学理上就自由主义可能出现的问题提示出来。因为恰如查尔斯·泰勒所指出的那样,正是自由主义的过分增长,导致了"现代性的病症"。对于自由主义的批判,我们主要是站在社群主义的立场上来反思的。当然并不是说目的论本身就不存在问题(当然应该将传统的有机目的论与现代功利主义的后果论区分开来),而是说,社群主义无疑是一种恰当的反思当代自由主义的理论视野。

当代自由主义者强调"权利"的优先性,而把"公共领域"之外的其他德性置于边缘化的地位。桑德尔将当代自由主义理论描述为"道义论的自由主义",并将其陈述如下:"社会由多元个人组成,每一个人都有他自己的目的、利益和善观念,当社会为那些本身不预设任何特殊善观念的原则所支配时,它就能得到最好的安排;证明这些规导性原则之正当合理性的,首先不是因为它们能使社会福利最大化,或者是能够促进善,相反,是因为它们符合权利(正当)概念,权利是一个既定

---

① 何怀宏:《底线伦理》,辽宁人民出版社 1998 年版,第 8 页。
② 赵汀阳:《论可能生活》,中国人民大学出版社 2004 年版,第 31 页。

的优先于和独立于善的道德范畴。"①继而指出："道义论主体的那种夸张的独立性乃是一种自由主义的幻觉。它误解了人的根本的'社会'本性，误解了我们'始终'都是受条件限制的存在这一事实。"并且，"正义的局限就在于它限制了培养那些合作性美德的可能性"②。社群主义对自由主义的指责应该说切中了其要害，在自由主义者看来，首要的是公共领域的治理，个人领域完全交由个人治理。正如罗尔斯所说的那样，正义之德乃是社会制度的首要价值。"正义"概念在现代社会完全是一个社会政治范畴，并且君临于其他德性，诸如仁爱、友爱（在亚里士多德那里，友爱具有特殊的地位，从其对友爱论述的篇幅也可以知道这一点）、节制等诸德目。不过，在古代，正义并不主要是个政治范畴，更重要的是表示个体灵魂结构三部分（欲望、激情和理智）之间的和谐。麦金太尔就曾指出，正义主要是指给灵魂各个部分配置其特殊功能的德性。而且城邦正义的教化最终还是要落实在个体灵魂的拯救上。城邦正义和灵魂德性的关系似乎是循环关系，"一方面，城邦教化个人的灵魂，使个体的灵魂因着秩序的限制寄寓于宇宙的适当性中，不至于违背人的本份以体现宇宙作为城邦共同体的正义本体，因为从辞源学来说，德性就是本份的意思。另一方面，灵魂的德性又是城邦秩序得以维系的基石，只有受过良好教化并真正使德性内在于其生命的公民才能组成良好的城邦。因此，城邦与个体的内在一致性在于灵魂的德性教化"③。

由此可见，现代性的正义观完全颠倒了正义与其他德性的关系，成为一种"总德"或"基德"，也反映出现代性以来德性内涵发生了深刻

---

① ［美］桑德尔：《自由主义与正义的局限性》，万俊人等译，译林出版社 2001 年版，第 1 页。

② ［美］桑德尔：《自由主义与正义的局限性》，万俊人等译，译林出版社 2001 年版，第 14 页。

③ 石敏敏：《希腊人文主义》，上海人民出版社 2003 年版，第 219 页。

的嬗变。正是由于正义主要成为制度正义,德沃金也认为自由主义对价值就应该持"中立性"的立场,即不应该褒扬或贬抑一种人生观或人生理想。在一个理想的社会中,只要制定人们之间外在关系的原则,也即组织社会的公正原则就可以了。因此,"在这个意义上,说一个人有权利做什么事,和说他做这件事是对的,或者说他做这件事情没有错,有着明显的区别"①。德性在自由主义的"价值中立"中沦落为次要的地位,以至常常被视为"纯粹的个人私事"而置于伦理学的视野之外,美德只是对规则的遵循的特质,行动中是否有主体情感的参与则是不重要的。不过,正如麦金太尔所批评的,"无论道德规则多么完美,如果人们不具备各种具体的美德,就不可能对个人的行为发生什么影响,更不用说成为人的行为规范了。只有拥有美德的人,才能更好地运用道德规范"②。而且,抽象地割裂公共领域与私人领域的区分而没有看到他们之中的内在一致,实质上瓦解了人的生活的整全性和连贯性,难以提升、解决人的内在精神问题,只能把精神问题外在化从而消解了人性的深度。"普遍理性主义只是试图解决外在的制度性规范的建构问题,而忽略了现代人内在心性秩序的问题,实质上是将具有丰富的道德主体人格内涵的道德问题化约为仅仅是一个外在的制度性规范的建构问题。"③因此,现代性道德对终极价值领域的关照是缺失的,因为在他们看来,这样一种终极善的选择只是根据个人的选择而不能给予过多的干涉,但我们个人的选择所能依据的只是主观的感觉与情绪。"价值是由人的决定所创造的……每个人的良心都不可被推翻的……而价值乃奠基于选择,它只能拥有纯粹主观的根

---

①　[美]德沃金:《认真对待权利》,信春鹰、吴玉章译,中国大百科全书出版社 1998 年版,第 249 页。

②　转引俞可平:《社群主义》,中国社会科学出版社 1998 年版,第 87 页。

③　李佑新:《走出现代性道德困境》,人民出版社 2006 年版,第 5 页。

据。"①这就可以看出,价值不在于个体选择的是什么,而在于是不是个体自己的选择,只有自己选择的才是有价值的。当价值完全主观化、个体化之后,也就无所谓价值了,势必导致一种价值相对主义甚或价值虚无主义。正如麦金太尔恰当地指出启蒙以来的道德规划之所以是失败的,正由于现代性道德话语充斥着情感主义,所有的道德判断无非个人偏好、态度或情感的表达,道德语言处于一种严重的失序状态,道德分歧陷入了无解的怪圈。"一方面,理论家们试图为现代性社会制定中立的普遍化道德规则,另一方面却又忽视人现实的生活处境;一方面他们努力建构理性化的为人们普遍接受的道德规则,另一方面启蒙的吊诡又把这种奠基在理性主义基础之上的道德推向了非理性的个体自由决断的伦理。"②妄图通过"非理性的个体"来建构"理性化的道德规则"启蒙筹划,既是对人类伦理生活实践的浅薄化理解,更是对现代以来人类所面对的道德分歧及其解决途径理解的失败。

四、现代性"无伦理的道德"的出场

由以上对权利优先于善的分析可知,权利论者实质上是把"自我"看成是"非历史的",并且独立于社会存在的。以霍布斯为代表的契约论伦理学预设了一个一切人与一切人战争的自然状态,罗尔斯的"正义原则"的推演不也是把个人置于抽象化、虚拟化的"无知之幕"吗?自由主义实质上承接现代性以来的主体观,即把人从其社会角色中抽出。实际上,角色认同只有通过社会关系才是可能的,社会性或群体性并不是偶然地属于个体的特性,不是为了发现"真实的自我"而须予以剥除的东西。"它们是属于我的实质的一部分,它们至少部分地,有

---

① 转引石元康:《从中国文化到现代性:典范转移?》,生活·读书·新知三联书店2000年版,第108页。

② 秦越存:《追寻美德之路——麦金太尔对现代西方伦理危机的反思》,中央编译出版社2008年版,第179页。

时甚至是完全地限定了我的责任和义务。在相互联结的社会关系中，每个个人都继承了某种独特的位置，没有这种位置，他就什么也不是，或至多是个陌生人或被放逐者。"①正是由于现代性的权利论者更多的是注重社会制度的层面而忽视了对个体与社会之间的关联，对"自我"这个形上的问题没有予以必要的关注，所以他们把自我等同于一种做选择的能力，至于选择何种价值则不在他们的视野之内。人的认同不需要靠任何外在于它的东西就能建立起来，桑德尔把这种自我名之为"没有负荷的自我"（unencumbered self）。现代性视自我为一个可以独立存在于外在的世界而存在的原子式存在。"自我"不再被放置于一个框架系统来理解，而只是一纯粹的"我思"，自我决定、自作主宰。这样一来，由于"我"是没有历史性的，制度也是没有历史性的，故由其所导致的争讼也就是不可通约的，最后也只能沦为一种情感主义的自我。而且，现代性道德还基本假定了道德和自主要求是基本重合的，如果人们自主地行动，那么他们就倾向于基于善而行动；导致邪恶的往往是由于自主受到侵犯；而消除邪恶的最有效的办法就是转变政治安排，从而消除对社会中人的自主活动的干涉。② 所以，在他们看来，现代道德哲学的最大的理想是能像在命题逻辑中那样，建立起一套决定程序（decision procedure）。③ 自我只要有遵循程序活动的能力就可以了，至于自我的其他能特别是反思程序的目的则是不甚重要的。

马克思就曾批判过把人当作单个的孤立的人的道德建构主义或政治建构主义，认为孤立的个人是"属于 18 世纪的缺乏想象力的虚

---

① ［美］麦金太尔：《德性之后》，龚群、戴扬毅等译，中国社会科学出版社 1995 年版，第 44 页。

② ［美］凯克斯：《为保守主义辩护》，应奇、葛水林译，江苏人民出版社 2003 年版，第 87—88 页。

③ 石元康：《从中国文化到现代性：典范转移？》，生活·读书·新知三联书店 2000 年版，第 110 页。

构""美学上的假象",如果追溯真实的历史,个人并非表现为独立的存在,而是从属于一个较大的整体的。"只有到 18 世纪,在'市民社会'中,社会联系的各种形式,对个人说来,才表现为只是达到他私人目的手段,才表现为外在的必然性。"①此外,权利论者对于"善"与"德性"之间的内在联系的理解也是囿于现代性的视野而忽视了。他们基本上把"善"等同于外在利益或至少是与外在利益相联系的,而德性则与"好(善)生活"没有内在的联系。但在麦金太尔看来,德性不仅只是一种为了外在利益的获得,而且还是与人的好生活相关联的。"德性必定被理解为这样的品质:将不仅维持实践,使我们获得实践的内在利益,而且也将使我们能够克服我们所遭遇的伤害、危险、诱惑和涣散,从而在对相关类型的善的追求中支撑我们,并且还将把不断增长的自我认识和对善的认识充实我们。"②当然不是说自由主义者们不重视德性,而是说他们认为德性能够使正义原则得到低成本的遵守,德性本身不是自足的。因此,现代社会所培养的德性就是使自己的情感、欲望符合市场经济、民主政治的运行规律以及与其相适应的普遍性,由此而导致的对"善"的理解也只是外在的。但与自由主义者不同的是,社群主义者充分肯定了追求"公共善"的必要性和重要性,不过他们对于"公共善"的理解更宽泛,内涵也更丰富,它不独囿于物质层面(如经济制度、政治制度、法律制度等),而且还包含了物质层面之外的精神层面(如友谊、宽容、公正、爱国等德性)。社群主义对自由主义的批判应该说为我们反省现代性的道德提供了非常重要的理论资源。

现代性的价值追求所导致的悖论的深层原因其实是意志概念深入主体的主观性和内在性,表现在社会哲学中则是"个人主义的转向"。我们不能否认现代性对"个体的人"的发现的重大历史意义与实

---

① 《马克思恩格斯选集》第 2 卷,人民出版社 2012 年版,第 684 页。
② [德]麦金太尔:《德性之后》,龚群、戴扬毅等译,中国社会科学出版社 1995 年版,第 277 页。

践意义,但是个体的人并没有成为真正意义上的主体,而是主体性的退隐,因为具有浓厚现代性质素的主体性概念是自我规定的。"个体的反思规划创造了自我实现和自我把握的方案,但只要这些可能性被理解为主要是自我的现代性控制体现的拓展,那么它们就缺乏道德意味。"①"自我"主体是通过一个抽象的理性来实现的,它不仅独立于外在的自然(人与自然的分离),而且也独立于人的内在自然(灵与肉的分离)。而这样一来,自我就不需要预设一种更为基础性的秩序性存在以及对秩序的理性洞察来实现和提升自我,自我独自就成为意义的定义者。德性的内涵也随着精神的失落发生了深刻的变化,道德以一种"胜利"的姿态挣脱了伦理的客观性规定,伦理的价值如果不是被看成对人性的囚禁,也必须经受现代启蒙理性的审视。"人的规律"彻底地推翻了"神的规律"②,充分体现伦理情感的"神的规律"被视为理性普遍性的障碍。不过,应该指出的是,伦理并不是没有普遍性的,恰恰相反,"伦理本性上是普遍的东西,这种出之于自然的关联本质上也同样是一种精神,而且它只有作为精神本质才是伦理的"③。只不过伦理的普遍性并不是抽象的,而是具体的,它杂糅了个别性的情愫。在黑格尔那里,伦理不是个体与个体的关系,而且还包括甚至主要是个体与实体的关系。"伦理行为的内容必须是实体性的,换句话说,必须是整个的和普遍的;因而伦理行为所减小的只能是整个的个体,或者

---

① ［英］吉登斯:《现代性与自我认同》,赵旭东等译,生活·读书·新知三联书店1998年版,第8页。

② ［德］黑格尔:《精神现象学》下卷,贺麟、王玖兴译,商务印书馆1979年版,第6—10页。"神的规律"与"人的规律"是在黑格尔《精神现象学》的意义上使用了。按照科耶夫的解释,"神的规律"遵循的是特殊性的规律,即是给予特殊(个人)的价值,而"人的规律"则遵循普遍性的规律,即给予整体(国家或政治)的价值。这两种规律可分别比作一个是作为家庭成员来行动,另一个是作为公民而行动。

③ ［德］黑格尔:《精神现象学》下卷,贺麟、王玖兴译,商务印书馆1979年版,第8页。

说，只能是其本身是普遍物的那种个体。"①而现代性的道德所处理的无非是没有内在精神关联的个体与个体之间的关系，没有把个体放在一个更大的背景框架内，或放在一个有机整体的实体中来考察这种关系的视野。所以，总体上说，现代性的道德是一种"无伦理的道德"，即脱离伦理共同体的生活经验、历史传统，把伦理道德设想为个体与个体之间为了实现自我利益而设定的契约式道德。这种非批判的道德生产方式剥离了人身上的所有伦理责任和社会关系的在先性。马克思曾辩证地论述道："人是最名副其实的政治动物，不仅是一种合群的动物，而且是只有在社会中才能独立的动物。"②离开社会来言说人的独立性，就像许多个人不生活在一起和彼此交谈竟然有语言发展一样，是不可思议的。

　　"无伦理的道德"这一概念是借用齐格蒙·鲍曼在《生活在碎片之中——论后现代道德》第一章的提法。不过我们对"无伦理的道德"的理解与鲍曼的理解是不同的，甚至可以说是站在完全相反的立场上的。鲍曼是站在后现代的立场上，对现代性规范伦理学所蕴含的对道德冲动的抑制以及自我自治的抹杀的批判的意义上来使用这一概念的，并且认为现代性的道德是一种"伦理的道德"。从后现代伦理学的视角来看，"伦理的"总是与"他律性的"相等同，后现代伦理学旗帜鲜明地反对现代性伦理学中的"规范暴政"。在后现代伦理学看来，"道德思想和现代性的实践被一种信念所激励，这种信念就是相信一种无矛盾的、非先验的伦理学法典（存在）的可能性"③。现代规范伦理无非试图用理性来发现人性中的内在真理和本质，把人造就成规范化的主体。因此现代性伦理学是根据立法模式来考虑的，它沉迷于自我立

---

① ［德］黑格尔：《精神现象学》下卷，贺麟、王玖兴译，商务印书馆 1979 年版，第 9 页。

② 《马克思恩格斯选集》第 2 卷，人民出版社 2012 年版，第 684 页。

③ ［英］鲍曼：《后现代伦理学》，张成岗译，江苏人民出版社 2003 年版，第 11 页。

法,并企图为自身提出并"量身定做"一个详尽无遗的"伦理模子",以便为正当与不正当的选择提供一个明晰的规则或参照,不留下善恶并存或多种解释存在的"灰色区域"。现代伦理的"规范暴政"具有总体性、结构性的特征,它使个体的道德自由空间逐渐萎缩。所以后现代伦理学说到底就是吁求一种完全个我化的道德,因为在他们看来,道德绝不能被表达为遵从"非个人"的规则,即不能被描述为对普遍化规则的遵从。在鲍曼看来,道德自我乃是无根基的自我,个体的道德冲动对于秩序来说是最不可预测的,不是因为规范而是因他者面孔的出现而适时调动道德的冲动才是真道德。他说:"道德是没有原因和理由的;道德的必要性,道德的意义,也是不能被描述和进行逻辑推理的。因此,道德像生命的其余部分一样,是不可预测的:它没有伦理的基础。我们再也不能为道德的自我提供伦理的指导,再也不能'创制'道德。"①

在《后现代伦理学》中,鲍曼还提出了"道德状况"(也即"非伦理状况")的七个标志:人在道德上是善恶并存的、道德现象本质上是"非理性的"、道德具有无可救药的先验性、道德不能被普遍化、道德注定是非理性的、道德责任是社会之起点而非社会产品、绝不通过法律化来消解道德的多样性。② 所以,在鲍曼看来,基于现代性的思维以及官僚体制的动作,现代是并且不得不是"伦理的时代"。"就像法律先于一切秩序一样,伦理必须先于道德。道德是伦理的产物,伦理规范是生产方式,伦理哲学是工业技术,伦理说教是道德工业的实证主义;善是它所计划获得的收益,罪恶是它生产中的废品或副产品。"③基于现代性伦理规范的暴政,后现代伦理学倡导一种"无伦理根基的道德",

---

① [英]鲍曼:《生活在碎片之中》,郁建兴等译,学林出版社2002年版,第10—11页。
② 参见[英]鲍曼:《后现代伦理学》,张成岗译,江苏人民出版社2003年版,第12—18页。
③ [英]鲍曼:《生活在碎片之中》,郁建兴等译,学林出版社2002年版,第31页。

即所有道德都应被审美的快感所取代。从鲍曼的观点可以看出，他所谓的道德乃是完全拒斥了理性的规范作用而成为一种纯粹的冲动、激情的举动，但从其对理性无以复加的批判的视角来看，实质上乃是对现代性社会所造成的对个体的规训和惩罚的控诉，这是有着积极意义的。但是，把冲动与理性、个体与社会或国家置于绝对对立的立场乃是延续了现代性的知性思维方式，它只不过是更为极端地把个体从社会、秩序当中分离出来。个体从理性的、意识的个体变成了欲望、冲动的个体，个体依然是孤立的原子式存在、绝对的道德自我。这与我们所强调的伦理精神的道德教化相去甚远。

　　我们的目的并不在于对鲍曼后现代伦理学进行批判，实际上鲍曼对现代性伦理学的"规范暴政"的分析以及由此强调培养具有自治能力的道德主体都是十分深刻的，特别是鲍曼在对伦理与道德的区分的基础上提出"无伦理的道德"的概念也是富有启发意义的。不过与鲍曼所倡导的"无伦理的道德"的立场恰好相反，我们并不赞同把"道德"放置于与"非伦理"对等的位置。鲍曼把伦理看作法治化的规则，不如说这正是现代性以来道德哲学所做的努力。因为在现代性的背景下，道德判断的模糊性是无法忍受的，而在伦理的观点中，虽然也力求达到普遍，但也为一定的模糊性（权变）留有空间。正如巴恩斯所中肯地说道，纯粹非伦理的生活和完全伦理的生活一样，在现实中都是不可能维持的。而且，通过对现代性的价值追求及其导致的悖论的分析将会得出这样的结论，即现代性并非一种"伦理的道德"，而恰恰是"无伦理的道德"；并非只有伦理才有规范，道德自身如果没有创制出具有约束力的规范则也将是没有意义的。关键不在于是否有规范，因为一个没有规范、秩序的社会是不可想象的，而在于存在一些什么样的规范，由什么方式创制的规范，以及人与规范的价值关联。作为客观性精神的伦理与作为主观性精神的道德是不可分割的，只有主客观在更高层次的辩证统一才是道德的真理。因此，对现代性（包括后现代性）"无伦理的道德"的批判,进而倡导一种具有伦理精神的道德教化,是一项非常有意义的智识努力。

伴随着道德主观化的过程,道德与人的具体伦理生活分离了,"无伦理的道德"就成了现代性道德的特质。伦理精神缺失的根本原因在于现代性的思维方式,即把道德或义务视为主体自我主观逻辑建构的产物,而忽视了社会本体的先在性。理性所规定的"应然"成为一种无条件的绝对命令,这固然确保了德性的真纯与崇高,但同时也使德性成为无源之水、无本之木。因为人不仅是理性存在者,也是感性存在者;不仅是自为的,也是自在的。说到底,个体是社会的个体,它不仅要面向自我的返身,也是与他人共生共在的,而且与他人共生共在性比单纯的自我返身性更具本体论的意义。脱离社会伦理关系谈论道德或义务是抽象的,而且是对人的生活世界的抽离,忽视了人作为一生命存在的特殊性与有限性。正如黑格尔引其同事索尔格尔(1780—1819)的话,"人既然生活在现在这个世界中,他只能在这个世界中完成他的使命,而且也是从这个词的最崇高意义说。如果我们相信可以超脱有限的目的,那末所有这种想法都是虚无而空洞的妄想。就算是最高的东西,对我们的行为来说,也只是采取被限制的和有限的形态而存在的"①。因此,我们可以说,道德的善不仅具有"自为"的一面以确证主体自我的内在价值,而且还应具有"为他"的一面以表现对主体间存在价值的相互尊重和确认。

第三节 现代性"无伦理的道德"的必然逻辑

现代性自我以绝对的主体性斩断了自我与历史、社会的本体性关

---

① [德]黑格尔:《法哲学原理》,范扬、张企泰译,商务印书馆1961年版,第156页下注②。

联,使整合传统社会秩序之伦理规范及诸德目处于普遍失效的状态,并企图以一种合乎理性化的方式建构新时代、新世界的伦理秩序。如上文所述,现代性导致了"无伦理的道德"这一后果,现代道德秩序只能是一种"外在的必然性"而与人的内在德性无关,甚至由于现代社会交往的复杂化、扩大化、多元化以及科学技术应用所带来的伦理风险,现实生活中可能"道德的人"与"不道德的社会"的悖论,让自我作出道德抉择时变得无所适从。当然,现代社会又不得不依靠自我建立起秩序,却不可避免地滑入"无道德的伦理"之尴尬处境:抽象的普遍性导致教化的普遍降格,让人在精神贫困化过程中被一种隐性的机制规训着人的生存,让人无能为力。

一、抽象的普遍性与形式的合理性

现代性道德哲学的主要形态就是把德性建基于"义务"或"功利"之上,而正如前面所说的,义务论和功利主义都在对具体的、活生生的人进行抽象,以符合其可普遍化原则的要求。现代性道德的一个突出特点就是在理性之光的照耀下追求确定性或普遍性。确定性与普遍性是一致的,在现代性那里,只有普遍性的东西才是确定的,而普遍性只能在形式上得以确保。但是,确定性、普遍性与真正的客观性却存在着差别。在康德那里,"客观性"指称的是区别于属于我们感觉的偶然、特殊和主观的东西的普遍性、必然性的东西,但在黑格尔看来,那只是主观性而已,因为它只是自身主体(主观)的维度,而对于事物自身结构或规律的维度却一无所知,真正的客观性是指思想所把握的事物自身,即思维与存在的一致性。但我们不得不说,形式理性下的普遍性只是抽象的普遍性而不是具体的普遍性。现代性确立了理性的独尊地位,"结果,理性不仅被重新确立为人的本质特征,而且也因此被普遍化,成为一种相对超越于人类所处的特定传统和实践的东西"①。这样一来,行为与行为之间缺乏必要的连续性,道德人格不能担保什么,重要的是"下一次"的行为。恰如康德所说,德性总是从头开始的。康德的这种观点表达了一种内在的悲观,这种悲观是基于其对人性的基本假设上。在康德看来,人是作为"有限的"理性存在者,人的有限性就表现在感性欲望、偏好不断地对理性进行干扰,这种干扰将持续不断,因为它是基于人的本真性存在。为此,康德说道德准则不像技术准则那样可以建立在习惯之上,人不可能像占有技术一样一劳永逸地占有德性。如果套用弗洛姆的话说,德性与人的关系不是一种"占有"与"被占有"关系,而是一种"存在"关系。不过,康德接着说,"即便德性的实施成为习惯,主体也会在采用其准则时推动失去自由,而这种自由正是一个出自义务的行动的特征"②。这种观点是失之偏颇的,德性并非必须以一种战斗的形态出现,那不是日常生活的常态,那至多是伦理正常性的临界情况。在更多的情况下,德性是以一种"润物无声"的习惯的方式出现的。如果说德性总是要从头开始,这其实就是把行为从特定的情境中抽象出来,并且无视人的特殊生活经验,而以一种所谓的"不偏不倚"的要求来规范人的行为。要求人的每一次行动都来参照义务的规定,这乃是个体还未教化成一个普遍性的精神存在或道德人格的原因,此时规范或义务总是外在于人的。这种"规范的暴政"实乃"(形式)理性的暴政"。

就拿康德的义务论来说,"可普遍化原则"说到底是一种形式理性,正如邓晓芒教授所指出的那样,康德的实践理性法则与理论理性法则其实都出于同一个理性,即"逻辑理性"。只不过理论理性法则是为了达到某一个具体目的的技术性的明智的劝告,而实践理性法则则

---

① 徐向东:《美德伦理与道德要求》,江苏人民出版社 2007 年版,第 11 页。
② [德]康德:《康德著作全集》第 6 卷,李秋零主编,中国人民大学出版社 2007 年版,第 422 页。

是要求意志的普遍法则必须遵循逻辑上的"不矛盾律"。① 康德曾论证"说谎"为何是无法普遍化的：在困难的逼迫下他想借款以摆脱困境，他明知自己并无钱可还，但是为了骗取他人的信任以便能够借到款，他不得不信誓旦旦地作出在一定时期内偿还的承诺。这样一条利己的原则就是无法普遍化的，因为如果把这一行为的准则普遍化，问题就是这样的：如果一个人认为自己在困难的时候，可以随便作出不负责任的承诺。这样一来，所有的诺言和保证也就成了不可能的了，说谎会导致自我拆台。可以看出，康德的可普遍化原则要求行为的准则具有普遍的自然规律一样的有效性和形式性。同样，功利主义也追求一种普遍性的原则，即最大值原则，它忽略了任何真正属于"我"的东西，"我"只是总体功利计算的一颗棋子。在普遍性的总体要求之下，人与人之间的差异性和生活的统一性被普遍的功利抹杀，个性成为形式理性的"阶下囚"。

其实，正如我们前面所说的，现代道德哲学其实还是遵循启蒙理性的原则，以科学理性来解释人类社会组织和人类实践行为，最终使人类的社会实践科学理性化，这便是伽达默尔所提出的存在于现代的"社会合理化"问题。"社会技术主义"是"社会合理化"的根本原则，其实质就是用科学理性来观察处理人类事务，现代性"期望透过一番科学的社会工程，将人与社会重新组合，使人经由完美的交互调适，获得幸福"②。人们依照科学理性来选择和决定自己的行为。现代科学在原则上具有了一种新的倾向，即"在不考虑本质上属于有关我们世界经验的和熟悉的整体性情况下，科学已经脱离实验方法发展成为一种

---

① 邓晓芒：《康德哲学诸问题》，生活·读书·新知三联书店 2006 年版，第 80 页。
② ［加］泰勒：《黑格尔与现代社会》，徐文瑞译，吉林出版集团有限责任公司 2009 年版，第 2 页。

关于可操作性关系的知识"①。我们不得不指出的是,科学理性在缺乏价值理性的关照下其实是一种工具理性、形式理性,它所注重的只是普遍性、齐一性。虽然义务论与功利主义在理论体系上存在着重大的区别,但是在建构理论体系的方法选择上则是同样的,它们并未逃脱启蒙狭隘理性的影响。在统一科学结构的框架下,道德冲动、激情、个性的美等都成为不可解释的东西而将其非法化或排除在外,"接着努力在认真清除了激情的论争之外重建伦理学大厦,从所有的限制中释放出没有被加工过的人类隐私,这相当于说(用哈罗德·加丰凯尔[Harold Garfinkel]令人难忘的比喻)我们只有挪开墙,才能很好地看到是什么东西支持着天花板。正是道德冲动、道德责任和道德隐私最初的、最重要的'兽行(brute fact)'提供了人类共同生活的道德赖以形成之材料"②。原始的道德冲动实质上是作为一种基本的道德情感,对于德性来说是非常重要的"材料",休谟就曾把情感认作道德的基础。"推理和推论发现真理;但是在它们所发现的真理是冷漠的、引不起任何欲望或反感的地方,它们就不可能对任何行为和举动发挥任何影响。"因为"熄灭一切对德性的火热的情和爱、抵制一切对恶行的憎和恶,使得人们完全淡漠无情地对待这些区别,道德性则不再是一种实践性的修行,也不再具有任何规范我们生活和行动的趋向"③。如果一种道德理由无法转化为道德动机和道德心理,普遍性的道德原则无法指导并规范我们的生活和行为。也许,我们要像木偶一样机械地反应才真正符合现代性道德的要求。

　　抽象的普遍性不仅囚禁了人的肉体,更为可怕的是还囚禁了人的精神和灵魂。正如福柯在批评 19 世纪的监狱制度时说的那样,现时

---

① 〔德〕伽达默尔:《科学时代的理性》,薛华等译,国际文化出版公司 1988 年版,第62 页。

② 〔英〕鲍曼:《后现代伦理学》,张成岗等,江苏人民出版社 2003 年版,第 41 页。

③ 〔英〕休谟:《道德原则研究》,曾晓平译,商务印书馆 2001 年版,第 24 页。

代的惩罚是完全符合理性主义的,也是符合人道主义的。不过,深究之,"我们可以发现,在这种刑罚人道化的背后,所隐含的是所有那些认可,或更准确地说是要求'仁慈'的原则,是一种精心计算的惩罚权力经济学。但是这些原则也引起了权力作用点的变化:不再是通过公开处决中制造过度痛苦和公开羞辱的仪式游戏运用于肉体,而是运用于精神,更确切地说,运用于在一切人脑海中谨慎地但也是必然地和明显地传播着的表象和符号的游戏。正如马布利所说的,不再运用于肉体,而是运用于灵魂"①。可见这样一种理性主义的方式不再是过去那般通过对肉体的控制或惩罚创造秩序,而是通过"表象"和"符号"控制人的思维和灵魂,它虽有人道主义之名,却是没有情感和爱的人道主义,故而是既隐秘又深入和全面的规训。

　　鲍曼也曾以一种惊世骇俗的方式把现代性与大屠杀联系起来,在他看来,大屠杀事件的发生与现代性的高度发展和人类理性的极端膨胀具有难以割断的内在联系。现代性所追求的抽象普遍性与形式合理性恰好孕育了现代官僚体系的诞生,而现代官僚体系最大的特点就是"非人化",也就是说它可以用纯粹技术性的、道德中立的方式来表述这些对象。"一旦官僚体系执行的任务的人类对象被有效地非人化,并因此被废止了作为道德需求的潜在对象,他们就会被带着道德冷漠的眼光来看待;一旦他们的抵抗或不予合作阻缓了官僚程序的顺畅之流,这种道德冷漠就会很快转变为非难和指责。"②"非人化"是忽视人与生俱来的道德感情而走向抽象普遍化道路的必然结果,它制造了道德冷漠的个体,只因在系统运作中个人只是作为片段而存在。现代官僚体系进一步使得大屠杀的执行者丧失了作为道德个体的伦理

---

　　①　[法]福柯:《规训与惩罚》,刘北成、杨远婴译,生活·读书·新知三联书店2007年版,第111页。
　　②　[英]鲍曼:《现代性与大屠杀》,杨渝东、史建华译,译林出版社2002年版,第138页。

关怀,泯灭了他们作为个体的人与生俱来的反对暴行的道德自抑能力,因为"作为对象的人已经被简化为纯粹的、无质的规定性的量度,因而也失去了他们的独特性"①。鲍曼对大屠杀的实施者进行考察后指出,他们并不一定就是一些极端残忍和心理扭曲毫无人性的人,但是严格按照理性和科学精神构筑的现代理性官僚体系使得他们用理性扼杀了人性和道德,对现代性所要求的秩序和确定性的追求使得他们丧失了起码的"动物性的情感"。这一现象昭示我们,人类可能犯下的最为残忍和耸人听闻的罪行可能不是源于人性的恶或秩序的涣散,而是源自完美无缺的理性统治秩序。所以鲍曼在另一本书中说道,"现代性并没有使人们更为残暴;它只想出了这样一种方式:让残暴的事情由那些不残暴的人去完成。"②这实质上造成了现代性社会独特的景观,即道德的个人与不道德的社会之间的分立。但是在不道德的社会中,道德的个人注定是毫无作为的,甚至道德的个人被不道德的社会所裹胁,成为不道德社会行动的真正帮凶。因为他们在从事残暴的事情时始终没有带有个人情感,而只是为了实现理性所构建的人间天堂干出的伤天害理之事,某种意义上说,他们自身也是理性化官僚体系的受害者。

总之,抽象的普遍性和形式的合理性所带来的结果,是人的道德反思能力的萎缩。道德理性作为一实践理性,固然是具有普遍性的,它是以善本身为目的对实践经验活动的理性反思,由此形成典型的一般性,然后再反过来运用到具体的实践活动过程之中,得出一些因时因地因不同情况而有异的行为指导性知识。"任何普遍的、任何规范的意义只有在其具体化中或通过其具体化才能得到判定的决定,这样

---

① [英]鲍曼:《现代性与大屠杀》,杨渝东、史建华译,译林出版社 2002 年版,第137 页。

② [英]鲍曼:《生活在碎片之中》,郁建兴等译,学林出版社 2002 年版,第 225 页。

它才是正确的。"①普遍性与具体性或个性是辩证统一的关系,正如黑格尔深刻地说:"只有在个性与普遍性的统一和交融中才有真正的独立自足性,因为正如普遍性只有通过个别事物才能获得具体的实在,个别的特殊的事物也只有在普遍性里才能找到它的现实存在的坚固基础和真正内容(意蕴)。"②因此,在某种意义上说,普遍性的具体化或个性化实际上是内在地具有一种解释学的结构,普遍性的知识或规范并不能代替行为者自身的选择,而且行为者在选择和行动时把"整个的人"(包括行为者自身的个性特征和当时的处境)投入其中,带有自身的情感和理性反思。所以,伽达默尔在批评现代道德哲学时指出,"它忽视了这样一个解释学问题:惟有对总体的具体化才赋予所谓的应当以其确定的内容"③。具体化就是对理性抽象"总体"的一种纠偏,它所成就的恰恰是德性。这是十分深刻的。

二、教化的普遍降格与"无名氏"

现代社会公共生活领域与私人生活领域的分化日趋明显,人们盲目地相信,对公共生活领域的治理只需通过外在制度的健全与完善就足以确保一种良好的社会秩序。其实这种信念与启蒙理性是分不开的,启蒙本真的含义就是要用理性之光普照世俗及精神的一切,像自然科学追求客观必然性那样追求普遍性、确定性。这样一来,理性在公共生活领域的强势导致道德无论是在公共生活领域还是在私人生

---

① ［德］伽达默尔:《科学时代的理性》,薛华等译,国际文化出版公司 1988 年版,第 72 页。

② ［德］黑格尔:《美学》第一卷,朱光潜译,商务印书馆 1979 年版,第 230—231 页。黑格尔在此指出了"独立自足性"的真正意蕴:"独立自足性"的真理一方面不是严格定格在不是主体的普遍性和实体本身,另一方面也不是将那些缺乏"真实的生活内容(意蕴)"的具有"坚强的主体性格的自由自在的(尽管只是形式地)个性"说成是独立自足的。

③ ［德］伽达默尔、杜特:《解释学 美学 实践哲学——伽达默尔与杜特对谈录》,商务印书馆 2005 年版,第 74 页。

活领域都处于边缘化的地位,道德沦落为政治、法律制度等规则的附庸,或者说是合道德性的要求已降格为合法性的要求①。要求普遍的确定性及其对公共生活领域的治理并不意味着个体在私人生活领域治理能力的相应增强,我们不否认,公共生活领域对于保障个体权利、自由的重要性,但是,个体私人生活领域治理能力的丧失或失衡最终也会给公共生活领域的治理带来负面影响。现代道德哲学或政治哲学过于强调公共生活领域的治理而忽视了对个人私人生活领域的眷注,因为在他们看来,道德教化能够独立于个体私人生活领域而在公共生活领域培养一种平等、自由的健全人格。实际上,私人生活领域和公共生活领域是不可分割的,正如黑格尔所说:"家庭之以共体为其普遍实体和持续存在那样,共体则反过来以家庭为它的现实性之形式原素,以神的规律为它的力量和证实。两种规律的任何一种,单独地都不是自在自为的,都不自足;人的规律,当其进行活动时,是从神的规律出发的,有效于地上的是从有效于地下的出发的,有意识的是从无意识的出发的,间接的是从直接的出发的,而且它最后还同样要返回于其原出发地。与此相反,地下的势力却在地上得到了它的现实;它通过意识而成为特定存在,成为有效活动。"②公共生活领域对于个体来说是"地上的""显性的",而私人生活领域则是"地下的""隐性的"。用黑格尔的话语来说,"隐"藏在"地下的"要获得实存,必须通过"地上的"公共精神以"显"现;而"显"现于"地上的"没有"隐"藏在"地下的"精神支撑也是缺乏动力的。

---

① 从核心概念的转移就可以知道道德哲学在现代已经发生了深刻的变化。正如赫勒所指出的,"自由"已然取代"幸福"而成为现代道德哲学的中心概念。([匈]赫勒:《日常生活》,衣俊卿译,重庆出版社 1990 年版,第 41 页。)而且,这里所说的自由更多的是防御性的消极自由,这就是为什么罗尔斯强调"正义"是社会制度的首要德性,而且"正义"德性也不是一种"完备性学说",而是一种"重叠共识"。

② [德]黑格尔:《精神现象学》下卷,贺麟、王玖兴译,商务印书馆 1979 年版,第17 页。

　　致力于区分公共领域与私人领域的汉娜·阿伦特也强调,并非意味着私人的关怀都是无关痛痒的,"恰恰相反,我们将会看到,有许多关系重大的事情都只能在私人领域里存在。例如,爱与友谊就有很大的不同,一旦在公众面前展示它,它就会遭到扼杀或毁灭。('不要试图讲述你的爱/爱永远不能被讲述。')由于爱的内在的无世界性,一旦将它用于政治目的,如改造和拯救世界,就只能令它变得虚假和扭曲"①。而在 20 世纪初的中国,当面对"救亡图存"的迫切历史任务让大家的视野落在对国民性的批判时,当在公共领域中塑造、健全国民人格成为热议话题的时候,蔡元培以一种睿智的眼光看出公德与私德的辩证关系,他说:"今人恒言,西方尚公德,而东方尚私德;又以为能尽公德,私德之出入不足措意,是误会也。吾人既为社会之一分子,分子之腐败,不能无影响于全体。"②在蔡元培看来,私德和公德至少同样重要,私德不修,则人格不立,公德不展。"国民而无完全人格,欲国家之隆盛,非但不可得,且有衰亡之虑焉。"③公共领域对个体私人领域的挤压,不仅导致公共领域中培养健全国民人格失败,更为重要的是导致教化的普遍降格,因为公共领域个体角色的定位与要求日趋细化,个体所能做的与所应该做的都是限定好了的,或者说所能做的就是所应该做的,"应该"原本所具有的超越性在被公共领域照亮的同时也遮蔽了。"处在极度发达的现代社会制度之中的个体,在分享制度化建构所带来的日益扩展的公共生活空间及其稳定秩序的同时,却自然而然地产生了某种制度(秩序)依赖和自主能动的缺失……'政治正确'掩盖了'道德善良'的心灵生长阳光,现代人不再拥有、甚至也不再

---

　　① ［德］阿伦特:《公共领域和私人领域》,刘锋译,载《文化与公共性》,生活·读书·新知三联书店 2005 年版,第 82 页。

　　② 蔡元培:《蔡元培全集》第三卷,浙江教育出版社 1997 年版,第 124 页。

　　③ 蔡元培:《蔡元培全集》第三卷,浙江教育出版社 1997 年版,第 8 页。

屑于对崇高、英雄主义和理想主义的生活热情和追求冲动。"①与"政治正确"相比,道德善良与心灵美好被挤压到了公共生活的边缘,完全成为私人生活可有可无的点缀。

现代社会的着力点是建构一个"最不坏"的社会,说到底就是建构一个均质化的社会,这也是与现代社会的管理精神相契合的。因此,丰满的个性、德性的高卓如果不是程式化社会的障碍,至多也只是社会正常运行的润滑剂而已。所以,我们有充分的理由说,拒绝崇高、英雄远遁的现代社会所造就的是海德格尔所说的"常人",每一个人和其他人没什么两样,它是一种泯灭了个性差异的平均状态。在这种状态中,个体本真的存在完全消解在"常人"的存在方式中,"常人展开了他的真正独裁,常人怎样享乐,我们就怎样享乐;常人对文学艺术怎样阅读怎样判断,我们就怎样阅读怎样判断;竟至常人怎样从'大众'抽身,我们也就怎样抽身;常人对什么东西愤怒,我们就对什么东西'愤怒'"②。这与现代化大规模的工业化生产模式与消费方式是分不开的:一方面,现代化的生产不再像前现代那样,需要亲手参与产品的整个制作过程甚至还包括应用,产品对于制作者意味着整全性的"一"。产品在某种意义上是一个艺术品,它凝聚着制作者的全部心血和精神的投入,一个完整的作品对应的是一个完整的人。而现代化的生产却是大规模的机器化大生产,产品被肢解为各个部件,而每个人只负责其中很小的一部分,他不需要也没有精力知道制作的全过程,他只需留心每天千篇一律的动作,因为程序已经设定好了,按部就班就可"出色地"完成,并不需要创造性。另一方面,从个体的需求来看,我们已经忘怀了我们真正想要的东西,"自我"本身也已被看成被给予性的,大众传媒把特殊利益或需要兜售成所有正常人的普遍利益或需要。

---

① 万俊人:《现代语境中的伦理学和伦理学家》,《道德与文明》2007年第4期。

② [德]海德格尔:《存在与时间》,陈嘉映、王庆节译,生活·读书·新知三联书店2006年版,第147页。

消费不再是为了满足正常本能的需要,而是为大众传媒所渲染的虚假的需要。① 正如弗洛姆所说:"现代人生活在幻觉中,他自以为知道自己想要的东西是什么,而实际上他想要的只不过是别人期望他要的东西。"②现代人的自我欲求其实就像工业化生产线上的产物,个性化、差异化欲求由于其不可度量而被摈弃,因为个性乃是对把个体整合进社会控制系统的嘲讽。

无个性特征的抽象化与匿名化便是技术逻辑所引发的必然后果,甚至人的需要也是如此。规模化的生产模式不仅生产了千篇一律的产品,而且也造就了千篇一律的个体,没有了个性的常人隐匿在现代社会这一舒舒服服的温柔之乡中。个体化的结果其实就是群众化,虽然个体以个体化的方式"站立"起来了,但个体因为缺乏精神而无法分辨,个体其实就是一个群众人(mass man)。"任何一个人都不是必不可少的。他不是他自己,他除了是一排插销中的一根插销以外,除了是有着一般有用性物体以外,不具有什么真正的个性。这些被最强有力地预置在这种生活中的人都没有任何认真地想要成为他们自己的愿望。这样的人有一种优越性:似乎这个世界必定要交给平庸的人,交给这样一些没有一条人生道路、没有等位或差别、没有真正属于人的品质的人。"③没有个性的常人是便于控制的,但是这种控制与以往暴力的方式只是存在形式上的不同,"由于技术进步的作用,发达工业社会虽是一个不自由的社会,但毕竟是一个舒舒服服的不自由社会;

---

① 看看现在街头巷尾铺天盖地的广告就知道,广告就像一剂迷魂药,神不知鬼不觉地把人带入对产品的欲望。它把本不是人真正想要的东西灌输给大众,使人觉得它好像就是生活中不可缺少的部分,甚至使人依赖于这种虚假的需求。这一点黑格尔在对市民社会的论述中也有指出,他说:"需要并不是直接从具有需要的人那里产生出来的,它倒是那些企图从中获得利润的人所制造出来的。"([德]黑格尔:《法哲学原理》,范扬、张企泰译,商务印书馆 1961 年版,第 206—207 页。)

② [美]弗洛姆:《逃避自由》,刘林海译,国际文化出版公司 2002 年版,第 180 页。

③ [德]雅斯贝斯:《时代的精神状况》,王德峰译,上海译文出版社 1997 年版,第43 页。

虽是一个更有效地控制着人的极权主义社会,但毕竟是一个使人安然自得的极权主义社会"①。人们心甘情愿地臣服于物欲的满足,毕竟这种满足是"舒舒服服"的。套用密尔的话说,在"做一个不满足的苏格拉底"和"做一只满足的猪"之间,现代人倾向于选择后者。

此外,弗洛姆认为现代人在个体化进程中,自我力量增长的同时,却深深地陷入了精神的孤独和不安全感,这种精神的孤独和不安全感主要是人与外在世界在价值、符号、模式方面缺乏必要的联系。个人要克服这种孤立无援的不安全感处境,只有逃避自由,而逃避自由在弗洛姆看来,主要的方式就是"机械趋同"。这种方式是这样的,"个人不再是他自己,而是按文化模式提供的人格把自己完全塑成那类人,于是他变得同所有其他人一样,这正是其他人对他的期望。'我'与世界之间的鸿沟消失了,意识里的孤独感与无能为力感也一起消失了"②。可见,现代社会中个体为了获得脆弱的安全感所付出的代价就是放弃个人自我的完整性和个性,"我"成为一个"无名氏""常人"或群众人。"群众是无实存的生命,是无信仰的迷信。它可以踏平一切。它不愿意容忍独立与卓越,而是倾向于迫使人们成为像蚂蚁一样的自动机。"③这样一来,塑造完美个性的道德教化就降格为对"机器人"的培训,个人只需有"猿猴般的模仿力"就已经是充分社会化了的人了。"在群众秩序的生活中,大多数人的教化,倾向于迎合普通人的需要。精神因其散漫于群众之中而衰亡,知识则由于被合理化地处理到让一切浅薄的理解力均能接受的程度而贫困化了。"④

---

①　[美]马尔库塞:《单向度的人》,刘继译,上海译文出版社 2006 年版,译者的话第 4 页。

②　[美]弗洛姆:《逃避自由》,刘林海译,国际文化出版公司 2002 年版,第 132 页。

③　[德]雅斯贝斯:《时代的精神状况》,王德峰译,上海译文出版社 1997 年版,第 34 页。

④　[德]雅斯贝斯:《时代的精神状况》,王德峰译,上海译文出版社 1997 年版,第 108 页。

我们可以说,现代性的教化就是让人在精神贫困化的同时还享受自以为是的自由。因为一方面这种控制或奴役方式是一种隐性的、舒舒服服的方式;而另一方面则是"常人"或"群众人"不用承担责任,没有责任也造就了表面上自由的假象。弗洛姆深刻地指出,现代人最大的错觉之一就是误以为自己是自由的,因为他们错误地坚信,只要外在的权力不公开强迫自己做某事,那么他们的决定就是他们自己做出的。这种随大流的"自由"本质上只是说明控制的隐秘性和有效性,只不过不是以暴力的方式,但这还不算真实的自由。真实的自由不全在于形式上的自我决定,能够自由地选择以及选择什么都是构成自由的重要因素。如果一个人贫乏到只有一种选择(即使是自愿的),那也是不自由的。从哲学上说,自由是能够在诸多可能性中作出选择,而贫乏之人是没有预留诸多可能性的空间的。正如马尔库塞所说,"决定人类自由程度的决定性因素,不是可供个人选择的范围,而是个人能够选择的是什么和实际选择的是什么"①。此外,现代人所谓的自由无非是责任主体的不在场,海德格尔在对"常人"的生存论分析时也有论述,"常人到处都在场,但却是这样:凡是此在挺身出来决断之处,常人却也总已经溜走了。然而因为常人预定了一切判断与决定,他就从每一个此在身上把责任拿走了。常人仿佛能够成功地使得'人们'不断地求援于它。常人能够最容易地负一切责任,因为他绝不是需要对事情担保的人。常人一直'曾是'担保的人,但又可以说'从无此人'"②。因为"常人"乃是无人称的和群体的生灵,所以海德格尔说,常人就这样卸除每一此在在日常生活中的责任。

责任主体的缺失不能不说是现代性的又一个重大问题。现代社会中精细的分工制度导致了责任主体"飘浮不定",因为一项系统工程

---

① [美]马尔库塞:《单向度的人》,刘继译,上海译文出版社,2006年版,第8页。

② [德]海德格尔:《存在与时间》,陈嘉映、王庆节译,生活·读书·新知三联书店2006年版,第148页。

的完成并非一己之力或一己之功,而实际上是集体共同劳动的成果,每个人仅仅是整个任务中很小的一部分。而且更为可怕的是,当个体以群众的身份或者以"角色"的面目介入一场运动或事件时,责任又一次成为"漂流的"。因为生活已经碎片化,我们被赋予多种角色,但并没有一种角色抓住了我们"整体自我"的本质。"作为个体,我们是不可替代的,然而,作为我们很多角色中的任何一种角色,我们并非不可替代。"因为"角色并不是'自我'——只是在我们工作期间穿上的工作服,当下班后,我们就又会把它脱下来。一旦穿上了令人疲劳的工作服,所有的人看上去都具有不可思议的相似性。令人疲劳的工作服是'没有个性的',穿着工作服进行的工作也是'没有个性的'"①。因此,当一场社会性的悲剧出现时,个体只不过是执行了系统的常规要求或规定运作,个体既无心也无力为整个悲剧承担责任,故而导致了"有罪过,但无犯过者;有犯罪,但无罪犯;有罪状,但无认罪者"的奇观。②在每一个官僚系统中,责任的转嫁或漂移都是一种惯例。二战中犹太人大屠杀执行"最终方案"的主要负责人艾希曼受审时就为自己开脱道:"那不是作为一个人的我做的,我既没有意志也没有权力自己主动做什么事;我只是一个零件,可替换的零件,任何人在我的位置都会这样做的;我站在这里受审,纯属偶然。"③"服从"的神话让自我对于"伦理责任"处于普遍无思的状态。正如雅斯贝尔斯所说,这个时代最诱惑人也最时髦的口号是,"从意识返回到生命的无意识、信仰的无意识、肉体的无意识中去;离开精神、离开历史、离开绝对"④。

　　确实,因为行动本来是由个体意识发动的,而现在却转换成一种

---

　　①　[英]鲍曼:《后现代伦理学》,张成岗等,江苏人民出版社 2003 年版,第 22 页。

　　②　[英]鲍曼:《后现代伦理学》,张成岗等,江苏人民出版社 2003 年版,第 21 页。

　　③　转引[美]阿伦特:《反抗"平庸之恶"》,陈联营等,上海人民出版社 2014 年版,第 59 页。

　　④　[德]雅斯贝斯:《时代的精神状况》,王德峰译,上海译文出版社 1997 年版,第 134 页。

集体无意识的狂欢。法国著名社会心理学家勒庞对集体无意识的"乌合之众"的主要特点进行了描述并指出,无意识人格的得势、相互传染以及将暗示转化为行动支配下的个体已经不是他自己,他成为不受自己意志支配的玩偶。在很多群体性事件中,悲剧的发生及其推动并非几个人的罪恶,它席卷了一个非常庞大的群体共同参与悲剧的制造。但是,却很少有人能够站出来为自己的罪行承担责任,而是把身上的罪行洗涮得一干二净,因为他们自己也是没有"私"心的。既然没有"私"心,他们就能够理所当然地、心安理得地逃避良心、道德的谴责。所以,群众人是不用承担责任的,个体在群众中彻底隐匿了,而群众又是无意识的,至少是没有"自我"意识。总之,当教化已经失去了唤起人性的力量时,道德责任的承担就成为漂流的,因为个性鲜明的个体已降格为没有精神的"群众人"。

三、自由的异化与现代性规训的形成

正如马克思所说的,政治的解放并不代表真正意义上人的解放,因为在政治得以解放的现代社会,"个人现在受抽象统治"。从表面上说,现代社会中,人的自由度或选择范围较传统社会是大大地扩展了。一般而言,人能够不受限制地、合理地选择自己所欲望的任何东西,但这并不代表我们就真正实现了自由,因为我们的欲望是社会所生产的,广告等大众传媒以一种无孔不入的方式把欲望渗透进每一个人的神经,以一种催眠的方式使人对所宣传的产品形成依赖。所以说,"现代性是'自由'与控制的双重结合,是放纵与规训的共谋"①。我们现在逐渐地进入了一个控制的社会,但这种控制不再是通过外在身体的压抑性的控制,而是通过一种让人舒舒服服的毫无被限制、被压抑之感的方式,即通过持续的个人欲望满足的快感和媒介信息的广泛传播

---

① 金生鈜:《规训与教化》,教育科学出版社 2004 年版,第 27 页。

而实现的。对人的生产体现为对人的欲望的生产,对人的控制就是对肉体快感的控制。这是一种更加彻底也更为有效的控制,它是人在"享受"当中心甘情愿地接受的控制。现代社会中,物成了"用具",有用与否或者说能否满足人的欲望要求成为物的唯一属性。正是这种强调"有用性"的功利主义的价值观"牢固树立在商业的、资本主义的、最后还有官僚制的存在模式之中,它倾向于把丰富多彩的、有深刻的和有意义的生活空虚化……没留下任何能够给生活以深刻而又强有力的目的感的东西;激情失落了……生活中除了'可怜而又可鄙的舒适',没有留下任何渴望"①。也就是说,消费在现代社会中扮演了全新的角色,它不只是一种满足正常物质欲求的行为,而且还是一种出于各种目的和需要对消费者进行操纵的行为。

欲望的社会化生产使得自由发生了异化。自由本义上是与"教养"联系在一起的,施特劳斯所强调的自由教育(Liberal Education)就是唤醒个体的内在自由和卓越的教育。② 自由是与教养不可分割的,缺乏教养的自由并非真实的自由,而只是以虚假的、享受的方式被奴役。当然,自由一方面表现为正常的感性欲望不应受到无端的压抑而丧失选择的自由,另一方面也表现为人格不应受虚假的欲望支配而失去理智。自由是能够在感性与理性之间保持必要的张力,欲望在理性的规导下获得满足和伸张,同时在欲望满足时不致迷失自我。而在消费文化中的自由俨然被没有任何智识和道德努力的最低劣的能力所占据,消费文化不停地在创造和渲染人的欲望并使人沉湎于对这种欲望的依赖中而达到控制人的目的。人自以为只要是出于自觉、自愿的选择就是自由的,但这只是自由的一个环节或部分而不是全部。自由不只是一种能力,更是一种德性,即对选择能力以及所选择内容反省

---

① [加]泰勒:《自我的根源》,韩震等译,译林出版社 2001 年版,第 787 页。

② [德]施特劳斯:《什么是自由教育》,一行译,载《古典传统与自由教育》,华夏出版社 2005 年版,第 2 页页下注。

的德性。自由的德性中包含了伽达默尔所说的"人性化的理性"①的能力。这种"人性化的理性"包含着自我批判、自我否定、自我超越的反思性意识和能力，也就是说，它不只看到了自身的能力，而且还看到了自身能力的界限。这种理性在社会生活中就表现为社会理性，它以人的超越性思考（从根本上说，也即对善本身的思考）来确立社会行为的基本观念和原则。用弗洛姆的话讲，自由不是"占有"，而是"生存"。自由不是放任欲望肆虐，而是个体追求人性卓越的存在方式。不过，在现代社会中，"我们的自我意识越来越单一地建筑在行动和能力的基础之上。这是一种技术的梦幻和解放的空想，人类自我意识就在这种梦幻和空想中草拟计划"②。如果只强调自由能力而忽视了对能力限度的合理慎思，自由将异化为一种隐性的规训。因为这样一来，人的自由就无法向自身返回从而提升人的生命品质，反而徘徊于欲望生产与欲望满足之间的永无止境的旋涡之中。

在现代性的"自由"中，"自由"直接就等同于感官享受获得方式的不受限制，这主要是由于个体缺乏了反思自身的能力从而无法与自身的局限性取得距离所致。与自身保持距离对于教化来说是非常重要的，伽达默尔说，"谁能够做到同自己保持距离，能看到自己生活圈子的局限性从而向他人开放，谁就会不断地通过现实纠正自己的生活"③。也就是说，人必须具有超越当下生活以返回自身并诠释生活及其意义的能力，即结合个体生活经验来诠释生活的意义并调整生活。"超越"与"返回"的双重运动其实是实现个体性与普遍性的辩证统一。只有"能够与自身保持距离的人"才是真正具有自由意识的人。

---

① "因为人们能够洞察到任何达到共同意志目标的手段的适应性，所以人们根据那种有意识的意向化了的目的性可以把自己理解为具有人性化的理性。"（[德]伽达默尔：《科学时代的理性》，薛华等译，国际文化出版公司1988年版，第67页。）

② [德]伽达默尔：《赞美理论》，夏镇平译，上海三联书店1988年版，第95页。

③ [德]伽达默尔：《赞美理论》，夏镇平译，上海三联书店1988年版，第82页。

因此，当个体无法与自身取得距离并返回自身时，当个体沉湎于消费的快感之中时，个体与其说是自由的，不如说是自由的异化，即处于规训的状态。因为这种状态下的人实际上丧失了自我的真实本性，个体从"对人的依赖关系"中解放出来的同时旋即卷入"对物的依赖关系"。正如舍勒所说的，"在现代文明的发展中，人之物、生命之机器、人想控制而竭力用力学解释的自然，都变成了随心所欲的操纵人的主人；'物'日益聪明、强劲、美好、伟大，创造出物的人日益渺小、无关紧要，日益成为人自身机器中的一个齿轮"①。

　　正是在这种意义上，伽达默尔说现代是一个特有的所有人不自由的时代，"作为我们整个文化进程的结果，个人日益被限制于为职能服务，为作用着的自动化和机器服务。人类失去了支配自身能力的自由，失去了使某种意志形成成为可能，从而表达出自我意志的自由，他所得到的是人类一种新的普遍的奴隶化"②。而且这种新的普遍的奴隶化或规训化是通过控制思想来征服肉体的，因为人已经缺失了反省的能力，也即缺失了"从生活经验中产生被人认为健全理智的东西"的判断能力。福柯指出，这种控制实际上体现了一种"肉体政治学"的原则，即通过控制人的"精神"（头脑）来控制人的肉体，并且形成了一种关于精密的、有效和经济的权力的技术学，它比传统的控制手段更为有效。"愚蠢的暴君用铁链束缚他的奴隶，而真正的政治家则用奴隶自己的思想锁链更有力地约束他们。正是在这种稳健的理智基点上，他紧紧地把握着锁链的终端。这种联系是更牢固的，因为我们不知道它是用什么做成的，而且我们相信它是我们自愿的结果。绝望和时间能够销蚀钢铁的镣铐，但却无力破坏思想的习惯性结合，而只能使之变得更紧密。最坚固的帝国的不可动摇的基础就建立在大脑的软纤

---

① ［德］舍勒：《价值的颠覆》，罗悌伦译，生活·读书·新知三联书店1997年版，第161页。

② ［德］伽达默尔：《赞美理论》，夏镇平译，上海三联书店1988年版，第142—143页。

维组织上。"①可见,这种权力的技术学使现代人像盲人一样欢庆自己的视力,因为他没有意识到他所获得的"快乐"并不是他自己的,他完全习惯了按照别人的要求去感觉,而且还自以为那是出于他们自觉自愿的结果。所以弗洛姆说,现代人的"自我感"只不过是别人评判的一种指示,使他确信自己价值的不是他自己,而是声望(popularity)和在市场上的成功。②

自由的异化与现代性的规训是同一个过程。当自我完全陷入消费社会所制造的欲望陷阱时,我们就越来越荒芜了理性自决的能力,甚至感觉能力也不再是属于我们自己的,即便是以我们心甘情愿的方式进行的。因为工业社会控制社会的方式常常是给人以舒适、愉快的幸福感觉,而且它还把这种控制方式转换成了一种生活方式,这种生活方式使人无力也不愿超越现存制度的既定范围。道理很简单,逻辑也清晰:"如果每个人都满足于通过由管理所提供的商品和服务设施而获得的幸福的话,他们为什么还要为不同商品和服务设施的不同生产而坚持不同的制度呢? 如果每个人预先受到制约,以致令人满意的商品也包括思想、感情和愿望的话,他们为什么还要坚持独立地思考、体验和想象呢?"③这个"没有敌意的世界"实际上在虚假的幸福外观背后隐蔽着一种更透彻的极权奴役,只不过是一种以内部的心理操纵取代外部的专制的新的奴役方式。所以,当自由没有德性的关照时,自由必定异化并陷入规训。在伽达默尔看来,异化问题是一个自近代科学理性霸权以来在人类社会中普遍存在的问题,其核心在于,人们在一个完全经济化和科学合理化的时代中,失去了对人的实践行为的理性反思,将人的基本意识完全变成了每个人都可以交换的或者说变

① [法]福柯:《规训与惩罚》,刘北成、杨远婴译,生活·读书·新知三联书店 2007年版,第 113 页。
② [美]弗洛姆:《逃避自由》,刘林海译,国际文化出版公司 2002 年版,第 86 页。
③ [美]马尔库塞:《单向度的人》,刘继译,上海译文出版社 2006 年版,第 47 页。

成了经科学化而互相通用的意识。故而,"造成我们当前困难的一个原因是我们荒疏了自己的判断力"①。在荒疏了自己的判断力之后,"人屈从于权力,无异于拱手放弃丧失了自己的权力;丧失了自己的潜能,也就丧失了运用那种使人成为真正的人的全部能力的权力,人便真正堕落;他的理性失去了作用,只盲目相信那些高踞于他之上的人所称为的真理;他的道德感丧失,因为他没有能力怀疑和批评那些使他对人和事的道德判断失效的权力,悲哀地沦为偏见和迷信的牺牲品,没有能力探讨那些错误信息所依据之前提的正确性;他自己的心声不能召唤他返回自身,因为他听不见这些声音,却专心致志地倾听那些高踞于他之上的声音"②。现代人"变成了绵羊,丧失了批判思考的能力,觉得自己软弱无力,而且是消极被动"③。自我又一次丧失了,并且丧失得干干净净。

自我异化是一种社会病,它所表示的是人们在社会生活中体验到一种不断增长的陌生感以及由此而带来的不安全感。异化不是一种外在的分离,而是一种内在精神的分离,即人对人、人对社会的信任前提的消失,人们有着一种不可亲近、不可信任的不断增长的不安感,亲近的世界整体对人来说变得越来越陌生。所以伽达默尔为"自我异

---

①　[德]伽达默尔:《赞美理论》,夏镇平译,上海三联书店1988年版,第79页。在伽达默尔看来,在现代性的科学理性那里,个人本身完全被看作一种合理化秩序整体中的职能,秩序的运行完全可以无视个体的意志、欲望,而且个体却自以为在秩序中找到了安全。"科学技术直接成为生产力,技术理性事实上成为这一整体的主宰和主导。掌握技术就是被技术掌握,从必然中获得自由就是用必然规定自由,自由是虚假的,作为人的实践本质对象化的技术使自然人化,实现了人类中心主义的最高形式,但是人类中心主义是对自然的专制主义同时也隐藏着或敞开着对人自身的专制。"(张志扬:"译后记:解释学的边界性",见[德]伽达默尔《美的现实性》,生活·读书·新知三联书店1999年版,第219页。)

②　[美]弗洛姆:《占有还是生存》,关山译,生活·读书·新知三联书店1988年版,第233页。

③　[美]弗洛姆:《占有还是生存》,关山译,生活·读书·新知三联书店1988年版,第193页。

化"下了一个定义:"与公共生活同一的可能性的消失,即是我们称之为人在社会中的自我异化。"①这种自我异化的根源就在于现代人的人际关系失去了亲缘性与人情味特征,而呈现出一种操纵精神与工具性特点。这也就不难理解为什么功利主义者边沁把共同体理解为一个利益的虚构体,人与人、人与世界之间的亲熟关系被"有用性"所间隔,从而使人个体化,而个体化的社会却无法给人提供认同感或安全感。因此,为了寻求安全,逃避自由并把自己委身于一个更大的集体之中就成了个体的不二选择。但是,正如弗洛姆所指出的那样,逃避自由并不能帮人恢复那已经失去了的安全,而只能帮他暂时忘掉自我是个分离的个体。安全与自由成为不可调和的矛盾乃是现代性的深度悖论。因为逃避自由的代价就是放弃个性以及合理慎思的能力,而"天真"地、不加批判地相信权威或"专家"所说的一切,这样的结果只能使人们臣服于自己亲手营构的"合理的极权主义社会"。

① [德]伽达默尔:《赞美理论》,夏镇平译,上海三联书店1988年版,第128页。

第四章　走向伦理精神的道德教化

在分析了现代性价值追求及其悖论之后，我们注意到现代性道德哲学是以自我的先天理性来建构义务或道德的。以自我的先天理性为义务作奠基，固然可以确保义务在形式上的普遍性，但同时也遮蔽了现实的社会伦理关系以及实现道德价值的路径。就拿康德的道德哲学来说，虽然通过先验的理性能够使道德从经验必然性的泥潭中走出，从而进入绝对自由之境，但是，他也忽视了普遍性东西的具体应用。正如伽达默尔在评价康德道德哲学时说："当康德使启蒙运动的道德哲学的明智要求及其令人蛊惑的理性傲慢破灭之际，他也使实践理性的无条件性脱离人的本性的一切条件性并表达在其先验的纯粹性中。"①康德完成了个体的主观性教化，使人从人的自然野蛮性中超拔出来成就人作为价值的存在，虽也认识到理性的限度，却由于缺乏客观化的环节而停留在"先验的纯粹性"中，未能在现实生活中完成教化的使命。

正如《中庸》所讲，"诚者，非自成己而已也，所以成物也。成己，仁也，成物，知也。性之德也，合外内之道也"。"成己"与"成人""成物"

---

① ［德］伽达默尔：《论一门哲学伦理学的可能性》，邓安庆译，《世界哲学》2007 年第 3 期。

的统一是德性完整性的表现,片面地强调"成己"则因缺乏与他人的横向联系以及抹去了人的社会性的真实本性而流于主观;片面地强调"成人""成物"则可能忽视个体自身的内在情感及其生活的独特性。可以说,没有"成人""成物"的"成己"是不可思议的,它不是生活的常态。作为道德自我的塑造不能只是主观返身而诚,它不能脱离具体的伦理关系而存在,所以要扬弃道德义务的抽象性,关键在于从先天的逻辑形式回归到现实的伦理关系。因为"一个人必须做些什么,应该尽些什么义务,才能成为有德的人,这在伦理性的共同体中是容易谈出的:他只须做在他的环境中所已指出的、明确的和他所熟知的事就行了"。而且,"伦理性的东西,如果在本性所规定的个人性格本身中得到反映,那便是德"①。正是由于道德教化的伦理本性,我们将在审视现代性道德教化及其与传统道德教化范式比较的基础上,提出一种走向伦理精神的道德教化。

第一节　现代性教化范式转换的思维根基

事实上,西方进入现代社会以来,发生了"整体性的变化",不仅包括政治、经济等制度方面,而且还包括道德观念以及与其联系在一起的价值追求。思想家们对现代性的价值定位是多样的,但从多样的理解中,我们还是可以寻绎出"理性"与"自由"是现代性的核心价值。这两种价值深入现代社会生活的方方面面,但从价值本体的角度来理解理性精神与自由精神的内在关联是非常有意义的。因为现代社会与传统社会的断裂不仅表现在形而下的器物层面,即政治、经济、法律等层面,更表现在形而上的精神层面,正如福柯所洞见的那样,现代性更

---

① 　[德]黑格尔:《法哲学原理》,范扬、张企泰译,商务印书馆1961年版,第168页。

为重要的是表现为"一种态度"。"所谓'态度',我指的是与当代现实相联系的模式;一种由特定人民所做的志愿的选择;最后,一种思想和感觉的方式,也就是一种行为和举止的方式,在一个和相同的时刻,这种方式标志着一种归属的关系并把它表述为一种任务。无疑,它有点像希腊人所称的社会的精神气质(ethos)。"①用"断裂"来指称现代性的精神气质应该大致不谬,就如黑格尔所说,我们这个时代是一个新时期的降生和过渡的时代,"人的精神已经跟他旧日的生活与观念世界决裂,正使旧日的一切葬入于过去而着手进行他的自我改造"②。人的精神与过去的决裂对现代性教化范式产生了深远的影响,塑造了现代性的个体主体性。

一、事实与价值的二分

在传统社会,"一切自然存在者,至少是一切有生命的存在者,都指向一个终极目的、一个它们渴望的完善状态;对于每一特殊的自然本性(nature),都有一个特殊的完善状态归属之;特别地,也有人的完善状态,它是被人(作为理性的、社会的动物)的自然本性所规定的"③。任何存在物都有着其特有的属性或目的,道德教化即是依着人的自然本性或人之所是,通过一定的伦理戒规把自然的粗野性提升到普遍性的、文明的状态,人之(本真)所是与人之所应是不存在任何断裂,正是人之所是的本真状态决定了人之所应是,并为"应该"找到客观性的基础。

---

① [法]福柯:《何为启蒙》,汪晖译,《文化与公共性》,生活·读书·新知三联书店1998年版,第430页。任何形而下层面的变化都必须有形而上即思想层面的变化作先导,因为如果没有思想上的深入人心,形而下层面的变化要么是暂时的,终究要倒退回去;要么偶然的,不具有必然性,从而缺乏存在的价值合理性基础。

② [德]哈贝马斯:《现代性的哲学话语》,曹卫东等译,译林出版社2004年版,第7页。

③ 施特劳斯:《现代性的三次浪潮》,丁耕译,载《西方现代性的曲折与展开》,吉林人民出版社2002年版,第90页。

自现代以来,事实与价值之间的鸿沟越来越大,休谟就认为,"根本不存在价值事实,'事实'成为摆脱了价值的东西,对于'应当'、解释以及评价而言,'是'成了一个陌生的物,'是'与'应当'分离的结果是,'事实'改变了它的性质"①。而这也是造成传统道德教化范式转换的根本原因。休谟认为,事实与价值之间不存在任何逻辑上的推导关系,"是"不能推导出"应该",否则就是犯了摩尔所说的"自然主义谬误"。"是"不能得出"应该"所暗含的深义是:道德的义务和责任的设定(即"应该")只能以行为主体的主观"自由意志"为前提(康德的道德哲学就是这样的),而不存在一种以特定存在情境或角色为转移的"存在性的应该"或基于特定角色事实的"应该"。"是"能否推出"应该",在古典德性伦理学那里不成为问题,我们之所以能够作出价值判断,乃是以我们对于特定事物的事实性知识为依据的。我们首先是在对人之为人的特征有充分了解的基础上才能做出好人还是坏人的价值判断,好人是其所作所为充分体现了人之为人的特质,坏人则相反。事实与价值的区分并不只是一个逻辑问题,更多的是表征现代以来理性对生活世界价值权威的颠覆,同时也意味着生活世界的分裂。

这"存在性的应该"说到底是一种基于特定伦理关系的"应该"。在伦理关系中的个人,他的义务是由伦理共同体决定的,他应该做什么、不应该做什么都是基于他是这一关系中的存在事实就可以决定的。正如黑格尔所说:"一个人必须做些什么,应该尽些什么义务,才能成为有德的人,这在伦理性的共同体中是容易谈出的:他只须做在他的环境中所已指出的、明确的和他所熟知的事就行了。"②比方说,作为"哥哥"这一存在性的事实就"应该"具有照顾年幼弟弟的"义务",这一点是显而易见的。这也说明并非所有的道德义务都必须是主体

———————

① [美]麦金太尔:《德性之后》,龚群、戴扬毅等译,中国社会科学出版社1995年版,第106页。

② [德]黑格尔:《法哲学原理》,范扬、张企泰译,商务印书馆1961年版,第168页。

基于"自由意志"的选择,在存在性的伦理关系中的个体就不单是自我选择的问题。例如,我们无法选择是做哥哥还是做弟弟,但作为哥哥或弟弟相应的义务却是被给予的,所以说这一"存在性事实"本身就决定了个体应尽的义务。进而言之,我们在社会伦理生活中有着确定的身份、角色,这显然是一个事实,不过它们并非偶然的,而是构成我之所是的一部分,并由此规定着我们的道德责任。

　而现代社会中,原本"厚"(thick)的伦理关系实际上就被抽象的、无生命的"个体—个体"关系所代替,在两个独立个体之间所需要的只是建构一种"薄"(thin)的底线道德以确保社会的正常运行。本来伦理关系也可以说是一种社会关系,但伦理关系又比普通的社会关系有着丰富得多的内涵。伦理关系中所体现的伦理精神包含着"爱"这一感觉,但它又不能仅停留在感觉层次,它还应与更高层次的"理性"相统一。因为单纯的爱是感觉的,而单纯的理性是抽象的,只有爱与理性的相互渗透才能构成自由性伦理的"精神"。而且伦理关系中,与个体或主体打交道的不仅有单个的个体,还有更为根本的伦理实体,即自我本身与伦理实体的关系。因此,在缺乏伦理精神的现代社会中,一方面,由于个体的原子化导致个体间的存在充斥着不确定性,因此个体对他人的责任就不再具有"实体性"的规定,而是理智的产物。因此在个体看来,不存在"存在性的事实"能够赋予个体以道德义务。另一方面,我们所说的"个体—个体"关系把"爱"抽离了,个体与个体之间的关系变成了一种经理智抽象后的利益关系。在"个体—个体"的关系中,社会乃一"虚构物"。从心理学的意义来看上,伦理关系中的个体寄寓于伦理实体,他的理性、情感、欲望都浸润在对伦理实体的认同中。而在抽象的"个体—个体"关系中,"人们所拥有的不是共同的(common)利益,而是相同的(same)利益——即,每个人同样追求自我利益的最大满足"①。"相同的利益"只是表达人们有着相同的偏好、欲求,当遭遇资源匮乏时,人们陷入彼此分离甚至全面对抗乃是不可避免的,恰如霍布斯所描述的"自然状态"。与之相反,只有相互包容性的利益才是真正意义上的共同利益,才能避免零和游戏。人们之间存在着相同或类似的需要是一个显见的事实,基于"相同"意义上共同利益的寻求,未必会导向一致性地行动。即是说,"共同利益"需要人们突破一己之私的藩篱和局限,理性承认他者在利益追求上不仅与自我有着平等的权利,并且他人的发展是自我发展的条件。共在共荣的存在性事实是创生人类"一体同仁"价值的前提。

而且在现代性的观念中,事物本身也缺乏一个"功能性"的概念,功能发挥的"好"或"卓越"与事物的本性之间的紧密联系断裂了。"人"与"好生活"之间的关系发生了颠倒:不是从"好生活"的概念中来规划人的活动和生活,而是从"人"自身出发来建构和充实"好生活"的意义,"好生活"之"好"总是相对于"主体之我"而言的。这也导致了一种价值相对主义,价值不再具有客观性,而只是主体情感的表达。事物的本性结构已不足以成为建构价值的基础,因此,"尽管我们已谈到的各个思想家都试图在其正面论证中把道德置于人性基础之上,但他们在各自作出的反面论证中都走向这样一种越来越无限制的主张:没有任何有效论证能从纯粹事实性的前提中得出任何道德的或评价性的结论"②。事实与价值的区分意味着现代人生活世界的彻底分裂,实际上也反映了存在与本质的深刻矛盾。只有存在与本质的一致性才能维系个人心灵秩序和社会规范秩序的稳定性,也即价值的依托决定了人之所是和人之所应是,存在与本质的矛盾本应是一种积极的力量,而现代以来事实与价值的区分以及价值主观化倾向,是以本质的

---

① 李义天:《美德伦理学与道德多样性》,中央编译出版社 2012 年版,第 160 页。

② [美]麦金太尔:《德性之后》,龚群、戴扬毅等译,中国社会科学出版社 1995 年版,第 72 页。

彻底丧失为代价的。

二、情感与理性的二分

前面我们考察了现代性道德教化的方式及其特质，"无伦理的道德"使道德成为单纯的主观性，从而也使道德远离人的生活，特别是拒斥人的伦理情感。特殊性的情感如果不是作为道德的对立面而要除之而后快的，至少也不具有道德价值。功利主义虽然重视情感（确切地说是感觉）在道德中的重要作用，但它更多的是把情感还原为感性的快乐，伦理情感本身所具有的精神性及其自然性被边缘化了。当然，这与现代性的思维方式有着密切的关系，世俗化的现代社会不再认为生活有什么神圣目的，而是注重于把生活的基础奠定在理性（科学理性或工具理性）的基础之上，使之透明化从而成为可控的。正如伽达默尔所指出的，古代哲学与现代哲学之间的差异就在于，"古代哲学能够比现代思想所可能达到的更加接近于思辨真理的流动性，因为古人所造就的概念尚未从他们试图把握的特殊存在物之具体杂多的土壤之中连根拔起"①。也就是说，在古代哲学那里，特殊性是普遍物中的特殊性，特殊物无法离开普遍物而存在；而另一方面，普遍物也不是抽象的普遍物，不是脱离特殊性的普遍物。普遍性的存在必须通过特殊性才成其为现实，特殊性也只有通过普遍性才上升为真理。现代性理性以一种形而上学的方式置普遍与特殊、理性与情感于对立之中，这种理性本质上塑造了"绝对不相容的对立"的形而上学思维，以一种独断论的方式坚执着"非此即彼"。理性对普遍性的追求是以牺牲特殊性为代价的，从而使普遍物本身成为缺乏生气的东西。

古代哲学与近现代哲学的研究方式的确存在着巨大的差异，黑格

---

① ［德］伽达默尔：《伽达默尔论黑格尔》，张志伟译，光明日报出版社1992年版，第7页。

尔对此有深刻的洞见,他说:"古代的研究方式与近代的研究方式很不相同,古代人的研究是真正的自然意识的教养和形成。古代的研究者通过对他的生活的每一细节都做详尽的考察,对呈现于其面前的一切事物都做哲学的思考,才给自己创造了一种渗透于事物之中的普遍性。但是现代人则不同,他能找到现成的抽象形式;他掌握和吸取这种形式。可以说,只是不假中介地将内在的东西外化出来并隔离地将普遍的东西(共相)产生出来。因此,现在的工作与其说在于使个体脱离直接的感性形式而使之成为被思维的和能思维的实体,不如说情形相反,在于扬弃那些固定的思想,从而使普遍的东西成为现实的有生气的东西。"①古代思想是流动性的,它总在普遍与特殊、整全与个体之间周旋、调解,个体总是被放置于一个更大的背景框架中以获得解释。现代的研究方式则完全不同,自我与外在世界是相对立的,用黑格尔的话来说,自我不是在外在世界中看到了自我,而是以一种"观察的理性"来看待世界,即自我与世界之间没有一条精神的"存在之链"。"表示概念的事物始终是概念的一个他物,而概念也始终是事物的一个他物。"②这样一来,自我就是一个孤独的、非社会的思维主体。

从黑格尔对古代与现代哲学研究方式的迥异可以看出,现代哲学的研究方式在于"不假中介地将内在的东西外化出来并隔离地将普遍的东西(共相)产生出来"。这一点,休谟也有同感,他说,"古代的哲学家们,尽管他们经常断言德性不外乎是尊奉理性,然而大体上似乎都将道德看作由趣味和情感而派生出其实存。另一方面,我们现代的探究者,尽管他们也侈谈德性的美和恶行的丑,然而通常都通过形而上的推理和通过从知性的最抽象的原则出发的演绎来说明这些区

---

① [德]黑格尔:《精神现象学》上卷,贺麟、王玖兴译,商务印书馆 1979 年版,第21—22 页。

② [德]黑格尔:《精神现象学》上卷,贺麟、王玖兴译,商务印书馆 1979 年版,第 175 页。

别"①。可见,在古代伦理学中,个体的生命情感占有重要的一席之地,而且情感与理性是不可分割的。道德理性并非抽象的知性,而是始终与道德情感相互渗透而形成的"具体的理性"。"具体的理性"就是将普遍性的原则特殊化、具体化,而特殊化、具体化的过程就不可能没有个体情感的参与以及对具体情境的理解,而且这种理解本身也是结合了个体的情感的。

但是现代性的道德却奠基于抽象的理性之上,情感是有待剔除的剩余物。正如康德所说:"由德性的法则对意志所作的一切规定的本质在于:意志作为自由意志,因而并非仅仅是没有感性冲动参与的意志,而是甚至拒绝一切感性冲动并在一切爱好有可能违背这法则时中止这些爱好的意志,它是单纯由这法则来规定的。"②他还说:"德性义务并不涉及某个目的(质料、任性的客体),而是仅仅涉及道德的意志规定的形式东西。"③康德在《实践理性批判》中唯一提及的道德情感是对道德法则的敬重,但敬重并非一种愉快的情感,而毋宁是痛苦的。所以在康德的道德哲学中,说人在情感上"乐于"服从道德法则的绝对命令是自相矛盾的,情感始终是"意志"排斥的对象。只要有情感性的因素混入其中,至多只是一种"合乎义务的行为",只有完全由纯粹实践理性决定的"出于义务的行为"才具有道德价值。对于康德来说,所谓道德健康的状态毋宁是理性绝对地限制各种感性禀赋、爱好。怪不得席勒如此追问道:"如果在道德领域中感性本性只是受到压抑,而不是道德的促进者,它又如何能够带着情绪的满腔热忱参与到一场仅仅降服自身就加以庆祝的胜利之中呢?"④

---

① ［英］休谟:《道德原则研究》,曾晓平译,商务印书馆 2001 年版,第 22 页。

② ［德］康德:《实践理性批判》,邓晓芒译,人民出版社 2003 年版,第 99 页。

③ ［德］康德:《康德著作全集》第 6 卷,李秋零主编,中国人民大学出版社 2007 年版,第 396 页。

④ 转引［美］阿利森:《康德的自由理论》,陈虎平译,辽宁教育出版社 2001 年版,第 271 页。

相反，在休谟看来，成为道德行为动因的是情感而不是理性。因为理性的作用在于发现真或伪，真或伪是指称观念是否与事实存在相符，情感则是原始的事实或实在，本身圆满自足，并不需要也无从参照其他的情感、意志，所以情感不存在判定为真或伪、违反理性或合乎理性。为此，休谟认为道德准则不能由理性得出，"理性自身在这一点上是完全无能为力的，因此道德规则并不是我们理性的结论"①。换言之，理性对于情感与行为没有任何影响，理性的作用只在于发现和确定事实，而对于事实的评价则不属于理性的职责，而是情感的范围。这样一来，理性的认知好像仅仅在道德行动之前起作用，而与整个道德实践过程无关，这显然也割裂了道德行动中情感与理性相互渗透的关系。

总之，现代性道德哲学热衷于把道德的基础建立于单纯理性或单纯感性之上，而忽视了理性与情感本身的内在关联，理性与情感始终处于分裂的地步。这也导致道德成为抽象理性的产物而与人的内在情感无关，蜕变成一种自虐式的崇高，对于教化、提升人的整个心灵毫无助益。"康德式的道德性，尤其是其核心的自律概念，包含着自我之普遍（理性）部分对自我之特殊（感性）部分的某种自我强加的暴君般的统治。因此，它产生出自我之内的分裂（diremption）而不是所欲求的和谐或整合。"②从此我们也可以看出，康德式理性道德所实现的虽然不是外在的权威对主体的奴役，但也绝不是自由，它只不过是自己对自己的奴役。若把道德奠基于单纯感性上，道德就成为快乐、功利的代名词，不仅道德的超越性无从显现，而且道德的普遍性也成为问题，这种经验主义的探讨方式并没有达到它所孜孜以求地张扬道德主体性的目的，因为它对道德生活的庸俗化理解使其丧失了从精神的普

---

① ［英］休谟：《人性论》下卷，关文运译，商务印书馆 1980 年版，第 497 页。
② ［美］阿利森：《康德的自由理论》，陈虎平译，辽宁教育出版社 2001 年版，第278 页。

遍性层面把握道德的能力,情感主义的自我恰恰使道德分歧陷于无解的尴尬。"无论是情感主义的自我观,还是理性主义的自我观,它们都有一个共同的特征,即把自我看作可以与社会角色和社会实践相分离,并且可以不参照特殊情境就能作出道德判断的原子式的个体存在。"①理性与情感的二分,要么将道德自由推向脱离任何自然经验的道德强制而导致精神分裂,要么将道德自由降格为纯粹受感性快乐支配而导致价值属性的祛除。

三、实践与理论的二分

当人不能以一种精神的视角来看待世界与自我的内在关联时,自我与世界相互隔阂:一方面,自我被世界所遗弃,成为无所寄托的孤独个体,而且"观察的理性"说到底就是科学理性,它把"精确"误以为"真","真"也就彻底地从存在论上的"真"变为认识论意义上的"真"。这样一来,认识力、计算力等理智思维能力增强了,"以至于象征性的思想以及在可敬的传统、艺术、文学、特别是在面对整个世界与其创造者的完全开放里得到至美表现的人的灵性全部被人遗弃了"②;另一方面,世界也成为"无生命、无精神"的供人任意驱使和操纵的物质材料,甚至人与人、人与社会的关系也被对象化、工具化。作为表现伦理关系特质的"爱"等亲熟关系也被抽象化为公共关系或法律关系,权利和义务的关系也由此确定下来了,而作为伦理情感的"爱"在"佣仆的心理"作用下变得无法理解。

在古代的思维方式中,实践与理论是不可分的。比如在亚里士多德那里,理智德性不仅属于实践的范围,而且是最高的实践,它不假外

---

①　胡娟:《从自我观看现代性道德困境及其解决路径——以麦金太尔道德哲学思想为学术资源的研究》,《东南大学学报》(哲学社会科学版)2009 年第 4 期。

②　[德]孙志文:《现代人的焦虑和希望》,陈永禹译,生活・读书・新知三联书店1994 年版,第 47 页。

求,本身就是自足的。理论不是对纯粹对象的沉思,而是存在论意义上对世事、人情的洞明,或者说通过对宇宙、自然理性规律的探究来观照人自身的普遍性。正如基托所说,在古希腊,知识是一种有关存在的知识,一种有关至善的知识。① 儒家更是强调德性之知与知行合一,知是行之始,行是知之成,知与行不能分作两截做。所以,与认识论意义上的使用不同,在古代的思维中,理论或知识具有本体论意义上的真理地位。

伽达默尔也指出古希腊"理论"(theoria)一词的原初含义不同于我们现代科学或知识论意义上的理论概念。现代科学意义上的理论指我们能够与存在物取得距离,以一种客观的、无偏私的态度来认知存在物。这也相当于黑格尔在《精神现象学》中所说的"观察的理性"。虽然古希腊的理论也具有与现实取得距离的含义,但理论的距离不是为了获得一个"外在的""客观的"真理,而与自我有着本质上的切近性和亲缘性。据伽达默尔的考察,"Theoria"的原初含义是与祭祀庆典活动相关的,所以"理论一词的最初意义是真正地参与一个事件,真正地出席现场。相应地,存在的合理性这个古希腊哲学的重要假设,并不是人的自我意识的最初的最重要的属性,而是存在本身的属性。存在本身以这种方式而成为全体,表现为全体,即人类理性被极其适当地设想为这种存在的合理性的一部分,而不是被设想为同客观的全体相对应而认识自己的自我意识"②。理论完全不同于现代科学意义上的一种认识外在世界的方法或手段,而是"观察力,它所受的严格训练足够使它识别不可见的、经过构建过的秩序,识别世界和人类社会的

---

① ［英］基托:《希腊人》,徐卫翔等译,上海人民出版社 2006 年版,第 188 页。与此相反,近代以来的理性概念从根本上说是与实践相区别的,并且理性概念也不再是古希腊意义上代表的一种行动的激情,而是一种沉稳而冷静的客观思考,它被理解为一种达到目的的工具,与行为举止相分裂的一种相对真理。

② ［德］伽达默尔:《科学时代的理性》,薛华等译,国际文化出版公司 1988 年版,第14 页。

秩序"①。由此,我们可以知道,理论与行动、知识与实践具有内在的一致性,它不是近代认识论意义上的对外在自然的客观认识,而是人超出自身有限性并与之保持距离,但这种距离不是绝对的出离人本身的,而是在超出自身之后返回自我。这样一来,自我就能够以一种普遍性的视角来观照、提升人的自然性、特殊性,与他者、价值普遍性相适。

"实践"概念也有别于我们现在一般意义上对"实践"一词的使用。伽达默尔指出,我们现在把实践仅仅看作基础理论和科学的应用,而原本的实践(praxis)观念具有一种完全不同的结构,为了把握"实践"概念,我们必须使其从那种与科学相对立的语境下完全解脱出来。实践甚至不是理论的对立物,"它是一种生活方式,一种被某种方式(bios)所引导的生活"②。在亚里士多德那里,"'实践'意味着全部实际的事物,以及一切人类的行为和人在世界中的自我设定;此外,属于实践的还有政治以及包括在政治中的立法"③。所以,实践本质上是一种自由的活动,它是以"求善"为目的的一个超越性且具有终极关怀性的概念。麦金太尔则在古希腊"实践"概念的基础上进行了创造性发挥,把"实践"与"内在利益"联系在一起。"我要赋予'实践'的意思是:通过任何一种连贯的、复杂的、有着社会稳定性的人类协作活动方式,在力图达到那些卓越的标准……的过程中,这种活动方式的内在利益就可获得,其结果是,与这种活动和追求不可分离的,为实现卓越的人的力量,以及人的目的和利益观念都系统地扩展了。"④实践的

---

①　［德］伽达默尔:《科学时代的理性》,薛华等译,国际文化出版公司1988年版,第61页。

②　［德］伽达默尔:《科学时代的理性》,薛华等译,国际文化出版公司1988年版,第79页。

③　［德］伽达默尔:《赞美理论》,夏镇平译,上海三联书店1988年版,第69页。

④　［美］麦金太尔:《德性之后》,龚群、戴扬毅等译,中国社会科学出版社1995年版,第237页。

"内在利益"只有对此活动有经验的人才能判断或体验,是"实践"活动本身而非"人"才是真正意义上的主体。人只有参与并置身于实践活动中并放弃自身的任性以适应活动本身才能实现人的主体性。

不幸的是,在现代,理论领域与实践领域是分离的。准确地说,理论是对实践的抽象概括,实践是对理论的应用。在这样一种关系模式中,实践与理论的关系是线性的、二分的,它缺乏一个解释学意义上的理解距离或阐释空间。这导致理论与实践在深层意义上的断裂,一方面,理论由于脱离了实践本身的变化而流于抽象和生硬;另一方面,实践也变得不再是人的自由活动,而成为达到目的的工具或技术,由此也导致"实践"概念所蕴含的对人的整体的教化功能的失落。理论与实践在本来意义上是同一个过程,正如黑格尔所说的,"思维和意志的区别无非就是理论态度和实践态度的区别。它们不是两种官能,意志不过是特殊的思维方式,即把自己转变为定在的那种思维,作为达到定在的冲动的那种思维"①。按照黑格尔的说法,理论的态度是从对象开始的,"我"把对象变成本质上和直接是"我"的东西。理论的态度通过剥除感性的东西而达到普遍性,从而扬弃对象与我之间的对立,"只有在思维中我才在我自己那里"。而实践的态度则从自我自身开始,并把自我释放于或以一种定在的方式把自我实现于外部世界,这也使得外部世界始终带有我的精神的痕迹。可以说,只有从精神教化的立场来看,实践与理论才是相互渗透的,才是指向"整个的我"的。

现代性教化出了独立的个体,但这个体主体不仅内在精神是分裂的,与他人和社会也是相分离的,如何构筑伦理的统一性来整合这个四分五裂的世界(内部的与外部的)就具有特别重要的意义。维特根斯坦曾说道:"属于一个时代的疾患需要通过人们的生活方式的转换来医治。因而哲学问题所造成的疾患只能通过思维方式和生活方式

---

① [德]黑格尔:《法哲学原理》,范扬、张企泰译,商务印书馆 1961 年版,第 12 页。

的转换,而不能通过某个个人所发明的药物来加以医治。"①走向伦理精神的道德教化,既是强调教化范式思维的转变,更是强调通过共同体的构建来实现人的真正解放,破解现代性"伦理—道德"悖论所导致的"无伦理的道德"与"无道德的伦理"境况,探寻道德价值实现的可能性。

第二节　道德教化中精神结构的互主体性

正如前面所论及的,自文艺复兴、启蒙运动以来,对伦理、道德的探讨是"原子式的"。原子式的个体是没有精神的,它只能做到集合并列,无法实现单一物与普遍物、主体与实体真正统一。而且,原子式的思维方式甚至造成一种假象,以为思维的自由或精神的自由只有在其背离甚至敌视公众承认的或者现实存在的东西时,才能得到确证。黑格尔曾一针见血地指出:"个体性本质上是含有否定性的。"原子式个体是一"排他性的自为存在"。在传统社会中,个体只是作为偶性消弭于共同体中,共同体是个体获得认同从而实现自身意义的源泉,脱离共同体就无法实现人的社会本性,它将导致与人的本性相背离。个体没有独立的意义,个体的特殊性及其利益也只有在被纳入共同体的普遍利益才有生存的空间。正如黑格尔对比古希腊社会的伦理与现代社会的道德时,认为传统伦理缺乏主观化的环节,而现代道德却仅是主观化而缺乏客观化环节,这两者都是片面的。在现代社会中,个体与社会、个体与个体之间不再被视为一种伦理关系,伦理关系以及伦理精神的失坠使得主体以一种"个体"的方式来处理其与周遭的人与物的关系。这里所说的"个体"不仅指"空间"上的,也指"时间"上的,

---

① 转引张汝伦:《良知与理论》,广西师范大学出版社 2003 年版,第 10 页。

"时空"上的断裂使得个体的生活成为各个独立的点。正是由于伦理精神的失落,道德的主观性使其无视"他者"的存在,而单纯以意识、逻辑理性的可普遍化原理来立法。殊不知,正是对待"他者"的方式决定了主体性只有在互主体性的结构中才能真正实现,而这样一种互主体性乃是道德教化中精神的客观性结构。借助对黑格尔伦理思想的梳理可以更清晰地理解。

精神的王国是自由和爱的王国。精神是运动的,它不能是一个没有过程的存在(ens),而在于通过自为的行动将自在的东西实现出来。单纯自在东西只有一种可能性,而单纯自为的东西也仅仅是个别性,只有自在自为的东西才达到了精神的统一,才具有现实性。正如黑格尔说的,"精神在其直接性中还不是真实的,还没有使它的概念成为它的对象性的东西,还没有把在它里面以直接方式存在的东西改造为一个它所建立起来的东西,还没有把精神的现实改组为一个适合于它的概念的现实。精神的整个发展过程无非是它自己本身提高为真理的过程"①。这也就是说,自我意识必须在自身内分裂自身、设定自身,进而扬弃对方向自身返回,才能"从感性的此岸世界之五色缤纷的假象里"以及"从超感官的彼岸世界之空洞的黑夜里"走出来,从而"进入到现在世界的精神的光天化日之下"。②

一、承认:自我意识的内在要求

严格地说,现代性自我是建立在主观意识之上的,之所以说现代性的谋划是失败的,原因在于现代性所追求的自我是一种抽象的自为意识,它忽视了自我意识的存在根基。正如黑格尔所认为的那样,近

---

① [德]黑格尔:《精神哲学》,杨祖陶译,人民出版社 2006 年版,第 8 页。
② [德]黑格尔:《精神现象学》上卷,贺麟、王玖兴译,商务印书馆 1979 年版,第122 页。

代哲学以笛卡尔的"我思"肇始，但"我思"作为"反思"却没有上升到自我意识阶段。因为反思虽然能够超出孤立的规定性，把它与别的规定性联系起来，但这种联系只是一种"孤立有效性"，根本的原因就在于"我思"就是"思"之抽象，它不能把感性、欲望、生命包孕其中，这也是近代哲学的致命之疾。在黑格尔看来，要实现自我意识的真理即"普遍的自我意识"必须上升到辩证法的高度，实现了一种内在的超越（immanente Hinausgehen）。

自我意识之前的意识阶段，意识的真理是在其自身之外的某个东西，即人只意识到外在的物体而没有意识到自身。所以在黑格尔看来，只有到了"自我意识"的阶段才真正进入真理的王国。我们将从自我意识发生学的角度来考察自我意识本身所具有的结构。自我意识的哲学的最大功勋就在于把欲望作为自我意识的基础，正如黑格尔所说："自我意识就是欲望一般。"①所以科耶夫指出，"纯粹认知的和消极的沉思不是自我意识的基础，即真正人的存在（归根结底——哲学的存在）的基础，而是欲望"②。自我意识是意识与欲望的统一。意识与它的对象之间保持着各自的独立性，即使它们之间建立起了某种联系，也只能是外在的、有差别东西的统一。而自我意识则不一样，它是绝对自为的，它的独立性就在于取消或否定它的对象的独立性实存。自我意识对意识的优势就在于它与自身的统一性建立起来了，而建立统一性的中介就是欲望，因为欲望始终是作为"我的"欲望而出现的。

欲望不是别的，就是否定性，就是否定给定的存在。在自我意识看来，在自我之外的存在都是非本质的，它是为自我意识而存在的。否定性就是主体性。不过，要确证主体性，必须通过取消对象的独立性并能够从对象返回到自身，这种向自身的返回使得人的欲望超越于

---

① ［德］黑格尔：《精神现象学》，上卷，贺麟、王玖兴译，商务印书馆 1979 年版，第116—117 页。

② ［法］科耶夫：《黑格尔导读》，姜志辉译，译林出版社 2005 年版，第 196 页。

动物的欲望。人的欲望与动物的欲望有着本质的区别：动物的欲望直接指向外在于自身的"物"，作为消费对象的物与欲望的满足具有直接的同一性，但对象与欲望之间并未能建立起内在的关联，欲望的满足就只在于不断地"消灭"物；而人的欲望却具有人类学的意义，人的欲望所指向的不单是一物，而是另一个欲望，另一个自我。也就是说，自我的欲望与欲望的对象被"他者"所中介，"他者"的存在是自我欲望不可逾越的界限。这另一个自我即"他者"也具有独立性。既然自我意识即是欲望，那么欲望就内在地具有自我意识的内容。由此欲望的对象与欲望的自我之间就不是直接地等同，而是存在着距离，正是这种对欲望对象所保有的距离使得人能够超越生物学意义上的动物性欲望。动物的欲望与自身没有距离，因为动物的欲望直接地就在于消灭给定物而获得一种自我感觉而不是自我意识的满足。"感性上的自我感并不是真正的自我意识，……为了使欲望可能达到真正的自我意识，欲望的对象就必须在其全部的'他物虚无化'之中仍然不停止其存在。"①真正的自我意识必须是"欲望"欲望的对象持续存在而非消亡，否则与动物性欲望无异。这一点，科耶夫在对黑格尔解读时也做了精彩的分析，他说："为了产生自我意识，欲望必须针对一个非自然的客体，针对超越给定现实的某种东西。然而，能超越给定现实的唯一东西是欲望本身。"②也就是说，人的欲望不仅指向空间中实存的对象，人的欲望是欲望本身，即欲望非存在、欲望虚无。若非如此，自我也是"自然的"。用存在主义的话说，人的欲望具有"不是其所是，而是其所非是"的冲动和能力。所以，人的欲望在于创造，虚无不是目的，而是为教化留有余地，没有欲望的虚无化，欲望也无法向自身返回，而只会让欲望沉没于个别性的欲望与欲望满足"延伸至无限的令人厌倦的交

---

① ［德］伽达默尔：《伽达默尔论黑格尔》，张志伟译，光明日报出版社 1992 年版，第83 页。

② ［法］科耶夫：《黑格尔导读》，姜志辉译，译林出版社 2005 年版，第 5 页。

替"之中。当然,欲望不能仅停留在头脑中,它还必须在现实中展开,即实体化。欲望的客观化过程就是生命,在黑格尔看来,那自我意识所设定的否定的异己物返回到自身的存在时就是生命。生命的本质是扬弃一切差别的无限性,"是作为绝对不安息的无限性之自身的静止"①。

可见,作为欲望的生命是"个体性牺牲普遍性来保持它自身,并获得一种与它自身相统一的感情,正由于这样,它取消了它同它的对方的对立,而唯有通过它的对方它才是它自己"②,因为"人的自我必须是一种欲望的自我,也就是一种主动的自我,一种否定的自我,一种改变存在、摧毁给定的存在的同时创造一个新的存在的自我"③。这就指明了人类学意义上的欲望必定超越生物学意义上的欲望,因为人的欲望不仅要通过否定异己物来确证自我,而且还必须使欲望本身获得普遍性的持存,即创造一个新的存在。这种新的存在可以是自我与欲望对象建立了相关性,同样也可以是欲望与另一个欲望建立了相关性。而且后一种关系对人的欲望来说是更符合"人性的",因为这种"人性的"欲望其实就是希望得到一种价值、一种意义,也即对获得"他者""承认"的欲望。所以,人的欲望、生命必然上升到"类"生命的高度,必然把另一个自我呈现在自我面前。"为了成为人类发生的欲望,欲望必须针对一个非存在,即针对另一个欲望,针对另一个贪婪的空虚,针对另一个自我。"④

因此,自我意识不再是抽象"我=我"的反思,而是在与另一个自我意识的关系中获得实存的真理性。黑格尔深刻地揭示了这种自我

---

① ［德］黑格尔:《精神现象学》,上卷,贺麟、王玖兴译,商务印书馆1979年版,第117页。
② ［德］黑格尔:《精神现象学》,上卷,贺麟、王玖兴译,商务印书馆,1979年版,第119页。
③ ［法］科耶夫:《黑格尔导读》,姜志辉译,译林出版社2005年版,第196页。
④ ［法］科耶夫:《黑格尔导读》,姜志辉译,译林出版社2005年版,第198页。

意识的结构必须是"一个自我意识对一个自我意识","自我意识只有在一个别的自我意识里才获得它的满足"。① 真正的自我意识自身具有独立性,又具有依存性,是自身独立和依存于他方的辩证统一。真正的主体只能出现和存在于真正的人与自然、他人和社会的关系之中。主体本身就是一个关系范畴,没有离开客体而存在的主体。在辩证法的视野中,主客矛盾双方是相互依存、互为存在的前提,并共处于统一体中。矛盾双方中一方的取消意味着另一方不再能够继续维持存在。"主体必然是这样一个存在,他融入了他的他者(他的实体)并且通过他的他者而'返回自身',就是说,他在他者身上逐渐达到自我意识。因此,要想达到作为精神存在的自我一致性在本体论上是不可能的;或者说,它的实现只能是主体的废除。换言之,主体不仅是'自我意识';他而且必然地具有'意识'结构,必定具有主体和独立客体之间的两极。"②"自我"的主体性必须在"他我"中实现,因为只有凭借并栖身"他我","自我"才能对象化自身,才能得到恰当地描述。"我是谁"绝不可能依赖于内心的自我独白得以建构起来,而是必须通过与他者的对话理解自我并定义自我的同一性。毫无疑问,近代以来的主体哲学都是片面地强调自我意识而否定存在着的意识结构,也就是割裂了自我意识与意识本身的内在关系,这样的结果只能导致"主体的废除"。因为这样一来,一方面,单纯的"自我意识"并未投身于存在,并不能获得自身的持存,而毋宁是自我的消耗;另一方面,单纯的"自我意识"面对的是绝对的"虚无","自我意识"并没有"意识"到"他者"的存在。泰勒正是通过对具有"希腊基质"的黑格尔哲学(伽达默尔语)的探究揭示了现代主体观的困境。

所以欲望不仅关乎自身,还必须走出自身,具有"他者"和历史的

---

① [德]黑格尔:《精神现象学》,上卷,贺麟、王玖兴译,商务印书馆 1979 年版,第 121 页。

② [加]泰勒:《黑格尔》,张国清、朱进东译,译林出版社 2002 年版,第 229 页。

向度,从而与自我取得距离。"对于自我意识来说,他物的持续存在具有本质上的重要意义。它自己的自我意识依赖于他物,不过这里的依赖性与欲望对欲望对象的依赖有所不同——欲望的对象乃是一个简单地被取消的对象。在这里,自我意识在一种更为精神性的意义上依赖于自我的他物。"①实现这一根本颠倒的原因在于自我意识的双重性:"第一,它必须进行扬弃那另外一个独立的存在,以确立和确信它自己的存在;第二,由此它便进而扬弃它自己本身,因为这个对方就是它本身。"②所以,自我意识走出了自身,意识到在自我之外也有一个独立自在自为的存在,为了获得自身存在的确定性,它必须扬弃对方,但它所扬弃的不只是对方,同时也是自我本身,因为对方不是别人,就是自我。通过扬弃他者与扬弃自我的双向过程,自我意识才第一次成为它自己和它的对方的统一,进入"精神的光天化日"下。

　　"人的欲望,更确切地说,人类发生的欲望,构成了一个意识到他的个体性、他的自由、他的历史,以及最后,他的历史性的自由的和历史的个体。"③人的欲望不只是满足于自我感觉,还必须通过另一个人的欲望"被间接化",也就是说,"人的每一个欲望,人类发生的、源于自我意识和人的实在性的欲望,最终和'承认'的欲望紧密地联系在一起"④。因为自我意识的双重性结构就意味着只有在对方是自为存在的前提下,它才有自为存在。所以,如果只确信自我一方的自为存在而否认对方也是一自为存在,那么这种确信就是抽象的和片面的,自我意识的确信只有在相互承认的条件下才是可能的,正如黑格尔所说的,"既然自由在于我和他人的同一性,所以我只有在他人也是自由的

---

　　①　[德]伽达默尔:《伽达默尔论黑格尔》,张志伟译,光明日报出版社1992年版,第87页。

　　②　[德]黑格尔:《精神现象学》,上卷,贺麟、王玖兴译,商务印书馆1979年版,第123页。

　　③　[法]科耶夫:《黑格尔导读》,姜志辉译,译林出版社2005年版,第6页。

　　④　[法]科耶夫:《黑格尔导读》,姜志辉译,译林出版社2005年版,第8页。

并被我承认是自由的时候，才是真正自由的"①。这实际上涉及黑格尔关于人的概念的理解。在黑格尔看来，人是一社会性的存在，个体只有在人与人的"关系"也即相互承认的关系中才有符合人的概念。真正的人是得到"他者"的承认并"承认"他者的人。这就说明"自我"与"他者"之间的"统一"才是一个符合理性或精神的概念。正如薛华先生所分析的，按照黑格尔的理解，"人与人的关系是建立在相互差别、矛盾和运动之中的，但同时并非任何人与人之间的差别、矛盾和对立都合乎人与人关系的'概念'或本质，反之只有那种与人的统一性紧密关联，或者至少与之相容的矛盾和对立，才是人与人关系的本质所具有的那种两重性关系"②。近代以来西方的主体实际上是一"认识论主体"，它制造了"自我"与"非我"的对立并认"自我"为第一性的。这是典型的知性思维。知性思维把事物一分为二，将二分固定下来并绝对化，如主体与客观、信仰与理性、自由与必然，等等。知性思维只知对立的一面，殊不知对立只有在统一的基础上才能区分。难怪黑格尔把孤立的自我意识称为"不幸的"，他要通过思辨哲学重建分离事物的统一性，从统一性中来考察事物的独立性。自我意识的真理，是在自我与他人的互动关系特别是相互承认中生成的。

二、自我意识的真理："普遍的自我意识"

从上我们知道，"承认"乃是自我意识本然意义的结构，这就证明，单纯要求获得他者"承认"而不承认"他者"的自我意识是无法真正实现超越的，它是片面的自我意识。正如黑格尔所指出的，自我意识成为"普遍的自我意识"才能实现其存在的真理。黑格尔是通过对主奴生死斗争的形象描述把自我意识的真理性——即"普遍的自我意识"

---

① ［德］黑格尔：《精神哲学》，杨祖陶译，人民出版社 2006 年版，第 227 页。
② 薛华：《黑格尔、哈贝马斯与自由意识》，中国法制出版社 2008 年版，第 207 页。

呈现出来的。自由首先是通过对自然性的拒斥而显现出来的,谁沉湎
于自然性,谁就不可能获得自由,因为它是受自然性规律约束和限制
的。也就是说,它所遵循的乃是自然律,而不是自由律。自由是指能
够按照自己的意志、理性独自决定自我的行动。只有这种彻底地与自
然决绝的态度即通过置生命于不顾地追求另一个人承认的欲望才能
达到证实自我不是别的,而是纯粹的自为存在。因此,在每一个人看
来,另一个人不能作为一个自为的存在,而是一非本质的、有待否定的
"物"。所以,每一方都想要消灭对方,置对方于死地。"两个自我意识
的关系就具有这样的特点,即它们自己和彼此间都通过生死的斗争来
证明它们的存在。"因为它们要把自为存在的确信提高到客观真理的
地位,只有通过一场生死较量。"自我意识的本质不是一般的存在,不
是象最初出现那样的直接的形式,不是沉陷在广泛的生命之中,反之
自我意识毋宁只是一个纯粹的自为存在,对于它没有什么东西不是行
将消逝的环节。"①在黑格尔看来,人能够从动物界超越出来,就在于
人有无限否定性的自由和"死亡的能力"。所谓"死亡的能力",人所特
有的能力,死亡并不是自然意义上的"安然"死亡或为了争夺确定的欲
望对象而丧生,而是一种有意识、自觉地去为了实现一种观念或理想
而放弃生命,"不自由,毋宁死"是也。在黑格尔看来,"生命是意识之
自然的肯定,有独立性而没有绝对的否定性",而"死亡就是意识之自
然的否定,有否定性而没有独立性"。② 在绝对的否定性中确证自为
存在。

　　但是,单纯地对"死亡"的无畏只能是理念上的自由,它只有"否定
性"而没有"独立性",是绝对的无而未进入实存。也就是说,它还没有

---

　　① 〔德〕黑格尔:《精神现象学》,上卷,贺麟、王玖兴译,商务印书馆 1979 年版,第
126 页。

　　② 〔德〕黑格尔:《精神现象学》,上卷,贺麟、王玖兴译,商务印书馆 1979 年版,第
126 页。

转化为现实的自由,现实的自由还必须在劳动中才可能实现,即现实的自由是"否定性"与"独立性"的辩证统一。所以,普遍的自我意识是通过"奴隶的劳动"实现的。"奴隶的劳动"包含了主观条件和客观条件两方面,单纯主观条件或单纯客观条件都是无法造就普遍的自我意识的。为什么应该是"奴隶的""劳动"呢?因为"奴隶的"这一形容词限定了劳动不是单纯地为了自我消费,单纯为了满足欲望的"劳动"并不是本意上的劳动,它没有标示出超越于动物性欲望的差异性,只有当劳动不是单纯地为了满足自我的欲望时,才是一种自由的活动。恰如科耶夫所说的,"只有当服务和劳动是在源于死亡意识的焦虑中进行的,它们才是自由的创造性的。最终说来,死亡使人获得人性,并构成人性的最后基础"①。正是由于恐惧,奴隶才作出了改变,他不能作为单纯的自为意识而存在,而是要压抑那"十足的自我感",他意识到他是为另一个自为意识而存在的,这对于教化而言是非常重要的。在教化论看来,单纯的自为存在乃是自为封闭的唯我论,它只是自我本真性的幻觉。

正如黑格尔说的,"奴隶则在对主人的服役中耗空了自己的个人意志和固执任性,取消了欲望的内在直接性,并在这种放弃和对主人的敬畏中开始了智慧,——即向普遍的自我意识的过渡"②。也就是说,在对死亡和绝对主人恐惧的威慑下,奴隶不只是看到自我的欲望,还直观他者的欲望并(不得不)把他人的欲望包含于自身之内。所以,奴隶的欲望得到了拓宽,为普遍性的自我意识准备了条件。"目中无人"且无所畏惧的人,我们会说他缺乏教养,因为他不能容忍或接纳他人的自为意识,他只顾把其自身的自为意识展现得淋漓尽致。真正说来,没有对自为意识的改变和提升,就不是真正意义上的自由意识。

---

① [法]科耶夫:《黑格尔导读》,姜志辉译,译林出版社 2005 年版,第 681 页。
② [德]黑格尔:《精神哲学》,杨祖陶译,人民出版社 2006 年版,第 232 页。

所以黑格尔说,"对奴隶的利己主义的这种制服构成人类自由的真正开始。意志个别性的震动,对利己主义的无价值的感觉,对服从的习惯,——这是每个人的教养中的一个必要环节。不经受过这种冲决固执任性的训练,没有人会成为自由的、有理性的和有能力命令的"①。可见,正是对单纯自为意识的抑制才是自我实现普遍性的必然之途,因为对另一个自我意识即"他者"的承认必然要求自我放弃任性,而成为一个普遍性的精神存在。

奴隶在死亡的恐惧中虽然也能意识到潜在的自为存在,但自为存在的现实却是在劳动中。"在主人面前,奴隶感觉到自为存在只是外在的东西或者与自己不相干的东西;在恐惧中他感觉到自为存在只是潜在的;在陶冶事物的劳动中则自为存在成为他自己固有的了,他并且开始意识到他本身是自在自为地存在着的。"②劳动必定要给对象赋予形式,这种形式是一种纯粹自为的存在,而通过劳动,这种自为存在就嵌入了劳动对象从而获得了持久性的存在。也就是说,奴隶的自为意识在劳动中外在化自己,进入持存的状态。劳动,正是奴隶的劳动创造了历史。劳动不仅改造了外在自然(物),更重要的是改造了人的内在自然(欲望、情感)。不过,我们首先必须知道什么是本义上的劳动,或者称为"人"的劳动。不是所有的劳作都能称为本真的劳动(Arbeit),"劳动只有在压抑本能或劳动者的'直接利益'的情况下进行时,才是历史的、社会的、人的"③。也就是说,劳动只有在压抑自我的直接本能而为了满足另一个人时,才是赋有人性的、具有文明意义的。如果劳动只是为了满足自我的欲望,即直接消费劳动成果,那么他就没有从自我的欲望中超越出来,而只是沉浸在自然性的满足中,

---

①　[德]黑格尔:《精神哲学》,杨祖陶译,人民出版社 2006 年版,第 232 页。

②　[德]黑格尔:《精神现象学》,上卷,贺麟、王玖兴译,商务印书馆 1979 年版,第 131 页。

③　[法]科耶夫:《黑格尔导读》,姜志辉译,译林出版社 2005 年版,第 27 页。

与动物无异。因此黑格尔把劳动看成是社会性的,他只有在为另一个人劳动时,劳动在社会历史中的价值才展现出来。① 也就是说,劳动成果对于劳动者具有独立性而不是被直接消费掉时,劳动才是有历史意义的。"奴隶在为主人服务的劳动中,实现和完善他的人性。但是,只有当这种受奴役和服侍人的劳动源于死亡的焦虑,并伴随着用劳动提供服务的人的本质有限性的意识,劳动才具有一种人类发生的作用。"②

劳动又是如何实现和完善人自身的呢? 一方面,在劳动对象面前,奴隶是有他特有的否定性和自为存在的,他能够赋予劳动对象以形式,并且在劳动中获得了自由的现实性。奴隶据以陶冶事物的形式并不是一个外在的东西,而是他自身,"因为这形式正是他的纯粹的自为存在,不过这个自为存在在陶冶事物的过程中才得到了实现"③。因此在劳动中,奴隶克服了前一个环节:恐惧。更重要的是,奴隶不再是根据一种自我的直接需要来改造物,而是上升到普遍性的层次,因为形式本身是普遍性的。另一方面,奴隶不是为自己的欲望而劳动,所以奴隶在劳动中限制或克服了自身的欲望,使欲望得到了延迟。

总之,自我意识的真理乃是在获取"自我感"的同时承认另一个自我意识,这一"承认"也就扬弃了个人主观的任性和欲望的直接性,适应"他者"的任性,从而为把单纯自为的自我意识提升到普遍性的自我意识指明了出路,因为"普遍的自我意识是在别的自身中对自己本身

---

① 这就是为什么黑格尔讨论的是奴隶的劳动而不是普遍的劳动,因为只有奴隶的劳动才把为另一个人(主人、他者)劳动的性质表达出来,这是我们必须领会的地方。虽然奴隶实质上是为自己的解放而劳动的(奴隶自身并没有意识到),却必须经由为主人而劳动这一中介。奴隶的劳动本身就把通往普遍的自我意识的主客观两方面条件都包含进去了。

② [法]科耶夫:《黑格尔导读》,姜志辉译,译林出版社 2005 年版,第 681 页。

③ [德]黑格尔:《精神现象学》,上卷,贺麟、王玖兴译,商务印书馆 1979 年版,第 131 页。

的肯定的知,其中每一个作为自由的个别性都有绝对的独立性,……因为它知道在自由的别人中被承认,而他知道这点,因为他承认别的自我意识并知道它是自由的"①。黑格尔在此揭示了"知"的存在论维度。"自知"不是建立在抽象的反思上的,而是建立在另一个对象中认出自己的存在之知。存在之知不再把自我意识与意识抽象地对立起来,而是把它们纳入精神的一环,两者都有其合理性的方面。片面地强调抽象的自我意识就不能获得持存和普遍性,而抽象地停留在意识阶段又无法实现超越性和创造性,精神的真理应该是自我意识与意识的统一。这也表明主体性的真理不仅是自为存在,更是自为存在与自在存在的辩证统一,片面地强调自为存在就必然陷入主观性而无法实现真实的主体性,毋宁是主体性的自我取消,这是一条存在的绝路。而现代性的主体性恰恰是片面地强调自我意识而没有注意到意识本身的结构,进而把个别的自我意识教化成"普遍的自我意识",因此"主体性的黄昏"乃现代性所无法逃遁的命运。

三、精神:"伦理性统一"建构的逻辑基石

正如我们在前面所论述的,现代性的道德哲学是建立在理性(严格地说是知性)上的,理性要求以一种"不偏不倚"的普遍性对行为者提出道德要求,而且,这种理性的普遍性被视作在特殊性之外、之上的。个体的感觉、欲望等属于特殊性的东西则只能是理性的奴隶。教化论认为,道德哲学应该是奠基在"精神"之上的,精神既包含理性的普遍性,也把感性等特殊性的东西作为意志的对象纳入自身的环节,所以精神高于理性。正如别尔嘉耶夫所说,并非在灵魂和肉体之外还有一个精神本质,而是意味着"人有灵魂和肉体可以进入另外一种,更高的精神生存秩序,人可以从自然的秩序过渡到爱自由的秩序,过渡

①　[德]黑格尔:《精神哲学》,杨祖陶译,人民出版社 2006 年版,第 233—234 页。

到意义的王国,从纷争和敌对的秩序过渡到爱与结合的秩序"①。作为知性的理性只是制造分离的个体,当知性成为思维的出发点和最高原则时,由知性所造成的"道术为天下裂"的局面无法从根本上得到克服,至多只能通过外在的必然性以建立事物之间的联系。精神的思维却是强调统一为出发点和最高原则,它不是简单地否定事物的对立,而是从爱与结合也即原始统一性出发来思考对立着的事物。

而且,精神是理性进一步发展且客观化而成的,精神是理性的真理性,是具体的理性。只有"理性已意识到它的自身即是世界、它的世界即是它的自身时,理性就成了精神"②。精神不仅自在的是"实体",而且自为的是"主体",或者说,实体与主体也只有在"精神"层面上才是统一的。"精神是这样的绝对的实体,它在它的对立面之充分的自由和独立中,亦即在互相差异、各个独立存在的自我意识中,作为它们的统一而存在:我就是我们,而我们就是我。"在此,作为精神的统一性不仅是自在的,而且是经过理性的洗礼而达到自在自为的。若不然,实体也只能作为主体的对立面从而是死亡的,"而活的实体,只当它是建立自身的运动时,或者说,只当它是自身转化与其自己之间的中介时,它才真正是个现实的存在,或者换个说法也一样,它这个存在才真正是主体"③。别尔嘉耶夫也指出,对于精神的认识,"不是在普遍原则基础上通过概念对客体的认识,它是向生存的渗透,向具体现实的渗透,它是对存在的共同参与,是对生命的照耀"④。可以说,在精神中,自我与实体、意识与现实实现了统一。但在理性中的自我意识中,

---

① 〔俄〕别尔嘉耶夫:《精神与实在》,张源等译,中国城市出版社 2002 年版,第6页。
② 〔德〕黑格尔:《精神现象学》下卷,贺麟、王玖兴译,商务印书馆 1979 年版,第1页。
③ 〔德〕黑格尔:《精神现象学》上卷,贺麟、王玖兴译,商务印书馆 1979 年版,第11页。
④ 〔俄〕别尔嘉耶夫:《精神与实在》,张源等译,中国城市出版社 2002 年版,第12页。

实体与个体是处于截然对立的,或者说根本就没有什么实体的存在,要有的话也是由许多单个主体的机械结合。因此,在理性的"原子式的"个体中,我至多能直观到"人人为我,我为人人"。我与他者之间没有精神的交融,我与他者的关系的建立也是基于偶然的利益纠葛。

"理性"更多的是强调外在地"分离""异化""对立"。在理性那里,现象与本体、理论理性与实践理性、情感与理性是二分的,这种二分的结构具有现代性的特征。现代性所表征的理性的客观性与普遍性不是寄寓于传统或身外的宇宙秩序,而是建基于它的出发点即"自我"之上。理性的功能就是对自然的"祛魅"。"自然由此不再被看做人必须与之相关才能得到自我规定的某个神圣秩序或精神秩序的具体化,并且自然逐渐地被看作有待于人的意志去给予塑造的原始质料。"①自然的神圣秩序向自由的人性秩序也体现在康德的批判哲学中,说"人为自然立法""人为道德立法",其实就是说人的理性为自然、道德立法。相反,在"精神"中则强调"统一""和解""扬弃",虽然在精神内部环节中也存在着异化、对立(没有自身内部的分裂,精神就是"死的"),但对立不是目的,而是最终将被扬弃的东西。"一方面,精神和灵魂一样是一个整体,但不是灵魂那样的'单纯直接性的整体',而是一个内部有了主体和客体的区别和对立的整体。另一方面精神和意识一样是一种知,但不是意识那样的对外在独立对象的知,而是对它自身作为有了主客之分的总体的知。"②可见,精神不是纯粹自在的灵魂,而是运动中,亦即在自身之中分裂、异化再重建统一性;精神也不是纯粹自为的意识,取消客体的定在,而是原始的统一性中克服意识的抽象性。

从精神的角度看,实体与主体(自我)是互相渗透并相互成就的。

---

① 　[加]泰勒:《黑格尔》,张国清、朱进东译,译林出版社 2002 年版,第 88 页。这里所谓的理性对自然的"祛魅",既包括身外的自然,也包括身内的自然,即理性对感性、欲望、心灵等不确定性的因素的祛除,使之符合理性、确定性、普遍性的要求。

② 　[德]黑格尔:《精神哲学》,杨祖陶译,人民出版社 2006 年版,译者导言第 32 页。

伦理性的实体是个体生活和意义生成的场域,实体通过克服主体的主观性和内在性,把主体的特殊性提升到具体的普遍性以实现个体的道德价值;主体的自我意识对实体的价值省察使之从非反思的认同中拯救出来,以实现实体的自由秩序。个体的自由并不是独立于或脱离于伦理实体,而是浸润在实体当中并通过个性化的方式表现出来。对于个体而言,伦理实体是先在的,它塑造了个体将以怎样的方式展开其生存,个体的自由必须以实体为它的目的、它的精神和习惯。"只有在这个精神中欲求、行动、生活和享受,使得这个精神成为它的天性,亦即第二个精神的天性,那主体才能以有实体性的风俗习惯作为天性的方式而存在。"①关于精神的这种特性,约翰·西布利在 1857 年为黑格尔《历史哲学》写的"英译者序言"中关于"精神"(Geist)的解释指出,"它在黑格尔术语中,是包括'智力'和'意志'二者而言,后者的意义更较前者来得明显。事实上,它包含着人类整个心灵和道德的存在,我们只要略一思索,就可以明白,在我们的玄学词汇中,最好把它译为较近神学的'精神'这个字"②。可见,精神不是横空出世的个人在冥思苦想中构建的,而是内含着人类整个心灵和道德的存在,也即是说,作为"类意识"的精神概念,是在历史、文化、语言、民族、宗教、制度等教化下所形成的普遍的自我意识,是自我意识的真理。

实体是自在自为存在着的精神本质,而精神则是"既认识到自身即是一个现实的意识同时又是将其自身呈现于自己之前[意识到了其自身]的那种自在而又自为地存在着的本质"③。因此,作为伦理现实的精神是"一切个人的行动的不可动摇和不可消除的根据地和出发

---

① [德]黑格尔:《哲学史讲演录》第二卷,贺麟、王太庆译,商务印书馆 1960 年版,第 250 页。

② [德]黑格尔:《历史哲学》,王造时译,上海书店出版社 2006 年版,英译者序言第 1 页。

③ [德]黑格尔:《精神现象学》下卷,贺麟、王玖兴译,商务印书馆 1979 年版,第 2 页。

点"。伦理实体与自我(主体)具有内在的同一性,"客观现实世界对自我而言已完全丧失其为有异于自我的一种外来物的意义,同样,自我对客观现实世界而言也已完全丧失其为脱离了世界的一种独立或非独立的自为存在的意义"①。自我在伦理实体中安若居家,且并未丧失其主体性。实践理智则是以无限的和无条件的事物为对象,它是对自在之物的思维,所以它是通过超越于有限的经验而达至无限。黑格尔就认为,康德的理性仅停留于无限对有限的否定性自由中,并把理性的无条件性归结为纯粹抽象的、排斥任何区别的自我同一性。这样的结果是,无限把自身降低为有限之物。精神作为对实体的自我意识也应是无限的,但它并不仅仅纯粹否定有限,而在其中包括有限并扬弃有限于自身之内。"精神作为精神并不是有限的,它在自身内有有限性,只不过是作为一种必须被扬弃的和已被扬弃了的有限性而已。……有限东西是一种与自己的概念不相符合的实在性。"②可见,精神的超越不是凭借意志的抽象反思实现的,恰恰是在现实的伦理共同体中历史性地实现,伦理共同体对个体而言有着现实的规范力量。

理性是一种否定性的自由或抽象的自由,它只希求"希求"本身,而不是希求某一确定的物,所以它永远也不会满足于现实或实现。因为现实或实现对无限的否定性来说总是有限制的或有瑕疵的,一旦固滞在现实世界中,否定的自由本身就取消了。所以,理性所希求的东西在彼岸,它是一种纯粹的自我反思。但在黑格尔看来,理性的这种抽象的自由并不能算作一种意志,因为意志之为意志,就得一般地限制自己。所以,在理性中,思维与意志的分裂是必然的。只有在精神中,思维与意志才是统一的,"精神首先是理智;理智在从感情经过表象以达于思维这一发展中所经历的种种规定,就是它作为意志而产生

---

① ［德］黑格尔:《精神现象学》下卷,贺麟、王玖兴译,商务印书馆 1979 年版,第 2 页。

② ［德］黑格尔:《精神哲学》,杨祖陶译,人民出版社 2006 年版,第 31 页。

自己的途径,而这种意志作为一般的实践精神是最靠近于理智的真理"①。精神借助于思维,把自然提升到普遍性的层次,并且把普遍物通过意志的特殊化而实现出来。意志通过思维的规定而成为真实的自由,思维通过意志的行动而成为自由的定在。所以,思维与意志不可分,它们不是两种官能的区别,而只是理论态度和实践态度的区别。"意志不过是特殊的思维方式,即把自己转变为定在的那种思维,作为达到定在的冲动的那种思维。"②作为意志的定在一定是有限性的,但这种有限性不是一种缺陷,毋宁是教化何以可能的现实起点。

精神超越于理性的地方还在于它把欲望、冲动也纳入自身的对象和目的。在理性看来,理性与欲望是对立的,只有在抑制欲望的过程中才能突显其自身的力量与自由,斯多亚派、康德即为此代表。精神则把两者包容于自身,以限制理性单纯反省的空洞性。黑格尔在《精神现象学》第四章中就谈到"自我意识就是欲望一般"。在他看来,自我意识的基础不是纯粹思维着的、消极的行为,而是更积极的、具有"否定性特征"的欲望,只有通过欲望才能双重化自身并扬弃对立建立自身的统一性,才能认识到自我意识的本质。与理性固滞于彼岸世界不同,精神的本性乃是通过自身的运动而实现自身于现实世界,而这种实现正是借助于欲望。正如科耶夫所说:"如果真正的绝对的哲学不是如康德和后康德的哲学,一种意识的哲学,而是一种自我意识的哲学,一种意识到自我,理解自己,解释自己,知道自己是绝对的和向自己显现为绝对的哲学,那么在其存在的本质中,哲学家或人不仅仅是消极的或积极的沉思,而且也应该是主动的和否定的欲望。"③可见,"欲望"具有人类学的意义,没有欲望的人是没有生命力的人,具有欲望的精神则是主动的,必会表现其自身于外而获得实存。只有借助

---

① [德]黑格尔:《法哲学原理》,范扬、张企泰译,商务印书馆 1961 年版,第 11 页。

② [德]黑格尔:《法哲学原理》,范扬、张企泰译,商务印书馆 1961 年版,第 12 页。

③ [法]科耶夫:《黑格尔导读》,姜志辉译,译林出版社 2005 年版,第 196 页。

于欲望,使存在成为虚无并创造新的存在,从而在否定并改造给定物的同时改造了自身,最终实现伦理的统一性。

在《法哲学原理》中,黑格尔则强调"需要""冲动","需要""冲动"本身是自然的,但"需要的体系"与"冲动的合理体系"却是需要借助于自我意识的中介才能完成的。因此,"精神不只是直接的素朴的,它本质上包含有曲折的中介的阶段"①。所以,精神所展示的和谐并不是自然的成就,而是经历精神教养的努力的收获。"精神不是一个静止的东西,而宁可是绝对不静止的东西、纯粹的活动、一切不变的知性规定的否定或观念性;不是抽象单纯的,而是在其单纯性中自己与自己本身相区别的活动;不是一个在其显现以前就已完成了的、躲藏在重重现象之后的本质,而是只有通过其必然自我显示的种种确定的形态才是真正现实的,而且不是(如理性心理学臆想的那样)一个只与身体处于外在联系中的灵魂物,而是由于概念的统一性而与身体内在地联结在一起的。"②精神不是高悬的精神实体,而是必显诸情且落实在共同体的人伦物则中。通过精神的教化,个体性、特殊性的东西并不是必须予以抛弃的东西,而是保持了下来,只不过是以一种普遍性的形式得以保存。也正是因为有特殊性的东西才使精神的普遍性不致成为静止的东西而丧失其现实性,精神是具体的,是个性的,它在个性的生存中呈现自身。因此,黑格尔指出,精神的本性是这样的,"它必然进入自己与自己本身区分开、设定自己的他物的过程,而且只有通过这个他物和对这个他物的保存性的扬弃,而不是通过对这个他物的离弃,才达到它自身"③。精神就是通过自身内的区分从而向自身返回,这样一种过程就使得精神符合其概念的现实。

因此,从教化论的观点来看,精神的东西不是理智建构或论证的

---

① [德]黑格尔:《小逻辑》,贺麟译,商务印书馆 1980 年版,第 90 页。
② [德]黑格尔:《精神哲学》,杨祖陶译,人民出版社 2006 年版,第 4 页。
③ [德]黑格尔:《精神哲学》,杨祖陶译,人民出版社 2006 年版,第 16 页。

产物,而是"人的完整智慧",它根植于人类的现实生存并可直接感受到。所以别尔嘉耶夫说不可用理性的方式给精神下定义,我们只能描述精神的标志,"可以说,自由、意义、创造的积极性、完整性、爱、价值、对最高神圣世界的转向以及与它的结合——都是精神的标志"①。这确实富有洞见。在伦理精神的浸润下,个体的灵魂得到了普遍性的教化,我不是作为一个抽象、孤立的个体,而是成为实体中的一员,同时自我也没有丧失其独立性,而是表现为一个普遍的个体,我所表现于外的行动,将始终带有普遍性精神的痕迹。从精神的视角来看,伦理规范、义务不再是对自我的限制,而毋宁是解放,因为规范或义务所限制的只是赤裸裸的自然冲动的依附状态,那只是一种任性而非真实的自由。故而对规范或义务的践履,实际上是我们的意志自觉对普遍合理性的追求,是人的本质力量的体现或向自我伦理本性的回归。这才是真正的自由。

第三节　伦理、教化与自由

在教化论看来,伦理德性是人在共同体的生活中形成的具有稳定性的内在品质,它关乎着人的整全性存在并表现为具体的普遍性。伦理德性不可能单纯依靠"思维的革命"主观建构,纯粹理性所建构的道德世界观只能是纯形式的,无法告知人们在复杂的道德生活中如何道德地行动。德性的涵泳离不开伦理生活,它是在伦理生活中获得教化的,所谓"习与性成"是也。正如伽达默尔睿智地说道:"良知的警戒性依赖于秩序的实体。人们总是已经存在于这样的实体中。道德理性

①　[俄]别尔嘉耶夫:《精神与实在》,张源等译,中国城市出版社 2002 年版,第33 页。

的自律所以具有理智的自我规定的特征,但这并不排除所有人的行为和决断具有经验性条件。"①"经验性条件"不是实现自律的障碍而有待祛除的东西,反而是限制良知走向封闭、抽象的决定性因素,所成就的恰恰是具体的自由,丰富人作为道德性的存在。

一、伦理德性与习惯

德性不是在抽象的理性普遍性下作"非人的"自我提升,那不是伦理教化。教化之"化"是个体在遵循伦常礼俗中以一种不知不觉、潜移默化的方式影响着个体的整个心灵,敦厚其德性,使德性结构化为人的内在品质。这种稳定的品质和道德情操在行为选择时既能够表现出普遍性的特质,又能做出合宜的选择。当然,道德情操的培养并非一日一时之功,因为它不仅是道德思维的革命性变革,还要融合并发展个体的道德情感能力。个体道德情感的敏感性乃教化的结果,没有长期的教化及其习惯养成,这种敏感性是无法获得的。道德敏感性乃是德性占有人的表现,有了这种敏感性,在遇到类似情况时能够当机立断作出合宜的具体行动,它是不需要进行反思之后再进行决断的。古代教化论就是在日常生活的习惯中塑造人的心灵的。荀子的理论落脚点就是"习俗移志,安久移质"(《荀子·儒效》),也就是通过不断的学习、在伦理生活中的实践而形成某种习惯,从而获得善的普遍性情感、欲望品质和行为倾向。吕坤也说:"化民成俗之道,除却身教再无巧术,除却久道再无顿法。"(《呻吟语·治道》)

把德性看作由习惯而养成其实具有非常重要的意义,这实质上是把行为与行为者的品质相联系,而不是把行为看作一个一个相互隔离、与行为者的内在品性无关的。德洛里奥在总结阿奎那关于习惯对

---

① [德]伽达默尔:《论一门哲学伦理学的可能性》,邓安庆译,《世界哲学》2007年第3期。

于美德的意义时,就把美德归纳为:(1)一种持久的性格特征,即整个个人的一种稳定的性格或习惯;(2)使一个人采取一致的良好行动,即现成地、便利地和快乐地行动;(3)朝向人类善的实现这一目的;(4)贯穿整个一生的时间。在道德选择及评价中,把行为与行为者的品性割裂开来是不恰当的,正如阿奎那所说,"行动是完整的实体所采取的,而不是某些部分、形式或能力,因为说一只手打人是不恰当的,我们只能说一个人用他的手打人"①。"完整的实体"在此即指人的品质,人所表现出的具有持久、稳定特质的习惯性行为必须关乎着行为者的德性品质。正如黑格尔所说:"习惯有理由被称为第二自然,称为自然,因为习惯是灵魂的一种直接的存在,称为第二自然,因为它是一种由灵魂建立起来的直接性,是对于应属感觉规定本身和作为形体化了的表象规定和意志规定的那个形体性的一种塑造和精制。"②由此可见,习惯既成于自然,又超于自然。说习惯成于自然,就是说习惯不违人情,而且还指表现为行动时的自然而然和直接性,没有半点勉强之意;说习惯超于自然,乃是说习惯形成之初也是有着理性的反思的,它是"由灵魂建立起来的直接性"。"人在习惯中不是与偶然的、个别的感受、欲望、表象发生关系,而是与它自己建立起来的、为自己所有的普遍方式发生关系,因而显得是自由的。所以习惯使人自由应该是习惯的本质的方面。"③

---

① 转引[美]德洛里奥:《道德自我性的基础》,刘玮译,中国社会科学出版社 2008 年版,第 131 页。

② [德]黑格尔:《精神哲学》,杨祖陶译,人民出版社 2006 年版,第 188—189 页。

③ [德]黑格尔:《精神哲学》,杨祖陶译,人民出版社 2006 年版,译者导言第 27 页。古语讲"初念是圣人,转念是禽兽"就有点这意思。圣人德性的流露是自然而然不需要反思的,因为他已经将德行结构化为德性,所谓"从心所欲而不逾矩"是也,所以依其本性和习惯就能做到合乎仁义之则。而"转念"则是有所反思的,说明其德性并没有充盈周身,需要借助于反思才能做到恰当。因此,"转念"实际上是把行为与行为者、行为整个割裂开来了,而"初念"或习惯实际上把表现于外的行为归为行为主体实现的一种方式。其中显然显示出德性修养或境界的高下。

由此可知,习惯是与人的整个精神世界联系在一起的,它实际上并非盲目的或缺乏反思的,而是理性思维与感性直觉的统一。习惯也不是自然生成的,而是由教化而生成的一种获得性的(acquired)品质。没有这种获得性的品质,我们的行为就缺乏自我的统一性、行动的敏感性以及采取正确行动所获得的满足感或自我实现感。这样,习惯就塑造了自我,使自我朝向人类善的完满的行动同时也是自我最自然、最能带来愉悦感的行动。从某种意义上可以说,习惯实际上标示着我们的道德本真状态或道德境界。"没有习惯所提供的对自我的进一步限定,人类就可能以一种与其自身的完善相反的方式行动。习惯在完善灵魂能力的同时完善了我们的行动。而这些行动反过来决定了我们是谁。"①正是习惯性的思维或行动更直观地反映我是怎样的一个人,昭示我的人格或善恶价值观。

然而,把德性建立在习惯之上却遭到了现代道德哲学的质疑,因为在现代道德哲学看来,德性所评价的对象不再是行为者整体,而是具体单个的行为。在他们看来,自我统一性如果不是形而上学的假定,至少也是可疑的。重要的不是行为合宜、情感适度,因为这与行为评价标准的确定性和普遍性相去甚远。而且,由习惯而作的行为是不是道德的也是可疑的,因为在康德看来,道德是为义务而义务的行动,它是要把一切的感性、爱好等经验性的东西排除在实践规律之外,否则要毁掉道德的纯洁性。习惯自然包含着经验的、情感的要素,由此康德认为,德性不能被解释和评价为长期的、通过练习获得的道德上良好的行动的习惯。"因为如果这种习惯不是那种深思熟虑的、牢固的、一再提纯的原理的一种结果,那么,它就像出自技术实践理性的任何其他机械作用一样,既不曾对任何情况都作好准备,在新的诱惑可

①　[美]德洛里奥:《道德自我性的基础》,刘玮译,北京:中国社会科学出版社 2008年版,第 128 页。

能引起的变化面前也没有保障。"①在康德看来,出于习惯的道德行为是没有力量的,当遇到更大的感性诱惑的时候,这种行为很可能会走向反面。只有纯粹德性自身才拥有更多的力量,行为之所以具有道德价值,只是由于它战胜了自我的自然性欲望和非反思的习惯,而不是由于它带来了什么。②"这种纯粹性只有通过我们把一切只要是人类能够归入幸福之中的东西都从行动的动机中去掉,才能够相当引人注目地表现出来。"③而且,基于对人性抱悲观的看法,康德认为人不可以像占有物件一样一劳永逸地占有德性。人作为有限的理性存在者,受偏好刺激的本性时时觊觎作为意志的规定根据而对行为起作用。所以理性与感性、德性与欲望的拉扯和争斗永远不会停息,只要基于道德法则的准则不占绝对优势就不可避免地要沉沦,"因为道德准则不像技术准则那样可以建立在习惯之上(因为这属于其意志规定的自然性状),而是即便德性的实施成为习惯,主体也会在采用其准则时失去自由,而这种自由正是一个出自义务的行动的特征"④。因此德性虽可能处在进步中,却必须从头开始,保证每一次都能以"为义务而义

---

① [德]康德:《康德著作全集》第 6 卷,李秋零主编,中国人民大学出版社 2007 年版,第 396—397 页。

② 康德还曾通过一个例子来说明纯粹德性的存在,大意是:别人想鼓动一个正派的人对一个无辜且无权势的人进行诽谤,人家许以好处,即送以重礼或封以高位,他都拒绝。这在听者(一个十岁的男孩)心里所引起的只不过是称许或赞同。现在人家开始以损失相威胁。最好的朋友与他断交,近亲也威胁要剥夺他的继承权,权贵者迫害和侮辱他,君王也以自由甚至生命相威胁于他,总之使苦难的程度臻于极致,他却仍然忠于他的正直的决心,毫不动摇或哪怕是怀疑。这位年轻的听者就会一步步从单纯的赞同上升到钦佩,从钦佩上升到惊奇,最后一直上升到极大的崇敬,直到一种自己能够成为这样一个人的强烈愿望。(可参见[德]康德:《实践理性批判》,邓晓芒译,人民出版社 2003 年版,第 210—212 页。)

③ [德]康德:《实践理性批判》,邓晓芒译,人民出版社 2003 年版,第 212 页。这再一次表明,道德在康德看来是来不得半点含糊,它是那么地确定,它是"战斗"胜利的果实。

④ [德]康德:《康德著作全集》第 6 卷,李秋零主编,中国人民大学出版社 2007 年版,第 422 页。

务"的意志开始。

从教化论的观点来看，德性不是必然要以"战斗嘉奖"模型①出现，因为那毕竟不是生活的常态。正如黑格尔所说，"在现存伦理状态中，当它的各种关系已经得到充分发展和实现的时候，真正的德只有在非常环境中以及在那些关系的冲突中，才有地位并获得实现"②。按照黑格尔的观点，康德式的道德实质上还是具有一种任性的形式，它只在其自身中有价值而已。因为在道德的观点中，"善的东西是比照恶的东西来规定自己的"。所以，我们可以说，在道德的观点中，自我意识还远没上升到精神的意识，它没有将善的自我意识固化为人的内在品质，所以习惯在它看来只是自然意志而已。因此，基于道德法则的准则与基于偏好的准则之间的冲突通常是道德的反思为自己的目的而制造的。而且，以为义务而义务作为行动的纯粹目的本身就是不现实的，因为目的如果要变潜能为现实，它的现实性就在个体性的行动中，个体性的行动总是难免掺杂经验性的东西。正是对人是有限的理性存在者的预设，康德把道德自由推向了基于绝对命令的道德强制，构建了道德真纯性的同时，也牺牲了道德自由的经验内容，沦为一种抽象的"应该"，道德理由和道德动机或道德心理始终处于分裂状态。

基于对康德道德哲学过于形式化的批判，黑格尔指出，"关于德性的学说不是一种单纯的义务论，它包含着以自然规定性为基础的个性的特殊方面，所以它就是一部精神的自然史"③。精神的自然既然涉

---

①　"战斗嘉奖"模型是理查德·汉森（Richard Henson）在理解康德的《道德形而上学原理》中的道德价值观念时提出的一个新颖的概念。它指的是，如果行为的条件包括支持性的爱好，尤其是如果爱好按其自身就足以产生合乎义务的行动，那么就没有什么巨大的胜利，也没有值得赞扬的理由。（转引[美]赫尔曼：《道德判断的实践》，陈虎平译，东方出版社 2006 年版，第 13—14 页。）

②　[德]黑格尔：《法哲学原理》，范扬、张企泰译，商务印书馆 1961 年版，第 169 页。

③　[德]黑格尔：《法哲学原理》，范扬、张企泰译，商务印书馆 1961 年版，第 169 页。

及个性的特殊方面,所以就存在着普遍性法则的具体适用问题,这是需要伦理生活中的经验的。而且,在习惯中,自然意志与主观意志之间的对立消失了,主体内心两种准则交战得到平息,因为"对伦理事物的习惯,成为取代最初纯粹自然意志的第二天性,它是渗透在习惯定在中的灵魂,是习惯定在的意义与现实"①。这种第二天性,在黑格尔看来,是"精神的天性",是对自然天性的转化和提升,使之上升到普遍性的层次。因为这种"精神的天性"使德性真正成为人自己的东西,它占据着人的整个心灵,沉淀为一种无意识或潜意识,一旦被外物激发,合着习惯行动就能做出道德的举动。当习惯已经成为"精神的天性"的时候,理性与情感是不分的,道德理由得到了来自心理的支持,并有着较强的道德动机自觉去承担伦理义务。这样一来,原本所谓的"道德性"就体现在理性战胜情感、欲望而独自地成为行为的规定根据就显得没有意义了,因为情感化的理性或理性化的情感使得斗争双方都消失了,或没有必要斗争了。而且,习惯在此更多的是依情感而非依理智行动,它获得了情感的支持,表现出一种更高的道德境界,正所谓"知之者不如好之者,好之者不如乐之者"(《论语·雍也》)。奥克肖特就指出,道德是一种获得性的品质,"道德生活是由人类情感和行为决定的,它受艺术而不是人本性的左右。它是一种可选择的行为活动。选择不一定要有意识;道德行为不一定是对某种行动所做的反应性选择。这不是要我们不食人间烟火,而是将道德视为类似于一种获得性技艺的操练,就像厨艺或者木工技艺一样"②。奥克肖特所表达的意思就是,当道德内化为人的内在品性而成为人的精神的稳定性结构时,作出道德的举动就是自然而然的事情了,就像熟练的厨师和木工一样,他无须反思,凭着日积月累的经验和习惯就能把工作做好。而

---

① [德]黑格尔:《法哲学原理》,范扬、张企泰译,商务印书馆 1961 年版,第 170 页。
② [英]奥克肖特:《巴比塔:论人类道德生活的形式》,张铭译,《世界哲学》2003 年第 4 期。

当对着对象"触目"时,只能说明他的技艺还不熟练罢了,而且经验、习惯比理论更有用。这对于道德来说也是一样的,如果不是出于习惯而作出的道德行为,那只能说明他还是一个个别性的存在,尚未教化为一个普遍性的存在。道德始终是悬于个体之外的一绝对命令,"你应该做 X"还未能顺利地转换成"要成为 Y,我应该做 X"。"我应该做 X"或"我要做 X"包含着心理层面的支持,避免造成"我"的精神分裂。

此外,奥克肖特还把道德生活形式分为两类:习俗的和理想的。基于习俗的道德生活形式"首先是一种情感和行为;它不是一种反省思考的习惯,而是一种情感和行为的习惯。正常生活状况的满足不是通过我们自己去有意识地适应一种行为规则,也不是通过行为来表达我们对于道德理想的接受,而是通过某种行为习惯而达成的。这种形式的道德生活不是源于对行为方式进行选择的意识,也不是源于选择时起决定作用的观念、规则或理想;道德行为非常接近于无意识。因此大部分生活现实并不表现为要求判断或者要求解答问题。这里没有选择所要求的评估或对后果的考虑,没有不确定性,也没有迟疑不决的彷徨。这种场景下的行为几乎是条件反射,依从于我们从小到大生活于其中的行为传统"①。与之不同,基于理想的道德形式中,"活动不是由行为习惯决定的,而是由对道德标准的思想诉求决定的。它表现在两个普遍的变化上:作为对道德理想的自觉追求和作为对道德规范的思考性遵守。这种道德生活形式把特定的价值归因于个人或者社会的自我意识;不仅规则与理想是反省思考的结果,而且对这种规则或理想的运用也是一种思考性活动。通常这种规则或理想是先在地、抽象地被决定的;也就是说,这种道德生活形式建构行为艺术的首要任务就是,以一种生活规律的话语或以一种抽象理想体系的话

---

① [英]奥克肖特:《巴比塔:论人类道德生活的形式》,张铭译,《世界哲学》2003 年第 4 期。

语,来表达自己的道德志向"①。基于习俗的道德形式意味着个人在伦理生活中习得了共同体的价值精神,从小到大生活其中的伦理实体塑造了人生的统一性与好生活的观念,也为个体的行动提供了一种可靠的行动指南。基于理想的道德生活形式中,道德理想和道德规范对个体而言总是外在的,因为它时刻必需凭借理性的反思才被把握,不仅人的生活特别是精神生活时常是割裂的,个人与历史、共同体之间的联系也完全被隔断。

由于两种道德生活形式的迥异,教育方式也存在着巨大的差异。就习俗的道德生活形式而言,我们的习惯是通过与有着特定习惯性行为的人生活在一起而获得的。它并不要求我们死记硬背生活中的规则或训令,就像小孩学习他们的母语一样是在交往中自然而然地学会的。语言和行为的掌握自如只有在规则或训令不在场的情况下才能实现,说每一句话、做每一件事时都要联想到规则的话,是因为生疏,它不是本真的状态。更多情况下,道德不是以一种规则的或命令的方式出现,如果是以这种触目的方式出现的话,是德性养成的失败。因为道德教育的目的就在于使一个人的道德立场与他的自尊不可分割地联系在一起,"当他行为的发生不是出于服从一种理想或一种责任的规定,而是出于他的自尊时,那么这个人可以说已经彻底地获得了教给他的道德教育内涵"②。出于自尊而作出的道德行为是自我完全将道德要求内在化了的表现,即行为的发出不是外在的强制,而是完全出自主体内心的道德信念。只有当自我已经是一个普遍性的精神存在时,才可能将道德要求与内在自尊联系在一起。而在第二种即基于理想的道德形式中,行动将始于与规则或理想有关的判断,终于对

---

① [英]奥克肖特:《巴比塔:论人类道德生活的形式》,张铭译,《世界哲学》2003 年第 4 期。

② [英]奥克肖特:《巴比塔:论人类道德生活的形式》,张铭译,《世界哲学》2003 年第 4 期。

规则或理想的诉求和运用。这样一种道德无论如何也不会是道德教育的目的和成就,而且它还很可能导致行为者内心被强制的状况,因为它不是自然的。

所以,德性成于习惯并以习惯的方式存在。"智慧与德行,在于生活符合自己民族的伦常礼俗。"①从主观方面看,伦理德性并非严格地按照道德律令或法典规定如何去行动,而是对实践和特定语境的领会与把握从而做出合宜的道德选择,类似于中道或适度的把握。没有德性的培育和塑造,人反而会变得无所适从,特别是当面临义务冲突时。作为实有诸己的德性与人的存在方式有着本质的关联。"教育学是使人们合乎伦理的一种艺术。它把人看作自然的,它向他指出再生的道德,使他的天性转变为另一种天性,即精神的天性,也就是使这种精神的东西成为他的习惯。"②习惯成自然,这种德性的自然更关乎人的生存品质与生活意义。

二、伦理生活与意义世界

人的存在具有两重性:一方面,人的存在具有实然性,他总是生活在一定的空间和时间中,从而是有限的;另一方面,人作为反思性存在而具有应然性,人之为人更体现在应然之域的"是其所非"。因为"自我意识"的本性在于"是其所非",在于对人的实存的否定和超越,自我意识具有区分自我的能力并与自然之我取得距离。"是其所非"之"是"就是"去是"或"去存在"的意思,人的存在的意义就在于对其自然性的超越。正如康德所说,动物通过其本能就已经是其全部了,因为外在的造物主已经把一切都为它安排好了,它无法超越其本能即物种

---

① 〔德〕黑格尔:《精神现象学》下卷,贺麟、王玖兴译,商务印书馆 1979 年版,第235 页。

② 〔德〕黑格尔:《法哲学原理》,范扬、张企泰译,商务印书馆 1961 年版,第 170—171 页。

的尺度。而人却必须运用自己的理性来造就自我，正是在这种意义上，康德说："人是惟一必须受教育的被造物。"①卡西尔也指出，"人被宣称为应当是不断探究他自身的存在物——一个在他生存的每时每刻都必须审问和审视他的生存状况的存在物。人类生活的真正价值，恰恰就存在于这种审视中，存在于这种对人类生活的批判态度中"②。这种对生存状况的审视和批判就是人对意义世界的追寻，即对善的生活的追寻。而所谓善的生活是一种有意识、有目的、创造性的生活，它不是一种固定的生活程式，让人去"符合"某种必然性的东西，而是"创造"出一种可能生活和意义世界。对意义的追寻是人的本性，"人的存在从来就不是纯粹的存在，它总是牵涉到意义。意义的向度是做人所固有的，正如空间的向度对于恒星和石头来说是固有的一样。人甚至在尚未认识到意义之前就同意义有牵连。他可能创造意义，也可能破坏意义；但他不能脱离意义而生存。人的存在要么获得意义，要么叛离意义。对意义的关注，即全部创造性活动的目的，不是自我输入的；它是人的存在的必然性"③。正是人的意义照亮了人的存在。

不过，意义的追寻并不仅意味着意识对某一纯粹抽象事物的追寻，实际上，超越性价值始终分居于两个领域，理论领域与实践领域。正如伽达默尔在对古希腊特别是亚里士多德思想的阐发时指出，"也许亚里士多德知道：人类的自我意识并不仅仅满足于知识的欢乐、理智、对事物和人的理解以及对数目、对世界和神性东西的了解。人的兴趣同样关注着人的生活实践这种特殊性，这种特殊性使人从其他与自然界紧密相连的生物中提升出来，使人作为社会的动物而能够创造

---

① ［德］康德：《论教育学》，赵鹏、何兆武译，上海人民出版社 2005 年版，第 3 页。
② ［德］卡西尔：《人论》，甘阳译，上海译文出版社 1985 年版，第 8 页。
③ ［美］赫舍尔：《人是谁》，傀仁莲译，贵州人民出版社 1994 年版，第 46—47 页。

人类的关系、道德和秩序"①。其实，对意义的寻求，乃是对普遍性的寻求。普遍性有抽象与具体、必然与自由之分，而理论领域在现代意义上则是对必然规律的追求，它本身并非自由的，只有人的德性介入时才可能是自由的。道德自然属于实践领域，在实践领域，伦理关系和道德秩序的形成乃是人的本体性自由的展现。这就表明人的德性就是意义世界的组成部分，甚至是最重要的核心部分。实践领域或道德领域直指人的生存，而且道德领域是一自由的领域，是创造价值和生成意义的领域。

面对传统形而上学中存在者对存在问题的遮蔽，存在主义另辟蹊径，揭示了"存在"问题在存在者以及在存在论上的优先地位，从而使得存在的意义得以澄明。在存在主义者看来，人实现自己，既把他作为存在（Being）（他创造了这种存在），又把他作为生成（Becoming）（他就是这种生成）。而存在与生成只有在意识或自我的前提下才是可能的，因为意识是一个具有指向虚无理想或将自己与其对象分离的意向性结构，从而将差异、意义和关系引入世界的过程。意义是主体自觉自为的创造，正如梅洛·庞蒂指出的，"生活本身并没有意义，然而正是我们的意义才使它有意义"。萨特也说"说我们发明价值，无非是意味着：生活并没有什么先验的意义。在你经历它之前，生活什么都不是，但它正等着你给它一种意义。除了你所选择的这个意义外，价值什么都不是"②。不过应该指出的是，虽然存在主义者肯定了意义乃主体行动创造的，但似乎又把意义等同于一种完全主观的东西，它所实现的与其说是意义，不如说是对价值和意义的放逐从而体验一种抽

---

① ［德］伽达默尔：《赞美理论》，夏镇平译，上海三联书店 1988 年版，第 26 页。在古希腊那里，理论与我们现代科学意义上或认识论意义上的理论是完全不同的，它实质上乃是一实践，理论与实践是不存在泾渭分明的界线的。但是，近代以来，理论与实践都是独立的，实践无非是理论的运用。

② 转引［美］巴恩斯：《冷却的太阳》，万俊人等译，中央编译出版社 2004 年版，第113 页。

象的绝对自由。一旦"生活的意义"问题成了主观的、私己的事情,就等于没有任何意义了。正如巴恩斯所评价的,"总起来看,存在主义的人是一个孤立的个体,他无需承认他同别人的牵涉,除非他愿意这么做。他唯一的确定性就是他的自由。他没有任何神性的存在或理性的谋划方面的起源或者根源,也没有任何先定的目标。至于使自己成为什么样子,他也没有一个很确定的模式"①。所以说,"可能生活"虽然昭示了意义世界的向度,但其实现却并非仅是一种自我意识抽象反思的产物,而是要坐落在伦理生活中。自由或意义的获得不仅要有自我选择、自我决定的能力,还要看作出了怎样的选择和决定,对所选择内容的考察是不可或缺的。

对意义的追求是人的本性,但现代人对意义的追寻要么是对神圣价值的拒斥来成就那庸俗的自我感,如黑格尔所说的,"这个时代之走到对于理性的绝望,最初尚带有一些痛苦和伤感的心情。但不久宗教上和伦理上的轻浮任性,继之而来的知识上的庸俗浅薄——这就是所谓启蒙——便坦然自得地自认其无能,并自矜其根本忘记了较高兴趣"②;要么是沉浸于对抽象价值的追求并彻底依赖之而获得安全感。正如奥伊肯所指出的,现代社会对于生活意义的追寻无非遵从两条路径:它要么寻找一种超出纯粹主体的生活,而丝毫不给主体任何独立的地位;要么使主体自身成为起支配作用的控制因素,而世界则被认为仅仅是提供了环境,仅仅是为保证人的幸福服务的手段。③ 其实,这两种追寻意义的方式都是形而上学的方式,它们所确立的要么是超验的要么是经验的。虽然通过超验的和经验的方式也能使自我与别的规定性保持一种必然性,但这种必然性只是一种外在的必然性,真

---

① ［美］巴恩斯:《冷却的太阳》,万俊人等译,中央编译出版社 2004 年版,第 54 页。
② ［德］黑格尔:《小逻辑》,贺麟译,商务印书馆 1980 年版,第 34 页。
③ ［德］奥伊肯:《生活的意义与价值》,万以译,上海译文出版社 1997 年版,第 18 页。

正的、内在的必然性只有通过"内在的超越"（immanente Hinausgehen）。"内在超越"是对有限之物自身的扬弃。意义世界说到底是一精神性的世界，它只有对人的自然实存的超越才能获得，正如奥伊肯所说，"倘若人不能依靠一种比人更高的力量努力追求某个崇高的目标、并在向目标前进时做到比在感觉经验条件下更充分地实现他自己的话，生活必将丧失一切意义与价值"①。我们可以对此作伦理学意义上的引申，即这句话的含义可看作只有通过两个层面（道德的和伦理的）的超越才可获得生活的意义与价值：其一，是道德对感觉经验的超越，也即对人的内在自然性的超越。人若不能超越其自然本能，则与一般动物无异，人要过一种道德的生活、自由的生活，即超越感性欲望而由理性单纯地作为意志的规定根据。当然，这种超越不是外在地对人的内在自然地拒斥，而是主体自我反身内求的结果。其二，是伦理实体对孤立个体的超越，也即"类生命"意识对单纯自我意识的超越。个体单纯自为的存在并不是自我意识的真理，自我的现实自由只有在伦理实体（家庭、社会和国家等实在领域）中才能实现，即在对他者（另一个自我意识）的承认中对自我作为"类"存在的知。可见，意义世界又是一自由的世界，通过道德的生活，开辟一种超越人的自然实存的可能生活，但这种自由还不是现实的自由，现实的自由只有在伦理生活中，个体理性与普遍理性的和解才能最终实现。

意义的实现是理性自我对感性自我的超越，但这种超越不是停留在形式上的，而是必须有内容、有实质的，否则的话，意义自始至终就只是一种外在的。而我们知道，意义的生发不可能是从外在必然性来限制自身而实现的，它必须是一种主体的方式，即从自我内在出发。所以，意义的实现不是自我的分裂，而是自我的和解，即理性自我与感

①　［德］奥伊肯：《生活的意义与价值》，万以译，上海译文出版社 1997 年版，第 41 页。

性自我、自为存在与自在存在、普遍性与特殊性的和解。"个体的人之所以特别是一个人,是因为先于一切事物,他本身是一个人,一个具有人的普遍性的人。这种普遍性并不只是某种在人的别的抽象的质之外或之旁的东西,也不只是单纯的反思特性,而毋宁是贯穿于一切特殊性之内,并包括一切特殊性于其中的东西。"①而这恰恰就是"内在超越"的真义,即于特殊性的现实存在中把握普遍性,使内在的人心秩序因"神圣的存在之链"而得以可能。

　　现代性道德由于预设了理性与感性的对峙、概念与实在的分立、义务与欲望的冲突,所以正如黑格尔在对康德式道德的批判时指出的那样,"康德式的自我强制的道德"乃是一种分裂的道德。因为对于康德来说,道德乃是使后者(感性、实在、欲望)绝对地服从前者(理性、概念、义务),所以"它只把一种顽固的虚骄附会在人的分裂上面"②。实际上这种分裂的道德只不过是向人昭示人可能实现超越的向度,但并不表明人们乐意这样做,所以即使做道德的行为也无法彰显道德对人的生命价值的提升。为此,黑格尔企图通过提出"爱"的原则来弥补道德的裂痕,从而实现人心内在秩序的拯救。他以一种尖锐的方式提出,"如果爱不是道德的唯一原则的话,那么每一种道德就同时是一种不道德"。而在作为爱的样态的道德中,道德就不是一种单纯普遍性的抽象,人对道德的服从也就不再是一种"内部的自我制裁","道德的一切片面性、道德与道德之间的一切排斥、一切限制都被扬弃了",因为作为爱的样态的道德乃是"一个活生生的精神的特殊样态"。③ 虽然黑格尔在后来也强调单纯"爱"的原则也是有缺陷的,它毕竟只是一种感觉,还必须与理性结合,故使之上升到精神的高度。不过,"爱"所表征的"统一性原则"却自始至终都被保持在精神之中。

①　[德]黑格尔:《小逻辑》,贺麟译,商务印书馆1980年版,第350—351页。
②　[德]黑格尔:《黑格尔早期神学著作》,贺麟译,商务印书馆1988年版,第308页。
③　[德]黑格尔:《黑格尔早期神学著作》,贺麟译,商务印书馆1988年版,第341页。

　　由此可见,脱离人的活生生的伦理生活的道德是抽象的,而道德对人的意义世界的构建也是无力的,因为"意义产生并存在于一种关系之中,即某人的姿态与通过这一姿态向另一个人表明的这个人后来的行为之间的关系"①。意义的产生并非个体单独可以完成的,它必须放置于一定的伦理实体、风俗习惯、文化传统等背景框架中,即意义是一个客观社会性的范畴。这一点米德确有洞见,他指出"意义"具有两个特征,"一个是参与,另一个是可交流性。只有当个体在另一个体身上引起的动作的某一方面也能在他自身引起时,意义才可能产生。在这一范围内始终存在参与。而这一参与的结果是可交流性,即个体可以向他自己表示他向他人表示的东西"②。意义虽然是主体的创造,但是他者的在场也是一个重要的维度。由之,意义就不是纯主观的,它还应是客观的。意义如何可能是客观的呢? 客观性究竟指什么? 黑格尔对"客观性"的解读非常有借鉴意义,他说:"客观性是指思想所把握的事物自身,以示有别于只是我们的思想,与事物的实质或事物的自身有区别的主观思想。"③这里所谓的客观性是指,意义世界虽然是一个超越性的、形而上的世界,但它不是一个与人的生活世界无关的虚无世界,它植根于生活世界,是对日常生活的创造性的提炼和升华。生活世界与意义世界的关系是辩证的,生活世界是最真实的世界,它也是道德现实地应用和现实地被需要的世界,是道德的最现实的基础,恰如黑格尔说的,"德乃是伦理的造诣"。"伦理的人格,也

---

　　①　[美]米德:《心灵、自我与社会》,赵月瑟译,上海译文出版社 1992 年版,第67页。
　　②　[美]米德:《心灵、自我与社会》,赵月瑟译,上海译文出版社 1992 年版,第 73 页注①。
　　③　[德]黑格尔:《小逻辑》,贺麟译,商务印书馆 1980 年版,第 120 页。也就是说,"客观性"是指它必须适应他人的任性,正如自由一样,自由也不是纯个体的事情,他还需要借助于客观性的环境或者还需要面对他者。"自由作为一个人的定义并不依赖于其他人,但是一旦有介入,那我在希望得到自己的自由的同时,也被迫希望得到别人的自由。只有当我把别人的自由也当成目的之后,我才能把我自己的自由当成目的。"([美]巴恩斯:《冷却的太阳》,万俊人等译,中央编译出版社 2004 年版,第 66 页。)

就是说那为实体性的生命所渗透的主体性，就是德。"①伦理通过道德教化成就个体的德性，道德化的个体则通过自我意识的反思再反哺伦理，使伦理充满合理性与生命力，这样一个圆圈乃是意义世界生成的规律。"然而，道德的作用对象是现实的和世俗的，而其作用方向和作用点却是意义的，道德的作用形式绝不是直接地参与和干预世俗生活，而是通过意义世界的建构，实现与生活世界的整合互动，进而追求人的生活与人类生活的合理性与现实性。没有意义世界就没有合理的生活世界，乃至没有人的世界。"②可见，忽视了生活世界这一层面，则意义世界的建构是没有基础的；而如果忽视了意义世界这一层面，我们所面对的世界就是一个异己的、没有"精神"意蕴的自然世界。

那么，我们可以相应地说，作为主观的道德就应该奠基于伦理生活中，任何脱离伦理生活的道德即使不是表现为自虐式的崇高的话，对于意义世界的建构也是无所建树的，现代社会所导致的生活无意义、生命无价值与伦理精神的缺失不无关系。正如巴恩斯所中肯地说道，纯粹非伦理的生活和完全伦理的生活一样，在现实中是不可能维持的。纯粹非伦理的生活"把所有的价值都放在自发的自我实现上，而不把任何价值放在时间性的自我实现上。因此，它是对主观性的选择和对客观性的抛弃，它不是对生活的扩充，而是对生活的压缩。它拒绝承认在现实和人们的行为之间建立一种肯定性关联是必要的，甚至是值得的，因为它否认合理性辩护是人们所应当追求的善。非伦理存在的选择并非一个对'存在'的选择或对'成为'的选择。它实际上是对虚无的选择"③。脱离伦理生活的现代道德是没有历史性的，它只有当下，因为决断总是在当下做出的，它与过去彻底决裂。要知道，

---

① ［德］黑格尔：《精神哲学》，杨祖陶译，人民出版社 2006 年版，第 330 页。

② 可参见樊浩：《道德形而上学体系的精神哲学基础》，中国社会科学出版社 2006 年版，第 414—415 页。

③ ［美］巴恩斯：《冷却的太阳》，万俊人等译，中央编译出版社 2004 年版，第 26 页。

在传统社会中,道德规范的普遍有效性来自某种外在的权威,而这种权威是我们获得超越性价值和生命安顿的精神之源。现代性道德形而上学基础的丧失,使得"什么样生活是好的生活"及"我为何要成为一个有德性的人"完全得不到可靠的指南而成为相对的。难怪吉登斯论述道:"现代性背景下,个人的无意义感,即那种觉得生活没有提供任何有价值的东西的感受,成为根本性的心理问题。"①

伦理生活与生活世界一样是一个非课题性的世界。"'生活世界'的最基本含义当然是指我们各人或各个社会团体生活于其中的现实而又具体的环境。"用胡塞尔的话说:"生活世界是一个始终在先被给予的、始终在先存在着的有效世界,但这种有效不是出于某个意图、某个课题,不是根据某个普遍的目的。每个目的都以生活世界为前提,就连那种企图在科学真实性中认识生活世界的普遍目的也以生活世界为前提。"②生活世界的非反思性决定了道德行动通常并非以"触目"的形式出现,而是伦理生活塑造了个体的精神结构,这种精神结构在与"他者之脸"照面时能够做出及时的道德反应和道德判断。黑尔德也指出,"伦理经验的正常性建基于人类生存的主体间性之上。故而道德个体主义表明自己是伦理正常性的临界情况"③。所以,很多情况下,并不需要意识的反思而仅仅依情感而动就能做得恰当与合宜,因为这种情感是一种社会化了的或普遍化了的,在有德性的人那里,它的发动乃是自然而然的事情。而且伦理的行为本身也是富有意义的,它把自我投射于一个更大的伦理实体或意义场中。泰勒认为日常生活是善良生活的背景和基础,日常生活所包含的就是社会的范畴

---

① [英]吉登斯:《现代性与自我认同》,赵旭东等译,生活·读书·新知三联书店1998年版,第9页。
② 转引倪梁康:《现象学及其效应》,生活·读书·新知三联书店1994年版,第131页。
③ [德]黑尔德:《对伦理的现象学复原》,涤心译,《哲学研究》2005年第1期。

即社会的纽带和关系:"我通过我从何处说话,根据家谱、社会空间、社会地位和功能的地势、我所爱的与我关系密切的人,关键地还有在其中我最重要的规定关系得以出现的道德和精神方向感,来定义我是谁。"①正是在这种意义上,米德指出,"意识对于意义在社会经验过程中的出现并非必要"②。在生活世界或伦理生活中,意识或理性对于意义世界的建构来说并非充分的,它还应包括人的情感的丰富,没有情感的世界是没有"意义"的,是抽象的。自我的情感体验与理性认识一样,都是自我统一性的重要组成部分,更是意义生成和充盈的不竭动力。

总之,在教化论看来,意义世界的建构离不开伦理共同体背景框架的供给。当人以一种"伦理的总体"去生存、去行动时,伦理生活能够迸发出源源不绝的意义以泽溉并提升人的生命。正如奥伊肯所说,"真正的精神性的展现,……属于事物自身,而不是仅由某个毗邻的主体放到它们中间去的。直接分享宇宙的内在生活,并用我们的劳动去推动它,正是这样的可能性,给了生活以稳定性、自发性和崇高性。"③可见,回到事物本身并让事物自行展现才能体现了精神性的教化,这也是对现代性主体性的批判。片面地强调主体、自我中心最终将会是失败的,因为在主客二元对立的思维下,主体力量的对象化过程如若没有向自身返回,主体不是丰富而只是最大限度地消耗自我,这也将导致意义的丧失。伦理生活乃是道德教化的出发点和基地,任何撇开伦理情感、伦理生活的所谓道德的行动都是不现实的。更为重要的是,我们所强调的伦理精神的道德教化目的是要实现精神的统一性,这种统一性不是基于个体与个体之间达成的"共识",而是基于个体对

---

① [加]泰勒:《自我的根源》,韩震等译,译林出版社 2001 年版,第 49 页。
② [美]米德:《心灵、自我与社会》,赵月瑟译,上海译文出版社 1992 年版,第 69 页。
③ [德]奥伊肯:《生活的意义与价值》,万以译,上海译文出版社 1997 年版,第 95 页。

自我伦理本性的"理解"。"理解"展示了精神的广度和深度，并把自我投入更大的存在之链以获得更丰富的生命。

三、道德教化与精神自由

自由是有待教化的。在启蒙运动中，"自由"成为最响亮的战斗口号，正如黑格尔所肯定的，"我们时代的伟大在于承认了自由、精神的财富、精神本身是自由的，并且承认精神本身便具有这种自由的意识"①。但启蒙所讲的自由更多的是一种"不受外力强制"的自由，即政治的或社会的自由，它被理解为人从外在的政治经济压迫中以及从精神盲目迷信的束缚中解放出来，解构一切权威，能够独立自主地按照自己的意愿或理性行事。但启蒙所理解的理性是一种科学理性或逻辑理性，没有上升到一种普遍的、绝对的价值理性。因此可以说，这种自由是形式的、抽象的自由。康德自觉地把"自由"问题作为自己整个批判哲学的拱顶石。康德的自由概念是与意志、理性联系在一起的，自由与先验理性的结合使其具有本体的意义。自由无须外求，它本身即是目的，意志也自在地是自由的，但意志不同于任性，而是理性的，即具有摆脱一切感性经验而独自承担起行为的规定根据。所以，康德实际上把经验性的自由提升一个更高的层次，即智性的或先验的自由，这种自由就不再是有限的，而是无限的、绝对的自由；不再是外在的，而是内在的、智性的自由；不再是他律性的，而是自律性的自由。换言之，所谓自由意志乃是绝对的、先验的、形式的，它不依赖于人的感性经验，而是一种完全按照普遍的道德法则行事的能力。这是康德批判哲学的贡献。黑格尔继承了这一思路，他指出，"自由是意志的根

---

①　［德］黑格尔:《哲学史讲演录》第四卷，贺麟、王太庆译，商务印书馆 1978 年版，第 254 页。

本规定,正如重量是物体的根本规定一样"①。自由的东西就是意志,"意志而没有自由,只是一句空话;同时,自由只有作为意志,作为主体,才是现实的"②。

　　虽然康德批判哲学中的自由概念超越了启蒙经验意义上的自由,但由于康德所揭示的自由只是一种形式的、先验的,它完全封闭于自身之内,无法付之于外,从而缺乏现实性的品格。在黑格尔看来,在康德的道德世界观中,它是以两个完全矛盾的假定为基础的:"一方面假定自然与道德(道德的目的和活动)彼此是全不相干和各自独立的,另一方面又假定有这样的意识,它知道只有义务具有本质性而自然则全无独立性和本质性。"③这就是说,纯粹的道德意识与现实意识之间有着一条不可逾越的鸿沟。道德意识一旦要实现于外,本身的真纯与崇高必然被玷污,从而是不自由的。在那种义务与现实相矛盾的道德世界观里,"说我正在道德地行为着,乃是因为此时我只意识到我在完成纯粹义务,而没意识到任何别的什么,这事实上就是说,我正在道德地行为着,是因为当时我不行为。但是,当我实际行为着的时候,我是意识到有一个别的、一个现实现成存在着,而且意识到有一个东西是我想使之实现的,我怀有一个特定的目的,履行着一个特定的义务"④。纯粹义务与实际行动的矛盾是无法化解的,要保持住道德义务的真纯只有无"我",只有不行动,因为行动总是关涉"我"的,有一个将普遍性特殊化的过程。这样一来,自我意识也返回到它自己的最深的内在本质中去了,或者说,自我意识已返回"我＝我"的直观中去了。但这种向自身的返回并不意味着自我意识是自在自为的,因为它缺少了一个

①　[德]黑格尔:《法哲学原理》,范扬、张企泰译,商务印书馆1961年版,第11页。

②　[德]黑格尔:《法哲学原理》,范扬、张企泰译,商务印书馆1961年版,第12页。

③　[德]黑格尔:《精神现象学》下卷,贺麟、王玖兴译,商务印书馆1979年版,第126页。

④　[德]黑格尔:《精神现象学》下卷,贺麟、王玖兴译,商务印书馆1979年版,第150—151页。

现实的中介环节,对它来说,本质不是自在的存在,而是它自己,它对自我意识来说具有绝对的确定性。但说到底这种对自我的确定性只不过是一"优美的灵魂",它缺乏现实性。"自我意识缺乏外化的力量,缺乏力量把自己变为事物并承受住存在。自我意识生活在恐惧中,深怕因实际行动和实际存在而沾污了自己的内在本心的光明磊落;并且为了确保内心的纯洁,它回避与现实接触,它坚持于无能为力之中,认为自己无力拒绝它那尖锐化到了最终抽象的自我,无力给予自己以实体性,或者说,无力把自己的思维转化为存在并无力信赖思维与存在的绝对差别。"①也就是说,只有纯粹存在于理念世界中,自我才真正算是自作主宰,它必须超越一切有限的质料来确保行为的绝对道德价值。优美的灵魂看似真纯、崇高,实乃是无力量的表现,因为它不可能落实到现实世界的伦理实体、规章制度中,它唯一能做的就是在现实与理想之间设定差别,却缺乏统一现实与理想的力量和勇气。

可见,康德的自由概念虽然揭示了自由的本质,即自由是对自然的超越,但囿于其二元论的思维方式,他的自由观最终还是一抽象的自由、空虚的自由。这种自由忽视了人的自然,人生活在两个世界——本体界与现象界——中,人性的两重性是人无法逃遁的宿命。康德的自由观所揭示的就是人能够借助于道德法则在实践领域实现自由的本质,即能够摆脱现象、情感、欲望、冲动、利益等有限性的束缚而独自自我决定。但康德的不足之处就在于,他的自由观就停留于现象与本体、情感与理性、现实与理想、内容与形式之间的分裂上。由于没有经过现实性的中介环节,没有经过与特殊性的统一,这种自由只是"纯无规定性"或"自我在自身中的纯反思"。在这种反思中,一切现成的和被规定的内容都是有待被消除的。这种否定性的自由不是真

---

① ［德］黑格尔:《精神现象学》下卷,贺麟、王玖兴译,商务印书馆 1979 年版,第166—167 页。

实的自由,甚至不是意志,因为意志要成为意志,就得一般地限制自己、坚持自己。而这种抽象的自由要求摆脱一切东西,放弃一切目的,从一切东西中抽象出来。它只有在否定现实中才能确证其自身的存在。它不希求任何特定的东西,它只是希求本身,因为任何特定的东西都是有规定性的,这与其无规定性的原则是背道而驰的。这种纯沉思的狂热和激情转向现实时,这变成对一切现存社会秩序的破坏。法国大革命就是如此。它自以为希求某种确定的状态,但它又没有能力面对现实,只能在不断的破坏中保持其自以为是的纯洁。"对否定自由的自我意识正是从特殊化和客观规定的消灭中产生出来的。所以,否定的自由所想望的其本身不外是抽象的观念,至于使这种观念实现的只能是破坏性的怒涛。"①否定的自由不分青红皂白地弃绝一切经验、解构一切权威,在实践上必然表现为对现有秩序的无限破坏,从而走向道德的反面即恶。

不过,这种抽象的自由也是自由进程中的一个必要环节,它毕竟让人学会了说"不",这种"不"是对自身有限性的否定,没有对自身有限性的否定的能力是毫无自由可言的。但是,光是说"不"的能力并不是现实的自由。正如黑格尔对康德的自由概念的批评所指出的那样,在康德那里,"自由首先是空的,它是一切别的东西的否定;没有约束力,自我没有承受一切别的东西的义务。所以它是不确定的;它是意志和它自身的同一性,即意志在它自身中"②。所以康德的先验自由除了自己与自己同一以外不是任何别的东西。这也导致这种普遍性原则、这种自身的不矛盾性乃是一种空的东西,它无法在现实生活中达到其实在性,它纯然是形式的。黑格尔嘲笑地说:"冷冰冰的义务是

---

① [德]黑格尔:《法哲学原理》,范扬、张企泰译,商务印书馆1961年版,第14—15页。

② [德]黑格尔:《哲学史讲演录》第四卷,贺麟、王太庆译,商务印书馆1978年版,第290页。

天启给予理性的胃肠中最后的没有消化的硬块。"①

抽象的自由所指向的是一种自由的可能性,但仅有可能性还不是现实的,它必须实现向自我有限性或特殊化的过渡。但是如果仅仅停留于特殊性或规定性中也是片面的,它实际上就是自由的第二个层次,即任性。"任性是作为意志表现出来的偶然性。"②任性以为自由就是可以为所欲为,但为所欲为并不是自由的表现,而是缺乏教养的表现。"有教养的人首先是指能做别人做的事而不表示自己特异性的人,至于没有教养的人正要表示这种特异性,因为他们的举止行动是不遵循事物的普遍特性的。"③缺乏教养的人对于什么是普遍的、绝对的、客观的毫无所知,也就是说它缺乏了反思普遍性的能力,意志的本性对它来说也就是陌生的东西了。任性就是要表现自己的特异性,其实那是不自由的表现,正如一个拙劣的艺术家就是在作品中流露出其自身特异性。真正的艺术品是没有特异性的,它所表现的是作品本身的自由而非艺术家的任性。所以,抽象的自由与任性都是片面的:抽象的自由是没有现实规定性只有否定性的;任性则沉溺于特殊性中为所欲为。它们完全没有意识到社会伦理生活的礼法伦常、规章制度恰恰是自由实现的条件。真正的、具体的自由乃是"自我在规定自己的同时仍然守在自己身边,而且它并不停止坚持其为普遍物"④。

正如黑格尔所说的,"精神的实体是自由,就是说,对于他物的不依赖性、自己与自己本身相联系。……精神的真理和自由就在于这个在它里面存在着的概念和客观性的统一。真理使精神……自由;自由使精神真实"。他接着说:"但是,精神的自由不单是一种在他物之外,

---

① ［德］黑格尔:《哲学史讲演录》第四卷,贺麟、王太庆译,商务印书馆 1978 年版,第 291 页。
② ［德］黑格尔:《法哲学原理》,范扬、张企泰译,商务印书馆 1961 年版,第 25 页。
③ ［德］黑格尔:《法哲学原理》,范扬、张企泰译,商务印书馆 1961 年版,第 203 页。
④ ［德］黑格尔:《法哲学原理》,范扬、张企泰译,商务印书馆 1961 年版,第 19 页。

而且是一种在他物之内争得的对于他物的不依赖性,精神的自由之成为现实不是由于逃避他物,而是由于克服他物。精神能够从其抽象的自为存在着的普遍性、从其简单的自相联系里走出来,在它自身里建立起一个确定的、现实的区别,建立起一个不同于简单的自我的他物,因而建立起一个否定物;这种与他物的联系对于精神不仅是可能的,而且是必要的,因为精神通过他物并通过扬弃他物才做到了证实自己是而且实际上是它按照它的概念应当是的那种东西,即对外在东西的观念性,从其异在向自身回复的理念,或——抽象地加以表达——区别着自己本身和在其区别中仍在自身内存在着并自为地存在着的普遍东西。"①可见,人要获得自由的本质,不能安于两重性的分裂,而是必须在分裂中展开殊死搏斗,从而克服、超越自己的有限性。精神的自由必须绝对地出离自身,在自身之外建立"他者"以实现自身。换言之,精神的自由不能只是自在的、概念的、直接的、自然的自由,而是超出自身,又在自身内部培养适应他者的伦理意愿。可见,自由不仅具有本体论的意义,还具有现象学的意义,即精神的自由只有在不断地劳动中、斗争中不断超越自身的人类本质。"现实的自由并不是某种直接在精神里存在着的东西,而是某种通过精神的活动正在产生着的东西。"②也就是说,自由不是自在地在那里,它还必须是自为的,是自在自为的辩证统一。换言之,自由只有在特殊性中并克服之、扬弃之,进而实现普遍与特殊、实体与主体、理想与现实的"和解"。因此可以说,整部《精神现象学》就是自由从普遍与特殊抽象分立的两极走向辩证统一的过程。

因此,从自由与精神的辩证关系来看,自由是有待教化,因为自由必须以异化为中介,没有对自然存在的异化,自由只能是束之于虚无

---

① [德]黑格尔:《精神哲学》,杨祖陶译,人民出版社 2006 年版,第 20 页。
② [德]黑格尔:《精神哲学》,杨祖陶译,人民出版社 2006 年版,第 21 页。

缥缈的高阁之上而无法实现。但异化本身还必须向自身普遍性的返回才能实现教化,否则就只能是不自由的。正如伽达默尔对现代社会异化问题的诊断,"现代社会中的人的异化是一种普遍的、同不可透视的依赖性和陌生感连在一起的意识,因此,劳动不仅表现为不具备自己劳动的意义,而且是为一种不可透视的陌生意义服务的,这就是在社会中的人的自我异化所体验到的不自由"①。伽达默尔对现代性劳动异化的分析是十分深刻的。这是由于现代社会的工业化生产,个体只是做着重复的工作程序而没有任何创造性可言,而且劳动者与劳动产品被货币所间隔,使得人的劳动与劳动产品之间充斥着陌生感。所以说,现代意义上的异化劳动不再具有解放的意义,劳动对人的解放意义指的是:"通过劳动的实践教育……在于限制人的活动,即一方面使其活动适应物质的性质,另一方面,而且是主要的,使能适应别人的任性。"②因为劳动已经不是对自身欲望的中介从而获得普遍性的提升,它要么是陷入对外物、欲望的直接地追求,要么只是间接地完成交换的手段。劳动已经变成一种外在的行为,而没有向自身返回,因而只能是不自由的。所以,伽达默尔说:"构成教化本质的并不是单纯的异化,而是理所当然以异化为前提的返回自身(Heim kehr zu sich)。因此,教化就不仅可以理解为那种使精神历史地向普遍性提升的实现过程,而且同时也是被教化的人得以活动的要素。"③以异化为前提并向自身返回的过程其实就是教化的过程,也是实现精神的普遍性的过程,即自由的实现过程。精神的自由不是毫无规定性的"任逍遥",而是通过外化自身于现实中,并且能够适应"他者"的任性,从而把自我提升为一个普遍性的精神存在。当自我是一个普遍性的个体时,他者、规定性、现实等等都不再是与自我对立的,而是自我实现自由的客观前提。

---

①　[德]伽达默尔:《赞美理论》,夏镇平译,上海三联书店1988年版,第131页。

②　[德]黑格尔:《法哲学原理》,范扬、张企泰译,商务印书馆1961年版,第209页。

③　[德]伽达默尔:《真理与方法》上卷,洪汉鼎译,商务印书馆2007年版,第26页。

第五章　道德教化的伦理性及其实现

　　道德教化的实质就是在个别性中灌注一种精神的普遍性,但在普遍性中,个别性并没有丧失其自身,而是以普遍性的方式得以保存。普遍性也只有通过个别性才能实现自身,即实现具体的普遍性,否则的话,只能是抽象的普遍性而不具有生命力和现实性。道德教化就是使直接的个别性与个别性中所蕴含的实体性的普遍性的矛盾建立起了个体灵魂的生命过程,"通过这样一个过程就使灵魂的直接个别性成为与普遍东西相适应的,就使这个普遍东西在那个个别性中实现了出来,而这样一来灵魂与自身的那个最初简单的统一就被提高为一个由对立中介了的统一,灵魂的起初抽象的普遍性就被发展成为具体的普遍性。这个发展过程就是教育"①。这个生命的过程就是善的实现过程,德性只有在伦理实体中才能获得具体的普遍性,也就是说,伦理实体是成德的必要环境和生成之基。因为德性所涉及的普遍性原则的适用及其诠释问题也只有在伦理生活的经验和习惯中才是可能的,所以德性是一种实践智慧,能够在具体的行动中把握好"尺度"。

---

　　① 〔德〕黑格尔:《精神哲学》,杨祖陶译,人民出版社,2006年版,第74—75页。

第一节　伦理义务的"解放"意蕴

在道德世界观中,善是意志概念与特殊意志相统一的理念,它通过主体的自为行动而把自在的善实现出来了。但意志概念本身只有在伦理中才能获得其规定性,脱离具体伦理义务而言的善很可能只是一种优美的灵魂,因为它什么也不是,或者说它是毫无规定的抽象的良心。因为在道德的观点上,善只是在主体内心的实现,即表现为形式的良心,它还没有通过外物或现实性的环节而实现,所以说,这样一种善是抽象的。因此,我们主张只有在伦理义务中,善既表现在自我意识中,又受到自在自为地存在的规章制度的规定。黑格尔说:"伦理就是成为现存世界和自我意识本性的那种自由的概念。"①伦理的具体自由意味着自我主体在他的他者或对象中的自在(bei sich,栖居)②。伦理义务才真正体现了"解放"的意蕴,因为只有在伦理义务中,个人才获得实现其本真性并获得了实体性自由的通道。

一、抽象的善与形式的良心

"没有了公共的伦理,道德就立刻出现了。"这与其说是黑格尔对苏格拉底善的原则的评价,不如说是对"道德的人"的出现表示出的"现代性"的隐忧。③ 在苏格拉底所提出的善的原则向自身理性回溯的过程中,普遍伦理精神或善的自在性在实际生活中消失了,因为苏

---

① ［德］黑格尔:《法哲学原理》,范扬、张企泰译,商务印书馆 1961 年版,第 164 页。

② ［加］泰勒:《黑格尔》,张国清、朱进东译,译林出版社 2002 年版,第 243 页。

③ 当然,不可否认的是,黑格尔对苏格拉底给予了很高的评价。他认为,苏格拉底向自身的折回,是希腊精神的高度发展,"苏格拉底唤醒了这个真正的良知"。而且,他使人意识到每个人自己的意识中就拥有着真善美。

格拉底是通过自我意识来寻求道德的普遍性。善只有通过主观性，通过人的能动性，才能确定为是这样一种东西。"善是与主观性、与个人相结合的；也就是说，个人是善的，个人知道什么是善。"①这种状态黑格尔称为"道德"。于是，道德实现了与知识、理性、逻各斯的结盟，把美德当作逻各斯。道德的人不再是把自身的德性自在地与共同体的生活联系起来，而是把自身与所谓"具有自身确定性"的个人理性联系起来。但黑格尔指出，仅仅意识到善是出自个人意识的选择使个人产生"我是主人，是善的选择者"的骄傲自满。此外，黑格尔认同了亚里士多德对苏格拉底的批评，"苏格拉底关于美德的话说得比普罗泰戈拉好，但是也不是完全正确的，因为他把美德当成一种知识。这是不可能的。因为全部知识都与一种理由相结合，而理由只是存在于思维之中；因此他是把一切美德都放在识见（知识）里面。因此我们看到他抛弃了心灵的非逻辑的——感性的——方面，亦即欲望和习惯"②。也就是说，道德的意识不仅忽视了道德冲动一类的东西，而且也把道德意识的来源看作与人的具体存在无关的东西。实际的情况是这样的，即道德意识来源于人的具体存在，并且在存在中获得其规定性。正如伽达默尔所说的，"我们学习一种技艺——并且也能够忘记这种技艺。但是我们并不学习道德知识，并且也不能忘记道德知识。我们并不是这样地立于道德知识的对面，以致我们能够接受它或不接受它，有如我们能够选取或不选取一种实际能力或技艺。我们其实总是已经处于那种应当行动的人的情况中……并且因此也总是必须具有和能够应用道德知识"③。由此，我们知道，道德知识是一种存在性的

---

① ［德］黑格尔：《哲学史讲演录》第二卷，贺麟、王太庆译，商务印书馆 1960 年版，第 67 页。

② 转引［德］黑格尔：《哲学史讲演录》第二卷，贺麟、王太庆译，商务印书馆 1960 年版，第 68 页。

③ ［德］伽达默尔：《真理与方法》上卷，洪汉鼎译，商务印书馆 2007 年版，第 431 页。

知识,总是与在特定的情境下"我是谁""我该如何行动"本真地联系在一起。从某种意义上说,这种存在性的知识乃是不可教的,因为它成于习惯也毁于习惯。道德意识是与人的生命联系在一起的,是德性占有人而不是人占有德性,被德性所占有的人是一个普遍性的精神存在,他所发动的任何道德行动都不再是对道德知识或道德法典的简单套用,而是自然而然就能体现人道精神和价值内容的。

康德主张,道德律必须具有先验的约束力,它不依赖于我们所欲求的对象或行为本身的特殊性质,而只能是纯形式的。因为在其看来,道德只关涉到善良意志的纯洁性。不过,康德认为人是有限的理性存在者:一方面,人是有理性的,理性使他能够摆脱自然必然性的限制而获得自由;另一方面,人的理性又是有限的,所以他也不会自然而然地服膺自由规律即道德法则而行动。人的双重性使道德只能同自我满足作持续不断的敌对斗争。"义务命令你去做的事,你就深恶痛绝地去做。"(席勒语)因此,道德法则对于人的实存来说永远是一个"应该",并且"应然存在"与"实然存在"是针锋相对的。对于道德是作为对人的自然存在的超越而言,这其实是一种个人的解放。正如黑格尔认为,人只有在道德领域才真正作为一个主体来行动,"主体是自由实现的真实材料"①。只有主体有意识发动的行为,才真正算得上是"我"的,从而为实现善准备中介环节。"意志不是本来就是善的,只有通过自己的劳动才能变成它的本来面貌。从另一方面说,善缺乏主观意志本身就是没有实在性的抽象,只有通过主观意志,善才能得到这种实在性。"②正是借助于内在反思,主体从自在的、原初的伦理实体中摆脱出来,在纯粹的主观性中寻求普遍性价值和自由的理念。不过,主观意志(主体意志)是达到善的实在性的必要条件,却不是充分

---

① ［德］黑格尔:《法哲学原理》,范扬、张企泰译,商务印书馆1961年版,第111页。
② ［德］黑格尔:《法哲学原理》,范扬、张企泰译,商务印书馆1961年版,第133页。

条件。

黑格尔反对应然存在与实然存在之间存在着无法逾越的鸿沟。他说："作为直接自为的而与自在地存在的意志区分开来的主观意志是抽象的、局限的、形式的。"①因为这种主观的意志还没有与意志的概念②同一。也就是说,作为道德的主观性仅停留于自身内部的确定性中,而没有经过特殊性的环节扬弃其单纯的主观性从而客观化其自身。因此,黑格尔看来,在道德中,"自我规定应设想为未能达到任何实在的、纯不安和纯活动"③。康德意义上的为义务而义务借助于逻辑理性自身的推演而获得普遍性与确定性,但以这种抽象的义务作规定是"无内容的同一""抽象的肯定的东西"。黑格尔认为,康德把道德定义在纯粹的不受外在制约的意志的自我规定上,并把它作为义务的根源有着非常重要的地位,它毕竟指示出人具有超出其自身的可能向度。但黑格尔同时指出,这也仅是一种可能性而已,因为缺乏矛盾的、形式上自我一致的抽象无规定性不可能会过渡到特殊的义务(即伦理义务)从而承担现实的责任,它反而可能为"不法"和"不道德"的行为辩解。因此,"固执单纯的道德观点而不使之向伦理的概念过渡,就会把这种收获贬低为空虚的形式主义,把道德科学贬低为关于为义务而

①　[德]黑格尔:《法哲学原理》,范扬、张企泰译,商务印书馆1961年版,第112页。
②　"概念"在黑格尔哲学特别是其形而上学中处于非常重要的地位,但由于受到知性形而上学的影响,一谈到概念,人们总是想到抽象的普遍性。但"概念"在黑格尔那里却是具体的普遍性,具有真理性。"概念"包含着三个环节:普遍性;特殊性;个体性。三个环节是逐步上升、从抽象到具体的过程,在个体性中,普遍与特殊都返回到自身内。"概念的普遍性并非单纯是一个与独立自存的特殊事物相对立的共同的东西,而毋宁是不断地在自己特殊化自己,在它的对方里仍明晰不混地保持它自己本身的东西。"([德]黑格尔:《小逻辑》,贺麟译,商务印书馆1980年版,第332页。)
③　[德]黑格尔:《法哲学原理》,范扬、张企泰译,商务印书馆1961年版,第112页。

尽义务的修辞或演讲"①。

黑格尔还指出,在道德的观点只涉及形式的良心,虽然良心也可以作为一种"神物"而具有崇高性,但对良心是不是善的则只有在伦理中才能得以确证。也就是说,良心不能只是乞求于自身的"无限的自我确信",它还必须有确定的客观内容,必须根据它所企求实现的那善的东西的内容来限制其纯主观性。形式的良心则把自身具体的权利、责任和定在等一切规定性都蒸发了。所以,基于理性抽象的形式良心是没有真实力量的,因为没有规定性的、纯内在的意志只会是任性的。它既可能以自在自为的普遍物来约束主观任性,却也可能把自己的特殊性提升到普遍物之上,出现伪善。而当它把后者作为原则实现于外时,它可能为非作歹并自以为善。黑格尔说:"良心如果仅仅是形式的主观性,那简直就是处于转向作恶的待发点上的东西,道德和恶两者都在独立存在以及独自知道和决定的自我确信中有着共同的根源。"②正是对道德主观确定性所可能导致的自负的清醒认识,黑格尔认为,我们必须要把在主观性中所抛弃的内容重新在自身中发展起来,即把自在自为的意志贯注于自由意志的主观性,从而获得客观性。这也就是说,伦理的善必须经历特殊性的中介,要求服从现实世界自在自为的规章制度,并承担具体的伦理责任才能真正实现。

可以说,在道德主观确定性中所获得的自由只能是一种任性。在道德世界观中,我们也可以获得普遍性,但这种普遍性却是与个体性截然对立的,仿佛普遍性胜出个体性多少,就获得了多少自由。而我们知道,在道德的主观性中,个体所达到的普遍性并没有向自身返回,

---

①　［德］黑格尔:《法哲学原理》,范扬、张企泰译,商务印书馆 1961 年版,第 137 页。华特生(John Watson)在讲解康德道德哲学时也指出:"自由是一个纯观念,它的客观实在性永远不能由表示在具体的感性形式上而得到证实。它的必然性乃是迫使理性来预先假定它自己的自由是实践的,即预先假定一个完全独立于实践的欲望的意志的这种必然性。"(［加］华特生:《康德哲学讲解》,韦卓民译,商务印书馆 1963 年版,第 293 页。)

②　［德］黑格尔:《法哲学原理》,范扬、张企泰译,商务印书馆 1961 年版,第 143 页。

从而约束自我的任性。较之于抽象法的"纯无规定性"的抽象自由而言是一种进步，但它并没有在普遍物中看到自己的本质。普遍物对于他的自我，总归是一种限制、约束，而不是一种"解放"。"解放"只有从道德过渡到伦理阶段才是可能的。

二、伦理义务与真实的自由

由上面的论述我们知道，黑格尔对道德的主观性及其自由的任性给予了深刻的批判，这也使他企图以伦理来超越道德，从而使自由获得现实性、具体性。为什么黑格尔要对现实的伦理①给予很高的评价？这要求我们必须了解黑格尔哲学的任务："哲学是把握思想中的它的时代。"现代主体性原则造成了人与世界的分裂，黑格尔想通过伦理的总体性来解决道术为天下裂的局面。在《法哲学原理》中，黑格尔多次谈到哲学是探究理性东西的，是探究现在的东西和现实的东西，而不是提供某种彼岸的东西。他在《法哲学原理》中所传授的不是"把国家从其应该怎样的角度来教，而是在于说明对国家这一伦理世界应该怎样来认识"②。此外，在分析国家的理念时，黑格尔指出根据某个原则，一个具体的国家都可以找到各种各样的缺陷，"找岔子要比理解肯定的东西容易"，人们之所以容易犯错误，是因为他们只注意国家的个别方面，而忘了国家本身的内在机体。"国家不是艺术品；它立足于地上，从而立足在任性、偶然事件和错误等领域中，恶劣的行为可以在许多方面破损国家的形相。"③现实的国家尽管有缺陷，肯定的东西却

① 现实的伦理包含家庭、市民社会、国家三个环节，这三个环节逐步上升，越来越符合人的本质，但是，"它们是不可分割的同一精神（Geist）的不同状态或安排"。（张颐：《张颐论黑格尔》，侯成亚等编译，四川大学出版社 2000 年版，第 72 页。）所以各方都是不可放弃的，只有相互配合并保持平衡才能达到"自由的理念"。

② ［德］黑格尔：《法哲学原理》，范扬、张企泰译，商务印书馆 1961 年版，序言第12 页。

③ ［德］黑格尔：《法哲学原理》，范扬、张企泰译，商务印书馆 1961 年版，第 259 页。

依然绵延着。

在黑格尔看来,道德世界观中,人只能获得抽象的自由、形式的自由,而实际上是不自由的。现代性的理性之子与"原始莫卧儿人"一样都是自身的奴隶,只不过后者臣服于他人的统治,而前者被自身统治。① 在他的早期著作中谈到,康德意义上的自律,即自己约束自己也不能算是自由的,康德的主要道德观念是:它只捍卫自主性,并且回避了任何一个"成文的"道德。但在黑格尔看来,康德的道德仍然是一个"成文道德之无法被祛除的残余"。所以,在成文的宗教信仰者和康德式的道德人之间的差异并没有康德所断言的那么大。相反,实际的情况是:前者"有外于他们自身的主人,而后者是他们自己的主人,不过同时也是自己的奴隶"②。可以说,在康德道德哲学中,充满着理性与欲望的自然辩证与斗争,它要求人把自然的禀好、具体义务、幸福追求全部弃绝而单纯地以道德法则作为行为的规定根据,才能算得上是有道德的。也就是说,我们只能在对道德法则的敬畏、战栗中获得德性。但不得不指出,这不是生活的常态。"其实,要成为某种特殊的东西这种渴望,不会满足于自在自为的存在和普遍的东西;它只有在例外情形中才能获得独特性的意识。"③因此,正如科耶夫认为黑格尔伦理学的唯一公理就是:"个体必须按照他生活在其中的民族的风俗习惯生活(只要这个民族的风俗习惯符合时代的精神,也就是说,只要这些风俗习惯是'稳固的',能抵御革命的批判和攻击)。否则,他将被淘汰:作为罪犯或疯子。"④毕竟,我们在生活中是作为一个具体的、有血有肉的人存在,我们应该做什么以及怎么做很大程度上是共同体中已

---

① ［德］哈贝马斯:《现代性的哲学话语》,曹卫东等译,译林出版社 2004 年版,第 33 页。

② ［加］泰勒:《黑格尔》,张国清、朱进东译,译林出版社 2002 年版,第 90—91 页。

③ ［德］黑格尔:《法哲学原理》,范扬、张企泰译,商务印书馆 1961 年版,第 168 页。

④ ［法］科耶夫:《黑格尔导读》,姜志辉译,译林出版社 2005 年版,第 71 页。

预设的，只需根据角色要求主动承担伦理责任就是有德之人。这就是为什么黑格尔特别重视"正直"作为一种德性的价值。亚里士多德的伦理学是把善建立在习行（Übung）和"Ethos"（习俗）基础之上的。① 没有对共同体礼俗制度合理性的认同、接受与践行，个体无论如何也是无法超出自然的粗鄙状态以成就德性的。罗蒂说："道德不是从律令规范肇端的。道德的开端是紧密相联的某一群体，诸如家庭、民族中的相互信任的关系。道德的行为就是去做像父母子女之间或者像民族成员之间自然而然地相互对待那样的事情，这也就是尊重别人所赋予你的信任。"②

黑尔德对伦理的现象学考察后也指出，康德的道德哲学奠定在一种个体主义表象的建构性猜疑基础之上，即善良意志为了保证我不会为了实现自己的主观禀好而把他人当作手段。这样，"人的生存首先在与他人的具体关系方面缺少一种主体间状态；生存只是为自己后补了这样一种状态，因为孤立于'自然'而生活的个体自己创建了这样一种状态"。而在伦理中，情况则完全不同："在我的行动中，他人从一开始便参与其中；我的行动始终是一种与他人的共同行动。"所以，正常的生活是非课题化的习惯生活，"我们的行动的标准首先是通过我们与好习惯的亲熟（vertraut）才为我们所认识，这些好习惯对我们已经成为自明的，因为我们通过教化的指导而将它们习性化为德性"，而"道德个体主义表明自己是伦理正常性的临界情况"③。所以，黑尔德

---

① ［德］伽达默尔：《真理与方法》上卷，商务印书馆 2007 年版，第 424 页。

② 转引王庆节：《道德感动与儒家示范伦理学》，北京大学出版社 2016 年版，第 82 页。必须指出的是，我们并不是说所有的自在伦理实体都具有天然的合理性，也不是说我们必须非反思地遵循所有的伦理义务，特别是那些不符合时代要求的伦理义务。如古代社会"愚忠愚孝"之类伦理义务就因其不符合时代精神故而是不合理的，也不具有现实性。我们所强调的伦理义务是从本体论上来说的，即只有那些符合人性普遍性并落实在充分合理化的规章制度中才是强烈地现实的。

③ ［德］黑尔德：《对伦理的现象学复原》，涤心译，《哲学研究》2005 年第 1 期。

指出康德的善是严峻的,好像我们在每一次行动前都必须先自我检讨一番似的,察看自我的行动是出于义务的还是夹杂着其他的考虑而仅是合乎义务的,这是不自由的状态。真正的自由之境乃孔子所说的"从心所欲不逾矩",而这种自由只有在伦理生活的历练中,把规范或"礼"背后的伦理精神的普遍性价值纳入自身存在的内在结构,那样才能达到"不勉而中,不思而得,从容中道"的圣人之境。

在黑格尔看来,道德不能脱离伦理现实而存在,德是一种伦理上的造诣。在法和道德的阶段都未能达到精神的意识,只有在伦理的观点上,意志才真正成为精神的意识。因为伦理精神是自我意识与伦理实体的统一,即实体的主体化或主体的实体化。"伦理行为的内容必须是实体性的,换句话说,必须是整个的和普遍的;因而伦理行为所关涉的只能是整个的个体,或者说,只能是其本身是普遍物的那种个体。"[①]通过教化,伦理的东西不再是设定在个人特有的世界观中,不再是要求"所有的个体的消极自由都应该是一致的"[②]。而是把精神的东西纳入习惯,自然意志和主观意志得到"和解",它们之间的对立消失了,主体内部你死我活的自然辩证也取消了,为义务而义务的"自律"也变成了"解放"。黑格尔说:"一方面,他既摆脱了对赤裸裸的自然冲动的依附状态;在关于应做什么,可做什么这种道德反思中,又摆脱了他作为主观特殊性所陷入的困境;另一方面,他摆脱了没有规定性的主观性,这种主观性没有达到定在,也没有达到行为的客观规定性,而仍停留在自己内部,并缺乏现实性。"[③]在伦理义务中,个体不仅摆脱了对自然冲动依附的动物性生存,使人提升到道德性存在的高度;还能够考虑并接受现实伦理实体合理化要求的约束,从纯粹的内

---

① 〔德〕黑格尔:《精神现象学》下卷,贺麟、王玖兴译,商务印书馆1979年,第9页。
② 〔加〕泰勒:《黑格尔》,张国清、朱进东译,译林出版社2002年版,第569页。
③ 〔德〕黑格尔:《法哲学原理》,范扬、张企泰译,商务印书馆1961年版,第167—168页。

在性、主观性中超拔出来，以获得实体性的自由、现实的自由。精神不再是主体内部的理性直观，它改造自身的任性以适应外部世界的必然结构。① 有教养的人不在于为自我与"他者"之间设置差别，因为他能够认识到作为现实存在的"他者"有其合理性，从而力求与之统一、和解。

正如张颐先生所评价的，黑格尔"通过与自然的、社会的和欲望的世界这些事实的辩证调解，同时通过自由本身对生活的各种不同的正好冲突的目的与要求的完整恢复及系统化，真正的自由就形成了一种明确的生活观点或理论。……每一种目的、欲望、爱好或其他行为动机都能找到各自的恰当位置和其获得满足必需的适当努力"②。个体在伦理普遍物中并没有迷失，自我在普遍物中守在自己身边。普遍物不是以自我的对立面而出现的，而是自我的本质，只有对普遍物的回归才真正实现了自我，也即是自由的。正如黑格尔自己说的那样："伦理性的实体，它的法律和权力，对主体说来，不是一种陌生的东西，相反地，主体的精神证明它们是它所特有的本质。在它的这种本质中主体感觉到自己的价值，并且象在自己的、同自己没有区别的要素中一样的生活着。这是一种甚至比信仰和信任更其同一的直接关系。"③伦理性所强调的乃是"统一"，即把自我统一于更大的精神实体当中，并通过这一实体来认识自我。只有在伦理实体中，个体才不把规范性视为外在"必要的恶"，而是看作自我伦理本性的实现。

在黑格尔那里，伦理是"自由的理念"，是"活的善"，这活的善在自我意识中具有它的知识和意志，并通过自我意识的行动而达到现实

---

① 正如黑格尔在《精神现象学》中关于主奴辩证法中的论述一样，成为历史推动者的并不是主人，而是奴隶，因为奴隶能够适应外部世界的结构而使自我满足获得一种间接性。这种间接性的获得使奴隶与自然物之间取得了距离，从而使教养成为可能。

② 张颐：《张颐论黑格尔》，侯成亚等编译，四川大学出版社 2000 年版，第 94 页。

③ ［德］黑格尔：《法哲学原理》，范扬、张企泰译，商务印书馆 1961 年版，第 166 页。

性。在伦理阶段,人获得了真正的自由。因为在抽象法阶段,这种自由没有任何具体的规定性,也没有上升到主观性。而在道德阶段只有主观性。因此,只有扬弃了抽象法的自在的自由,也扬弃了道德的自为的自由,从而实现了自在自为的实体性的自由。这就表明,伦理精神既是经过道德理性洗礼之后的对伦理世界的坚持,也是经过了自然与社会这两个中介实现了的道德理性。"个人主观地规定为自由的权利,只有在个人属于伦理性的现实时,才能得到实现,因为只有在这种客观性中,个人对自己自由的确信才具有真理性,也只有在伦理中个人才实际上占有他本身的实质和他内在的普遍性。"①可见,只有在伦理中,个人的主观性与共同体的普遍性双向互动,成就了具体的自由。

第二节　教化论视野下的德性

教化论认为,德性不是毫无规定性的抽象的善,而是应该在现实伦理世界中通过具体的活动实现。也就是说,道德的活动乃是有规定性的、有限的,即必须借助于一定的规范实现自身,不受任何约束和限定的绝对自由是缺乏教养的表现。不过,虽然道德的活动是有限的或特殊的实在,但这种特殊性的实在灌注了一种普遍性的价值。而且,对于道德教化来说,具体化和实体化是其不可或缺的本质环节。

一、道德教化与规范的价值向度

俗语说:"不以规矩,无以成方圆。"一个社会的存在不可能是没有规范的,那样将导致人与人普遍冲突的无政府状态,社会也无法正常地运行下去。规范的失效,其实在更深层次上隐含着价值的失序和精

---

① ［德］黑格尔:《法哲学原理》,范扬、张企泰译,商务印书馆 1961 年版,第 172 页。

神的迷茫,即在类似情况下,我们无法对他人的举动作出合理的预期或理性的期待。所以规范的存在是不争的事实,问题的关键不在于要不要规范,而在于对规范的理解。现代性道德哲学把形式普遍化的规则当成了道德生活的充分要素,而人在伦理生活中的教化和自我教化的德性却被忽视了,从而也就把德性当作与纯粹个人性的意识、情感和欲望截然对立的东西。这样一来,规范仅仅成了一种外在管理的技术,对人的心灵毫无触动。麦金太尔把现代性道德称为规则的道德①,规则的道德观显然具有工具性的特性。现代规范论完全把规范看作理性的创制,它典型地表现在契约主义的道德理论中。契约道德理论假设在自然状态中,每个人都是自私自利的,但是为了保全各自的私人利益,在有限的资源面前,即在资源和仁慈都中等匮乏的状态之下②,人们又不得不签订一定的契约,也就是按照理性创制一些供大家共同遵守的规则。所以,规范主义认为规范只是一种社会管理技术,是为了维护"生活之好"而实施的科学社会工程。实质上,这样一种规范只不过是康德所称为"理性的实践规范"的东西。康德指出,这种理性根本没有将他(作为人之为人的本质)在价值方面提高到超出单纯动物性之上,它只不过是"自然用来装备人以达到它给动物所规

---

① 麦金太尔在《德性之后》一书中,把道德分为两类,即规则的道德和德性的道德。他还指出,现代社会人们的世界观基本上是韦伯式的,现代性的特征是与理性(形式理性、工具理性)联系在一起的。在道德领域中,人们追求的只是一种可普遍化的规则(以康德式的义务论为代表),或者是如何处理好个体之间的利益关系(以功利主义为代表),从而可以把现代社会的道德称为规则的道德。

② 有限的资源以及有限的仁慈是契约论立论的逻辑前提,为了实现自我利益的最大化,建立相互遵守的道德规范是必需的。正如在休谟那里,作是一种"人为之德"的"正义"就被看作达致幸福和安全的工具。他说:"公道或正义的规则完全依赖于人们所处的特定的状态和状况,它们的起源和实存归因于对它们的严格规范的遵守给公共所带来的那种效用。"([英]休谟:《道德原则研究》,曾晓平译,商务印书馆2001年版,第39页。)不仅如此,休谟还认为功效或有用性还最完全地控制着我们的情感,它是人道、仁爱、友谊、公共精神以及其他类似社会性的德性的价值的源泉。

定的同一个目的一种特殊的方式,而并不给他规定一个更高的目的"①。而这种超出动物性喜好之上的"一个更高的目的",即理性要按照"先天的实践法则"而行动。可见,规范除了其对人的直接感性欲望的限制及其管理功能外,还应具有更高的价值,即人道精神或人道价值。人能被强迫地按规范要求来行动,却无法被强迫是道德的,因为"我虽然可能被别人强制采取一些行动,这些行动作为手段指向一个目的,但我绝不可能被别人强制着去拥有一个目的,而是只能自己使某种东西成为我的目的"②。对义务本身所体现的道德价值以及自律性质的揭示是康德义务论的功劳。

但是,必须指出的是,康德的义务论并不是教化论的,因为义务论把道德法则绝对化、形式化,而没有对道德价值本身进行省察,以为道德就是要绝对地弃绝感性、欲望、偏好而不带任何情感地将道德法则作为行动的规定根据,这就使得道德成为远离生活之好的东西了。而在教化论看来,道德之好就在于行为合宜,情感合度,并有一种自我肯定的精神满足和自我实现的精神愉悦。德性不是单纯的理智教化的结果,而是人的心灵(理智、情感、欲望)受到某种普遍性的东西约束、范导和陶冶。也就是说,人的个别性的情感、意志、欲望通过理智教化与自然性本能取得了距离,但人能够从自然本能取得距离本身还不是教化,它还必须向自身的返回,即使情感、意志、欲望获得一种普遍性的形式,能够自觉地限制自己、节制自己,从而超越自我的偏见。但必须指出的是,这里所谓的限制并不是限制自由,而是限制任性,即不自由。这种向自身的返回就是对人的心灵的丰富、提升以及使心灵(理智、情感、欲望)三部分相互贯通,从而实现自我的统一性,并追求行为合宜和自我完善。

---

①　[德]康德:《实践理性批判》,邓晓芒译,人民出版社 2003 年版,第 84 页。

②　[德]康德:《康德著作全集》第 6 卷,李秋零主编,中国人民大学出版社 2007 年版,第 394 页。

所以，教化不是别的，是对人的情感的教化，单纯的情感本身是没有尺度、没有节制的，但受教化后的情感则是具有普遍性和客观性的，实现了情理相通。这样一种普遍性的道德情感就不仅能够"以己度人"，还能够"以人度人"。荀子就说："圣人何以不欺？曰：圣人者以己度者也。故以人度人，以情度情，以类度类。"(《荀子·非相》)道德情感就不再是一己之私情，而是能够在伦理的统一性中表现出好恶之情，"爱而知其恶，憎而知其善"(《礼记·曲礼上》)。情感的理性化使人具有设身处地、将心比心，以求与他人情感沟通与共鸣的能力。在道德情感中，始终具有他者的向度，儒家讲"君子有絜矩之道"，何谓"絜矩之道"？《大学》言："所恶于上，毋以使下；所恶于下，毋以事上；所恶于前，毋以先后；所恶于后，毋以从前；所恶于右，毋以交于左；所恶于左，毋以交于右。此之谓絜矩之道。"所以，道德情感就不再是个别性的情感，而是能够与他人相通的普遍性的情感，它不是自然而然就具有的，而是受教化的结果，从而也是德性的成就。强调道德情感在德性中的重要地位，还具有更重要的理论意义，即道德情感的获得不是纯粹理智推论的结果，而是在伦理生活中秉承共同体的价值而塑造的。正如维柯说的，共通感是在所有人中存在的一种对于合理事物和公共福利的感觉，而且更多的还是一种通过生活的共同性而获得并为这种共同性生活的规章制度和目的所限定的感觉。① 也即是，人之所以能够将心比心，不是以抽象的普遍人性为基础来推导或想象出来的，而是在伦理关系的日常互动中所养成或激发出来的移情能力，也与一般性的客观原则(如规范性契约、权利)无关，将心比心从根本上是关系性的。②

① 转引[德]伽达默尔：《真理与方法》，洪汉鼎译，商务印书馆 2007 年版，第 36—37 页。

② 王建民：《何以感通："将心比心"与"主体间性理解"之辨》，《学术月刊》2023 年第 10 期。

因此，我们可以说，理智使我们能够超出动物性本能从而与其取得距离，规范作为一种理智的创制就具有精神的意义，规范是对人的自然性本能的限制，为人取得精神空间的开拓提供了可能。没有对客观性规范的遵循，社会无法正常运行下去，从而人的特殊性目的也无法实现。所以黑格尔指出，特殊性必然以普遍性为其条件，"特殊目的通过同他人的关系就取得了普遍性的形式，并且在满足他人福利的同时，满足自己"①。但我们必须指出的是，具有理智普遍性的规范只是教化的必要条件，却不是充分条件，因为它只是形式的普遍性，而没有获得质料的填充，这里所谓的质料就是人的情感。虽然规范为人与动物性本能取得了距离，但德性是实有诸己的品性，即它还必须对人的情感、感受、欲望进行转化，使个体的情感、感受、欲望受到普遍性价值的洗礼，从而充实理智所开拓的精神空间。所以，教化说到底是对情感的教化。这一点麦金太尔早有揭示，德性不可能是与情感分开的，"德性不仅是按照某些特殊的方式去行事的气质，也是以某些特殊方式去感觉的气质"。"道德教育就是一种'情感教育'。"②这是相当深刻的。没有情感的认同与参与，遵守规范本身还不是德性。亚里士多德就曾指出，道德德性是与人的快乐或痛苦的情感相关的，他说："不以高尚［高贵］的行为为快乐的人也就不是好人。一个人若不喜欢公正地做事情就没有人称他是公正的人；一个人若不喜欢慷慨的事情就没有人称他慷慨，其他德性亦可类推。"③仅怀着痛苦的感情对道德法则的纯然敬重不是德性圆满的表现，德性要以情感合宜来表现。朱熹对性情关系的讨论就体现了这一观点，他说："有这性，便发出这情；因

---

①　［德］黑格尔：《法哲学原理》，范扬、张企泰译，商务印书馆 1961 年版，第 197 页。

②　［美］麦金太尔：《德性之后》，龚群、戴扬毅等译，中国社会科学出版社 1995 年版，第 188—189 页。

③　［古希腊］亚里士多德：《尼各马可伦理学》，廖申白译注，商务印书馆 2003 年版，第 23—24 页。

这情,便见得这性。因今日有这情,便见得本来有这性。""因其情之发,而性之本然可得而见。"①"即情显性"是也。这说明,成就德性,不在于形于外的行为规范约束和囿于内的人性良知的呼唤,而在于行为主体在知、情、意统一的基础上秉持一种普遍性的价值,即对规范所体现的人道价值的捍卫。人道价值或人道情怀不能只是停留在主体的内心深处,那只是黑格尔所说的"自己同自己相处的最深奥的内部孤独"的"形式良心"。真实的良心必须表现于外,表现在对规范的遵循上,并对这种服膺规范的人心灌注一种人道情怀。没有这种人道情怀的灌注,规范只不过是外在的、刻板的约束或程序,正如伯纳德·梅欧所说:"我已经指出,原则的道德观只关心人们做或未做,因为这是规则所要求的。在这种伦理范围内,人们除了拥有原则和具有按原则行为的意志(和能力)以外,很可能根本没有什么道德性质。"②

所以,规范背后的人道价值或人文情怀既是道德教化的基点,也是道德教化的根本旨趣,即规范在于通过普遍性的形式对人的心灵实施影响、陶冶,使之放弃一己之私的狭隘性。对规范的普遍性价值的觉察乃黑格尔所说的存在论意义上的思维(Denken),"当我思维时,我放弃我的主观的特殊性,我深入于事情之中,让思维自为地作主,倘若我参杂一些主观意思于其中,那我就思维得很坏"③。所以,在有教养的心灵面前,不是自我是主体,而是规范的普遍性价值才真正是主体;而在没有教养的心灵面前,以为规范至多是外在的必然性。因此,真

---

①　转引蒙培元:《情感与理性》,中国社会科学出版社 2002 年版,第 124 页。性必在情上显,通过情可推知性。正如子夏问孝,孔子答曰:"色难。"所谓色难,谓事亲之际,惟色为难也。朱子解曰:"盖孝子之有深爱者,必有和气;有和气者,必有愉色;有愉色者,必有婉容。"这就表明有德性之人,表现于外的行为皆能得其情感之正,"发而皆中节"是也。

②　转引[美]彼彻姆:《哲学的伦理学》,雷克勤等译,中国社会科学出版社 1990 年版,第 226 页。

③　[德]黑格尔:《小逻辑》,贺麟译,商务印书馆 1980 年版,第 83 页。

正说来,一个社会的解体并不在于人们不遵守规范,不履行义务,而在于规范所体现的普遍性人道价值的沦丧和生活意义的迷茫,规范的失效只是其表现。"礼崩乐坏"并不表现为对形式化、仪式化的礼的践踏,而是体现在对礼背后人道价值"仁"的丧失。孔子云:"人而不仁,如礼何? 人而不仁,如乐何?"(《论语·八佾》)人"习礼"乃是对人道价值的体认,从而整合人心的秩序以致获得生活的意义与生命的价值的体认。所以,有学者指出,作为符号化的制度和价值体系的"礼"具有十分重要的意义,它既是把人与动物区别开来的标志,又是个我立身处世的准则;既是实现其仁义理想的具体方式和途径,也是儒者保持自身尊严与个我完成的道德和方法;既是对人类道德底线的守卫,又是对道德主观主义和相对主义的限制。[①] "行义以礼,然后义也。"(《荀子·大略》)

所以,在教化论意义上的"应该",包含着比你"应该"按照规范行动更多的内容,即它还应该指向一种行为或品质对于人的内在目的实现,只有实现了这种目的才算得上是有德性之人。这也说明道德是一种自由的精神,它只能以主体的方式而不是外在的方式实现自身。即便罗尔斯也承认,"道德学习不是一个获得新动机的过程,因为一旦我们的理智和情感能力得到了必要的发展,这些动机自己就会产生"[②]。在教化论看来,我们不是外在地灌输一种规范,也不是将规范内化为人的意识,而是强调规范所体现的人道精神和价值内容及其对人的理智、情感、欲望的塑造,从而使之做到"发而皆中节"的中和状态。受教化而成的德性是一种高尚的情感,"德性是一种较高层次的欲望(在这种情况里就是一种按照相应的道德原则行动的欲望)调节的情感,这

---

①　龚建平:《意义的生成与实现——〈礼记〉哲学思想》,商务印书馆 2005 年版,第171 页。

②　[美]罗尔斯:《正义论》,何怀宏等译,中国社会科学出版社 1988 年版,第448 页。

些情感亦即相互联系着的一组组气质和性格"①。朱小蔓教授也曾指出，只有当人从内心体验到某种价值，或产生认同、敬畏、信任的情感体验或抗拒、厌恶、羞愧的情感体验时，才谈得上道德学习和道德教育的实存性。② 道德教化乃是对人的实存即情感、欲望的提升，使情感态度和欲望品质能够与他人相通，感同身受，将心比心。道德情感乃是一种敏锐的感觉，而不是麻木不"仁"。

现代规则的道德普遍认为道德是约束人们行为的规则体系，它与法律、社会管理规范的不同仅仅是约束方式上的不同，即道德是依靠传统、风俗习惯、社会舆论以及个人良心等软性力量的制约，而法律和社会管理规范则是强制性的甚至依靠国家机器来制约违反规范的行为。进而说，道德规范是法律和社会管理规范之外的第三种约束力量，它是对法律和社会管理规范的补充。这种观点实际上是对道德的相对狭隘理解，我们前面讲了，道德领域及其规律有自身的特点，它"无所在又无所不在"。它不是在法律和社会管理规范之外的地方有其实存，而是作为一种道德精神或伦理精神灌注于具体的规范，使具体的规范秉承一种具有生命普遍性的价值，并为具体的规范提供价值合理性的论证，它的作用主要是表现在对人的心灵进行引导、涵厚与化通，使人的心灵处于中和状态，进而教化成德。所以，正如米德所指出的，仅仅遵循规范行事并没有道德意义，遵循规范应该上升到对某种普遍性价值的追求。"我们不能事先订下应当做什么的固定规则。我们可以弄清楚实际问题中包含哪些价值并根据它们合理地动作。这是我们对所有人提出的所有要求。当我们反对某人的行动时，我们说他没能认识这些价值，或者虽然承认这些价值但没有根据它们合理

---

① ［美］罗尔斯：《正义论》，何怀宏等译，中国社会科学出版社 1988 年版，第184 页。

② 转引刘惊铎：《道德体验论》，人民教育出版社 2003 年版，第 105 页。

地动作。"①正所谓义体而礼用。对应然价值的追求不能仅停留在对价值本身的认识上，要做出合理的行动还必须有相应的情感和意志的参与，赋予生命以规范性向度，达到对行为者的精神教化。

必须指出的是，德性与道德规范之间存在着良性的互动，德性不可能仅停留在品性、人格等精神形态的存在方式中，随着道德生活的不断重复，德性必然而且也应该进一步转化为某种"制度化的事实"，即道德规范以及法律规范等。因为，德性不仅仅是涉己的，也是涉他的。德性必然要展现于人际关系和人际互动之中，它内蕴着对行为正当性的承诺与担保。这种承诺和担保必须转化为一种"制度化事实"，才能是稳定的和有效的。道德规范是这种"制度化事实"的集中表现。而具体的规范却又必须是对人道价值的捍卫，否则的话，将丧失其合理性及客观性。因此，对于道德教化的任务来说，不只是培养人对规范的遵循能力，更应该看到规范所体现的普遍性价值对人的心灵的塑造，使人心能够与自身的本能取得距离，进而能够与他人、社会甚至自然宇宙的精神层次相通，开拓出一种"民胞物与"的伟大胸襟。《说文解字》释"圣"为"通"可谓深得其意，"通"不是理智上的沟通，而是情理相通，"通"感只有在教化论的意义上才是可能的。由教化而成的德性既超越了其狭隘的一己之私，又走出了抽象的普遍性，它必须以体现普遍性价值的善为指引。"事实上，人们对道德要求的自知、自择、自为这种内在的良心活动，以及在主体内部达到的理性、情感、欲望的中和状态，在其与外在世界的相互作用中所铸成之德性，也就是有教养的道德行为之内在的必然，即它必然向善。"②合外内之道以超越自我之偏与私，德性可成矣。

---

①　［德］米德：《心灵、自我与社会》，赵月瑟译，上海译文出版社 1992 年版，第336 页。

②　宋希仁：《论伦理秩序》，《伦理学研究》2007 年第 5 期。

二、实践智慧与道德判断力

自现代性以降，自然科学的研究方法渗透进而主宰着人文科学、道德科学的研究方法，这一点从我们现代占主导地位的伦理学形态——普遍主义的规范伦理学就可得知，它的特点就是追求确定性和形式的普遍性。反之，不能普遍化的、"极高明"的"智慧"则斥之为伪科学，原因在于它无法为理性所证实。正如笛卡尔的格言"我思故我在"所表明的那样，只有从自我理性出发获得的知识才具有确定性或普遍有效性。确定性的寻求是理性的目标。在这一点上，罗蒂对笛卡尔的这种现代性的转变有着深刻的洞见，"从作为理性的心转向作为内在世界的心的笛卡尔转变，与其说是摆脱了经院哲学枷锁的骄傲的个人主体的胜利，不如说是确定性寻求对智慧寻求的胜利"①。这种确定性的寻求方式使得道德形而上学降格为道德规范学，从而对规范的知识取代了结合自身存在以及具体情境的考虑的实践智慧。

在古代德性伦理学那里，德性追求的是一种实践智慧。比如在亚里士多德那里，实践智慧②不同于技艺、科学、努斯、智慧等，它是需要经验并同具体的事情相关的。亚里士多德对苏格拉底提出的"德性即知识"命题进行了适当的改进，认为德性与逻各斯一起发挥作用，并对德性做了更细致的划分：理智德性和道德德性。理智德性是通过教导而发生的，道德德性则是要通过习惯养成。而且亚里士多德还认为，

---

① ［美］罗蒂：《哲学与自然之镜》，李幼蒸译，生活·读书·新知三联书店 1987 年版，第 43 页。

② 廖申白教授把 prudence 译为"明智"是比较恰当的，因为 prudence 与智慧还是有区别的。为了行文的需要，我把"明智"改为"实践智慧"。而把 prudence 译为实践智慧也是可以的，原因就在于明智虽然是一种理智德性，但它所考虑的是可变事物并且指向人的好生活，与技艺（一种制作）、科学（其对象是不可变的、可教可学的）、智慧（智慧所追求的不仅是属人的、是关乎永恒的事物的）不同，它是与实践、道德德性分不开的。这种译法的改动把道德知识的实践性体现出来了。

德性是同实践与感情相关的,感情与实践中存在着过度、不及与适度,德性就是适度。那么什么是适度呢?"在适当的时间、适当的场合、对于适当的人、出于适当的原因、以适当的方式感受这些感情,就既是适度的又是最好的。这就是德性的品质。"①"适度"恰当地肯定了道德世界的丰富性与复杂性,而且"适度"这一概念恰当地表达出了人性之可能或有限性的向度,恰恰是这一点为近代以来的道德哲学所忽视。因为近代以来的道德哲学都过于相信理性,认为理性具有情感所不具有的准确性与普遍性。无论是功利主义伦理学还是义务论伦理学,都强调一种客观的"不偏不倚"的立场,这种"不偏不倚"性既是对行为主体的普遍性,也是对行为对象的普遍性而言的。它根本不考虑主体所处的境况,也不考虑环境的变化以及主体与对象之间的特殊性关系,只是以不允许例外来要求一切行为。正如伽达默尔所评价的,亚里士多德"把人的生活处境的有条件性置于中心,作为哲学伦理学乃至伦理行为的中心任务,描绘出了普遍东西的具体化和对具体处境的应用"②。其实,"适度"就表达了德性的自由,而且是一种人性的自由。在"适度"的行为中,我们不会再考虑行为是否合乎严格意义上的规范,因为自由已经超越了规范的层次,是在规范的普遍性与人性的有限性之间相互融通之后的自然流露,这种自由之境是在伦理性的道德教化中实现的。正如黑格尔强调的,"一个人做了这样或者那样的一件合乎伦理的事,还不能就说他是有德的;只有当这种行为方式成为他性格中的固定要素时,他才可以说是有德的。德毋宁应该说是一种伦理的造诣"③。可见,德性是一种内在的尺度,它不是要求人们毫无

① [古希腊]亚里士多德:《尼各马可伦理学》,廖申白译注,商务印书馆 2003 年版,第 47 页。

② [德]伽达默尔:《论一门哲学伦理学的可能》,邓安庆译,《世界哲学》2007 年第 3 期。

③ [德]黑格尔:《法哲学原理》,范扬、张企泰译,商务印书馆 1961 年版,第 170 页。

创造性地因循伦理规范，而是一种伦理的艺术，即能够在错综复杂的具体情境中做到恰当。所以，正是其对德性的现实性与条件性的创造性诠释才使德性的自由成为可能。

由此可见，德性是一种中间状态的选择，不过中间状态不是"相对于事物自身而言的中间"，而是"相对于我们自身的中间"。"相对于事物的中间"有一个确定的"量"的标准，与之不同，"相对于我们自身的中间"则是"质"的标准。所谓"质"的标准要求我们自身把捉，是否拿捏恰当直接取决于我们自身的道德品性。这类似于儒家讲的"心安"。为礼、行孝根本不是刻意地符合外在的"礼仪"，而是在实施礼仪的过程中情感得到安顿。对某件事的"安"与"不安"是对于主体自身而言的，它可以见出一个人的德性。难怪乎伽达默尔讲道德知识乃是要求"自我协商"（Mitsichzurategehen）。① "自我协商"的根本要义乃是我们如何做才是"合宜"的，因为根本就不存在一种纯客观的规范或知识能够穷尽一切具体情境，普遍性法则的具体运用就必须不断地调整以求合乎中道。另一方面，我们也必须站在"中间"的立场来调适自我与他者之间的关系，能够设身处地地与他人取得"共感"和"同情"。而不是将抽象的"原则"一贯到底，不管对象、情境的变化。因此，关键不在于客观地认识对象，而在于"理解"（Verständnis）对象，所谓"理解"就不是一种一般的了解，而是把自身投入和他人一起经验的共同关系。所以说，实践智慧不是隶属于道德德性，而就是德性本身。

在亚里士多德看来，一个人如果有了实践智慧，他就有了所有的道德德性。原因在于，"德性使我们确定目的，实践智慧（明智）使我们选择实现目的正确的手段"②。在德性伦理学那里，所谓的目的和手段的关系是一种内在的关系，不仅目的的善限制手段的善，而且手段

---

① ［德］伽达默尔：《真理与方法》上卷，洪汉鼎译，商务印书馆 2007 年版，第436 页。
② ［古希腊］亚里士多德：《尼各马可伦理学》，廖申白译注，商务印书馆 2003 年版，第 190 页。

的善也决定目的的善。正如伽达默尔所说的那样，"手段的考虑本身就是一种道德的考虑，并且自身就可以使决定性目的道德正确性得以具体化"①。强调实践智慧对于道德德性的重要性，并不代表否定道德规范的重要性，道德规范对于德性的养成当然是重要的，没有普遍性的规范对人的个别性欲望的节制、范导和提升，个体的欲望是无法返回自身从而获得德性的涵养的。但是我们也不可否认，"普遍法则是需要运用的，而法则的运用却又是没有法则的"②。之所以说法则的运用是没有法则的，是因为德性不仅与逻各斯相联系，还与人的情感和特殊性的存在相关。普遍性法则的运用是德性的创造，这种创造不仅是依循于普遍性的原则，更是对存在事实的创造。没有这种创造，也就没有实践智慧。因此，对于道德知识来说，就不是抽象的客观性，而是与具体情境共生并丰富的。以亚里士多德为代表的德性伦理学所讨论的知识或理性不是与人的存在相脱离的，而是与人的存在密切相关的，知识或理性具有双重特性：一方面是被存在所规定，另一方面又规定存在。这种由事实性存在所丰富的就是智慧，它是对普遍性法则的再创造，因为它在普遍性中注入了特殊性，而特殊性又不离普遍性，这就是由教化而实现的实践智慧。

在儒家那里，德性也表现为对"中庸"之德的追求。"极高明而道中庸"，所谓"中"者，"不偏不倚、无过无不及"，"中无定体，随时而在"。（《四书集注·中庸集注》）前面我们提到，义务论和功利主义的道德也讲"不偏不倚"，但与儒家"中庸"讲的"不偏不倚"恰好是相反的。现代性道德所强调的"不偏不倚"是"相对于事物自身"而言的，是"量"的，而不是相对于自我情感、选择的适度。这是要区分开来的。孔子曰："君子中庸，小人反中庸。君子之中庸也，君子而时中；小人之

---

① ［德］伽达默尔：《真理与方法》上卷，洪汉鼎译，商务印书馆 2007 年版，第438 页。
② ［德］伽达默尔：《科学时代的理性》，薛华等译，国际文化出版公司 1988 年版，第43 页。

中庸也，小人而无忌惮也。"（《礼记·中庸》）"诚者不勉而中，不思而得，从容中道，圣人也。"（《礼记·中庸》）"中"在儒家那里，既是德性的起点，又是德性的最高境界。所谓起点，乃是说德性在于"守中""执中"，守中或执中就是要把握分寸，当止则止。"止"在德性的涵养中是第一步的，所谓"知止而后定，定而后能静，静而后能安，安而后能虑，虑而后能得"（《礼记·大学》）是也。其实"止"是最具有教化意涵的，小人"无忌惮"在于无所"止"。首先，"止"是一种对善的无限追求，"止于至善"。不过，至善的实现就体现在伦理关系中安伦尽分，"为人君，止于仁；为人臣，止于敬；为人子，止于孝；为人父，止于慈；与国人交，止于信"（《礼记·大学》）。其次，"止"是一种返身，"反身而诚，乐莫大焉"。"止"与"放"对举，即孟子所谓"放其心"是也。"放其心而不知求"（《孟子·告子上》）即是放任人的欲望能力而不知返身，"昏昧放逸"，这是缺乏教养的表现。所以程子曰："圣人千言万语，只是欲人将已放之心约之，使反复入身来，自能寻向上去，下学而上达也。"（《四书集注·孟子集注》）而"知所止"是人的心灵能力外化于物的过程中，意识到对象同自己一样具有自我意识，因而对象是目的而不只是手段。有了"止"的意识就是自我外化的同时能够向自身返回从而安顿人的心灵，获得德性的内在利益。

不过，"止"的尺度把捏则是"经""权"互通。"经"是道德规范即"礼"，而"权"则是对礼的变通。《孟子·离娄上》中就谈到"经"与"权"的问题，"男女授受不亲，礼也"，但"嫂溺援之以手者，权也"。"权"即权衡，普遍性的"礼"只有与具体情境结合方才体现出德性自盈不亏，不顾具体情境而一味地照搬规范乃是德性尚未占有人，而只是人占有德性的一种表现。人占有德性，就是知性地把德性抽象化、规范化，而没有规范成为润泽、充沛生命的德性。正如朱熹指出的，"权，称锤也，称物轻重而往来以取中者也。权而得中，是乃礼也"（《四书集注·孟子集注》）。可见，礼的最高境界乃在于"得中"。因此，中庸乃所谓"至德"也。只有这样，德性才真正进驻人的内心，充塞流行。因此王阳明讲，良知乃"至简至易，至精至微"，"良知即是《易》，'其为道也屡迁，变动不居，周流六虚，上下无常，刚柔相易，不可为典要，惟变所适'。此知如何捉摸得？见得透时便是圣人"。（《传习录·黄以方录》）心之体自然廓通，故能"情顺万事而无情"。所以儒家乃"为己之学"，"为己"是以"成己"为目的，"心之体"固然具有普遍性，而"成己"则意味着使具有普遍性的心体与个体存在合一，并通过对"心体"的自悟而成就人的内在德性。因此可以说，"为己"乃是将"心体"与个体生命直接相关，行著习察，实有诸己。儒家讲的"君子之学也，以美其身""德润身"就是这个意思。

　　因此，由教化而获得的德性，就不会茫荡于"意、必、固、我"，而是表现为实践智慧，它是理性的普遍性与个体的内在品质共同的创造。道德理性不再是所谓的主体站在对象之外来纯客观地对待之，即黑格尔所批判的"观察的理性"。而是能够返回自身并与人的内在情感、欲望相互调解，上升至"精神"，从而使人的整个心灵、气质都发生变化并相互化通，把自己的精神从自然本能的粗鄙状态向普遍性状态跃升，从而把自我造就成普遍性的个体。"精神的普遍化既是一种充实、一种涵厚，又是心灵诸因素的相互化通，彼此融合为一个整体，从而获得了一种新的创造性素质，即一种灵敏的判断力和感受性。"①这个普遍性的个体能够以适当的方式把"道"体现于具体物事上，像有德性的人那样行事。所以，德性是一种实践智慧而不是具体的道德规定，这一点在儒家那里得到充分体现。智、仁、勇、忠、孝、义等在儒家那里就没有固定的定义，所以每有问，孔子总是因人而异，随处指点。在某种意义也决定了"美德不可思议的可学，却并非必然明显地可教。我们能够获取美德，甚至似乎能够学习美德，然而却很难证明，我们彼此能够

---

　　①　詹世友：《道德教化与经济技术时代》，江西人民出版社 2002 年版，第 91 页。

传授美德或教授美德"①。这种不可思议的"神机"就在于美德乃是实有诸己的品性。因此,"德性"便是规定道德行为的见识,这种见识又不是一种认识的理论能力,而是来源于一种道德的存在规定性的"实践智慧","它是对每个决断所要求的处境所做的本源的照亮"(伽达默尔语)②。

但是,正如伽达默尔所见识到的,我们这个世界所面临的最主要问题是:随着技术展开对生活的全面统治,实践的本真意义与实践智慧正在逐渐淡出和消失。因为,"在像我们这样的科学文化中,技术和工艺领域大大地扩展。因此,掌握达到先定目的的手段已经变得更加单一和可控制。关键的变化是人际接触和公民间相互交换意见不再能促进实践的智慧。不仅工匠的技艺为工业劳动所取代;我们日常生活的许多形式也被技术地组织起来,因此它们不再需要个人的决定。在现代技术社会中,舆论本身以一种新的、真正决定性的方式成为复杂技术的现象——我认为,这是我们文明面临的主要问题"③。因此,他所开创的哲学解释学某种意义上就是对现代性中实践智慧缺失现象的有感而发,并企求复原理性本来所具的另一向度:对价值善及其合理性的寻求。所以,他呼吁德性之知实乃有别于技术知识的"另一种知识",在某种意义上说,它不可学不可教,它在于人对自身理性的反思判断力。对人的善本身的反思,是对善在人的各种具体活动中展开和显现的思考与判断。道德知识直接指向实践,指向人的最广泛意义上的生活本身。因而实践既不是那种基于专门能力的生产行为,也不是指那种完全脱离经验活动的纯粹理论认知,而是指依照实践之知在具体生活实践中自由选择生活可能性的伦理—政治行为,即根本意

---

① 刘小枫、陈少明:《美德可教吗》,华夏出版社 2005 年版,第 13 页。

② 转引张能为:《理解的实践——伽达默尔实践哲学研究》,人民出版社 2002 年版,第 196 页。

③ 转引张汝伦:《思考与批判》,上海三联书店 1999 年版,第 20 页。

义上的人类实践行为、存在行为。它也不同于理论知识或技艺知识那样将某些普遍的、固定的原理、规则运用于对象，而是要在具体的实践行为过程中来完成自己、实现自己，"它是针对具体情况的，因此它必须把握'情况'的无限多的变化"①。因此，可以说，实践"不仅仅依赖于对规范的一种抽象意识。它总是已经受着具体事物的驱使，带着先入之见肯定事物，而且受到各种先入之见进行批判的挑战"②。这种"先入之见"就是人对自身存在的照亮，是解释学意义上"理解"得以发生的"事实性"基础。

　　由此，道德判断力的形成需要对具体情况的掌握和社会习俗上的适应，它是一种社会习俗上的存在（hexis）为前提条件。伽达默尔把亚里士多德的"Phronesis"概念理解为一种"精神品性"。"他（指亚里士多德——引者注）在这种品性里看到的不只是一种能力（dynamis），而是一种社会习俗存在的规定性，这种规定性如果没有整个'道德品性'就不能存在，就像相反地'道德品性'如果没有这种规定性也不能存在一样。"③所以，实践智慧及其道德判断力的形成不是不动感情、不动声色地对普遍法则的直接运用，而是在伦理生活中不断践履并结构化德性为自身的第二天性而获得的一种"机敏"、一种"普遍的感觉"（ein allgemeiner Sinn）。正如伽达默尔所认为的，伦理学这门有关正确的生活方式的学问必须以其在一种活的精神气氛中的具体化为前提，④而这种"活的精神气氛"只有在具体的伦理生活中才是可能的。

---

　　①　［德］伽达默尔：《真理与方法》上卷，洪汉鼎译，商务印书馆 2007 年版，第 35 页。
　　②　［德］伽达默尔：《科学时代的理性》，薛华等译，国际文化出版公司 1988 年版，第 72 页。
　　③　［德］伽达默尔：《真理与方法》上卷，洪汉鼎译，商务印书馆 2007 年版，第 36 页。
　　④　［德］伽达默尔：《科学时代的理性》，薛华等译，国际文化出版公司 1988 年版，第 85 页。

第三节 教化的实现与伦理秩序的形成

之所以说伦理是"活的善",乃是因为教化而成的德性在其内在尺度上秉持一种普遍性的价值,这种普遍性是情感的普遍性或具体的普遍性。道德教化的目的也就在于此,它要求道德主体能够对具体的环境作出及时并且合宜的道德反应。所以说,有德性的人已然超越了规范的硬性要求,而是具有能够在自我与他者、知与行、情与理之间作出很好的调适以达到动态平衡的能力,这是一种实践智慧。没有伦理生活中对德性的践履、涵泳和敦厚,个体无论如何也无法获得这种实践智慧。实践智慧的养成乃是道德教化对于个体的要求。而对于社会来说,道德教化的目标是培育了一种健康的伦理精神,使人心的秩序与社会的秩序能够相契相合。道德教化对伦理与道德的区分丰富了伦理学的理论视野,即伦理学不仅是处理个体与个体之间的关系,还有一个重要的维度,即个体与实体之间的关系。这也为我们反思伦理实体本身的合理性提供了可能。

一、道德教化实现的环节

道德教化是一项综合性的工程,它不是在抽象理性中实现的,而是必须在"精神"的环节中才能实现。精神是理性的,更确切地说是合理性。黑格尔是用"vernünftig"来指称合理性的,不过罗尔斯指出,黑格尔所谓的"vernünftig"(合理性),并不是工具(instrumental)意义上的理性,或者目的—手段(means—ends)意义上的理性,也不是经济理性(economic rationality)，而是相当于英语中的"reasonable"。① 也就是说，精神的理性乃是包含着行为合宜与情感适度的考虑，它是理性与情感的辩证统一。合理性必须以理性为前提，没有理性而任凭欲望的擅自专断无论如何也无法做到合理。但合理性不只是理性本身，还应包括合情，即所谓合情合理，而合情更多的应该是主体自身内在的尺度。更为重要的，精神的普遍性只有在欲望、情感中才是现实的，没有这些特殊性的中介，精神会与人的生活相间隔，从而是虚幻的。所以，"所有的精神现实都必须被实体化，实体是存在于一定的时间和空间中的，因而是特殊的。精神只有通过被实体化在有限精神中才能成其为精神。那些有限精神是特殊的精神。因此，实存的代价是特殊化"②。特殊化、实体化是精神实现自身的必然环节。

在还没有上升到客观精神的"理性"(狭义上的理性)阶段，虽然实践理性也是一种行动的理性，它已能直观到自我意识的真理乃是一个自我意识对另一个自我意识，且只有将自我意识提升到普遍性的自我意识才能实现自身。但是，在狭义上的理性那里，特殊性与普遍性还是各执一端，没有真正实现两者在精神层次上的"和解"。比如在"浮士德意识"看来，自由不是在纯粹思维的宁静中玄思，而是必须投入行动，它是一种创造、一种享乐，在它看来，"进入而充实着这个自我意识的，不是天上的精神、不是知识和行动里的普遍性的精神(在这种精神里，个别性的感觉和享受陷于沉寂)，而是地上的精神，地上的精神认为只有象个别意识的现实这样的存在，才算是真正的现实"③。不过，在"浮士德意识"中，现实的伦理实体乃是抽象的普遍性，个别意识是

---

① John Rawls. *Lectures on the History of Moral Philosophy*. Edited by Barbara Herman. Cambridge, Mass：Harvard university Press, 2000, p. 332.

② ［加］泰勒：《黑格尔》，张国清、朱进东译，译林出版社 2002 年版，第 298 页。

③ ［德］黑格尔：《精神现象学》上卷，贺麟、王玖兴译，商务印书馆 1979 年版，第 240 页。

精神的最贫乏的形式，"快乐"必将为"必然性"所颠倒，因为抽象的"必然性"乃是个体性无法逃遁的命运。而当"浮士德意识"直接将自己设定为必然性，即把"快乐"提升到形式普遍性的层次，即把"最大多数人的最大幸福"作为其本质规律时，它实际上又没能找到普遍与个别统一的契机，因为在它那里，"心的规律"与"现实的规律"始终对抗着。最后，"心的规律"在现实世界中就展示为"德行"与"世界进程"的矛盾。在黑格尔看来，德行乃是一个道德武士，在它看来，现实世界充斥着个体性，因此"德行"的目的乃是取消个别性，"只有整个人格的牺牲、舍弃……才足以保证自我意识已不再执着于个别性了"[①]。它想通过对个别性的取消将颠倒了的"世界进程"重新颠倒过来，以实现其本质。但是，它不想在现实中实现德行，因为现实性根本不是别的，本身就是个体性。正如科耶夫所说，"德行的人把一切价值给予置身于反对世界进程的斗争中的特殊的人；因此，他必须在其'斗争者'的身份保存自己。因此，从根本上说，他不想改变给定的社会。他不想取得胜利，因为他的胜利将取消其作为斗争者的实在性，也就是他的价值"[②]。德行把道德价值的实现推之于彼岸世界，它的行动就是否定性，现实社会中一切具体的差别、等级、制度等因达不到普遍性的要求而无法入其法眼，故也不指望能在世界中实现什么肯定性的事业，任何肯定性只会自我取消。

所以黑格尔指出，与世界进程绝对对立的德行乃是脱离了伦理实体的规定性的，它是一种无本质的德行，它是一种缺乏任何内容的观念和词句的德行。"自为存在（自为存在以为自己与自在存在相对立）的目的，它的挖空心思的诡计，以及它到处去指明一切人都自私自利所用的那些精致的说明，也就象自在存在的目的和自在存在的高谈宏

---

① ［德］黑格尔：《精神现象学》上卷，贺麟、王玖兴译，商务印书馆 1979 年版，第252 页。

② ［法］科耶夫：《黑格尔导读》，姜志辉译，译林出版社 2005 年版，第 100 页。

论那样,终都归于消逝。"①其实,个体性的行动与伦理的自在性乃是辩证统一的,自在性的伦理如果缺乏个体性的行动,自在性就是死的,没有生命的,它的生命就是在个体性的行动中实现的。"自在性并不是一种尚未展开的没有具体存在的抽象的普遍;它本身直接就是个体性的历程的现在和现实。"②由此,我们知道,在理性(狭义上的理性)阶段,自在与自为、普遍与特殊总是处在对立的两极,这样一来,"德行"只不过是一项虚假的行动,它只是一些空话,"它们使心地高尚,使理性空疏,它们努力建设,但是毫无建树"③。因此,真正的德行只有在特殊性中,在世界进程中扬弃特殊性,从而实现善的自在本质。

从黑格尔的辩证分析中可见,特殊性环节在道德教化中有着非常重要的地位,这也说明道德不只是保存在内心世界的"优美灵魂",而是要在伦理实体中实现。一方面,并非所有的个体性、特殊性的环节都是恶的。正如罗尔斯认为在黑格尔那里,区分个体的善(the good of individuals)、个体的私人之善(the private good of individuals)以及个体自身的私人之善(the private good of individuals as such)是重要的④。个体的私人之善与个体自身的私人之善是非公共性的,而个体之善却至少部分地包含着社会或公共的目标。对于情感也应作如是

---

①　[德]黑格尔:《精神现象学》上卷,贺麟、王玖兴译,商务印书馆 1979 年版,第 260 页。

②　[德]黑格尔:《精神现象学》上卷,贺麟、王玖兴译,商务印书馆 1979 年版,第 260 页。

③　[德]黑格尔:《精神现象学》上卷,贺麟、王玖兴译,商务印书馆 1979 年版,第 258 页。因为保持住"德行"美誉的莫过于不行动,因为只有在不行动中,"优美的灵魂"才会以其不行动而毫无劣迹。所以,泰勒也指出,这种"德行","不是希望通过向世界注入我们自己的个别性来挽救世界,我们现在的想法是通过清除我们行动中的个别目的所有踪迹来净化我们的世界"。([加]泰勒:《黑格尔》,张国清、朱进东译,译林出版社 2002 年版,第 254 页。)只有剔除了特殊性的行动才配得上"德行"的美誉,殊不知,人无法脱离于他们作为人所具有的特殊需要和欲望,普遍性只有在特殊的人的活动中才能实现。

④　John Rawls. *Lectures on the History of Moral Philosophy*. Edited by Barbara Herman. Cambridge, Mass: Harvard university Press, 2000, p. 368.

观,我们也许可以认为情欲是指向非公共性的,但情感可以是普遍性的或指向公共的目标的。所以,道德教化就是把一种无善无恶的个别性情感提升到普遍性的层次,使之指向公共性价值的实现。而且对于那些非公共性的情欲,也使之限制在合理性的范围之内,至少不得妨碍他人类似的非公共性价值的实现。正是在这种意义上,黑格尔说:"欲求和冲动正就是自身实现着的自我意识。但是欲求和冲动也不应该被压抑掉,而应该符合于理性。它们也确实是合乎理性的,因为道德行为不是别的,只不过是自身实现着的亦即给予自己以一种冲动形态的意识,这就是说,道德行为直接就是冲动和道德间的实现了的和谐。"①

道德和冲动的和谐乃是道德教化的题中应有之义,这也是我们批判康德的先验理性是抽象的原因,因为先验理性在善良意志与幸福、欲望之间作了严格的区分,善良意志就是体现在理性对经验性幸福、欲望拒斥后所实现的自由中。正如康德所说:"由德性的法则对意志所作的一切规定的本质在于:意志作为自由意志,因而并非仅仅是没有感性冲动参与的意志,而是甚至拒绝一切感性冲动并在一切爱好有可能违背这法则时中止这些爱好的意志,它是单纯由这些法则来规定的。"②可以看出,先验理性其实是一种分裂理性,这种分裂理性并没有告诉我们应该如何去行动,因为行动总是个体的,我们不可能不带任何情感或情绪去做一件事情。而黑格尔的精神则具有更强的包容性,我们不去简单地去否定个别性、特殊性环节,而是要扬弃之。扬弃(Aufhebung)不是别的,乃是特殊性与普遍性的统一。这就是说,特殊性作为一个环节包含在精神的普遍性之中。可以说,没有这样一种欲求和冲动,道德只能沦落为抽象的普遍性而无法实现自身。"道德

---

① [德]黑格尔:《精神现象学》下卷,贺麟、王玖兴译,商务印书馆 1979 年版,第 140 页。

② [德]康德:《实践理性批判》,邓晓芒译,人民出版社 2003 年版,第 99 页。

意识决不能放弃幸福,决不能把幸福这个环节从它的绝对目的中排除掉。那被表述为纯粹义务的目的,从本质上说,本身就有必要包含着个别的自我意识;因为个体的信念和关于这种信念的知识,本来就构成着道德的一个绝对环节。"①在义务论那里,道德是必须排斥特殊利益,认为它不是本质的,甚至是无价值的环节。而黑格尔则辩证地认为,特殊性的环节同样是本质的,因为精神的本质只有在绝对的支离破碎中才能保全其自身。

另一方面,伦理实体本身就是合理性的实现。有教养的理性乃是能在现实存在中看出合理性,并自觉地将自我按照伦理实体的具体规定而把自我塑造成一个普遍性精神的存在。"伦理的实体是自我意识的本质;而自我意识则是伦理实体的现实和实际存在,是它的自我和意志。"②这就说明,我们不是在现实之外受到教化的,而只能依乎我们的伦理实践,伦理实践内在地具有一种普遍性的结构,因为它具有一种客观必然性,而"真实的现实性就是必然性,凡是现实的东西,在其自身中是必然的。必然性就在于整体被分为概念的各种差别,在于这个被划分的整体具有持久的和巩固的规定性,然而这种规定性又不是僵死的,它在自己的分解过程不断地产生自己"③。道德的善要摆脱其在现代社会被私人化、碎片化、多元化,进而导致"不可公度性"的命运,就必须走出主观化、内在化的环节进入现实伦理实体,理性认同伦理实体中所内蕴的普遍性和客观性。同时,凭借道德自我的反思性,不断合理化伦理实体的道德要求,使之结构化、组织化于现实的规章制度体系中。

---

① ［德］黑格尔:《精神现象学》下卷,贺麟、王玖兴译,商务印书馆 1979 年版,第127 页。

② ［德］黑格尔:《精神现象学》上卷,贺麟、王玖兴译,商务印书馆 1979 年版,第290 页。

③ ［德］黑格尔:《法哲学原理》,范扬、张企泰译,商务印书馆 1961 年版,第 280 页。

可见，道德教化的实现环节是伦理精神的特殊化、具体化。伦理精神是自在的普遍性，它要走向自为就必须落实于现实的活动中，在特殊性中实现普遍性。外在化或异化是精神实现的一个实质性阶段，但道德教化并不仅停留在异在当中，而是通过扬弃异在向自身返回。"我们所能做的一切是度过这个特殊的存在，以便实现一种能够承载起普遍意识的生命形式。我们不得不先犯下原罪，然后再去赎罪。"① 所以，没有特殊性的环节，普遍性也只是空中楼阁。真正的无限乃是包容有限，在有限的基础上实现无限。这也就说明了道德教化的主要任务不在于用理性从存在物中将普遍性的东西产生出来，而在于使普遍性的东西成为有生气的、活的东西。抽象普遍性的东西对于个体生命来说是毫无教化意义的，教化只能是针对情感、欲望、意志，在客观定在中实现普遍性的价值。"目的、公理等等，只存在在我们的思想之中、我们的主观的计划之中，而不是存在于现实之中。它们仅仅是为自己而存在的东西，是一种可能性，一种潜伏性，但是还没有从它的内在达到'生存'。……那个使它们行动，给它们决定的存在的原动力，便是人类的需要、本能、兴趣和热情。"② 道德的善的实现——不仅是对内在自然和外在自然的超越，还包括对自我中心主义的克服——就必须进入伦理实体，实现人与人、人与社会、人与自然的真正统一。当然，这只有在马克思的"自由人的联合体"中才能完全实现。

二、伦理精神：实体性与主体性的辩证

人总是生活在一定的伦理关系或伦理实体中，但伦理关系或伦理实体不仅是一种客观化的社会关系存在，从本质上讲，伦理关系是一种精神性的关系，所谓伦理精神是也。不过应该指出，伦理精神虽然

---

① ［加］泰勒：《黑格尔》，张国清、朱进东译，译林出版社 2002 年版，第 267 页。
② ［德］黑格尔：《历史哲学》，王造时译，上海书店出版社 2006 年版，第 20 页。

以"精神"的形式出现,但这种以主观形态出现的"精神"并不会流于空
洞的主观任意,而是受文化传统、历史、伦理形态以及政治、经济制度
等客观性因素决定的。所以伦理精神是自在的存在与自为的反思的
统一,它是反映着客观必然性的、具有现实性的客观精神。"伦理精神
是贯注于伦理关系或伦理实体的理性精神,这种理性精神是反思性的
具有必然性的理性精神,它为一切社会交往活动和实践提供价值合理
性的证明。"①黑格尔也说,"伦理精神是[伦理]实体与自我意识直接
的统一体,而这统一是这样的直接,以至从实在上和差异上同时看来
统一体都显得它是一种自然差别物的客观存在"②。可见,伦理精神
的本质内涵其实包括主观和客观两个方面:一方面,伦理精神具有客
观必然性,它是自在的并且是"真实的精神",或者说,它是自我意识生
成的基础和真理。而另一方面,伦理精神又必须以反思性出现,即必
须通过主体的形式使自在的本质变成自为的,伦理是"活的善"。没有
主观性的环节,伦理精神对于个体来说只能是一种自在的或他律性的
善,个体也无法在伦理实体中"安若居家"。伦理实体也成为个体归属
感和意义感的原动力。

不理解"实体"范畴,伦理精神、伦理关系以及伦理秩序的内涵是
无从准确理解的。"实体"范畴是西方哲学史上的一个重要概念,作为
世界的本原或基质,实体的存在是自足的,它是使别的事物得以认识
或运动的基础但其自身却不需要借助别的事物而认识或存在,它是一
个全封闭式的存在体。黑格尔创造性地发挥了"实体"概念并赋予其
新的内涵:一方面,他承认实体是一切存在中的存在,是"绝对的必
然"。但他同时也指出,这种"绝对的必然","既不是不反思的直接物,

---

① 宋希仁:《社会伦理学》,山西教育出版社 2007 年版,第 149 页。
② [德]黑格尔:《精神现象学》下卷,贺麟、王玖兴译,商务印书馆 1979 年版,第
16 页。

又不是一个抽象的、站在存在和现象背后的东西,而是直接的现实本身"。① 实体是自在自为地存在的现实的东西,"说它是自在的,是说它是作为可能和现实单纯的同一,是作为那在自身中包含了一切现实和可能的绝对的本质的单纯同一","说它是自为的,是说这个同一作为绝对真理的威力或完全与自身相关的否定性"。② 也就是说,实体不是静止不动的抽象体,而是要在自身内部分裂自身、异化自身从而获得现实性的矛盾体。正如黑格尔对斯宾诺莎的实体观进行批判时所指出的那样,斯宾诺莎的"实体"是"以主观的外在的形式去规定内容","形式"本身没有经过一个辩证的中介过程,"中介"的过程是异化自身、对象化自身的同时又向自身返回的过程。"所以他的实体只是直接地被认作一普遍的否定力量,就好象只是一黑暗的无边的深渊,将一切有规定性的内容皆彻底加以吞噬,使之成为空无,而从它自身产生出来的,没有一个是有积极自身持存性的东西。"③ 与此相反,黑格尔认为实体是先行在自身内设定差别,是在自我中解体了的存在,所以它"不是死的本质,而是现实的和活的本质"。实体内在地具有否定自身、分裂自身的能力。所以说,实体不是一成不变的抽象本质,而是运动、变化、发展的,而且实体的运动、变化、发展是通过自身之力而完成的。

其次,实体是主体。实体既然是自在的本质,就必须与自为的环节相结合而成为自在自为的真理,从而具有现实性。正如黑格尔就把实体理解为主体。马克思就曾出,"把实体了解为主体,了解为内部的过程,了解为绝对的人格。这种了解方式就是黑格尔方法的基本特征"④。在黑格尔看来,实体必须通过主体的活动而实现自己,主体的

---

① ［德］黑格尔:《逻辑学》下卷,杨一之译,商务印书馆 1976 年版,第 210 页。
② ［德］黑格尔:《逻辑学》下卷,杨一之译,商务印书馆 1976 年版,第 240 页。
③ ［德］黑格尔:《小逻辑》,贺麟译,商务印书馆 1980 年版,第 315—316 页。
④ 《马克思恩格斯全集》第 2 卷,人民出版社 1995 年版,第 75 页。

活动是从"自我"出发的,它是一个不断产生对立面又不断扬弃对立面的过程。因此,"活的实体,只当它是建立自身的运动时,或者说,只当它是自身转化与其自己之间的中介时,它才真正是个现实的存在,或者换个说法也一样,它这个存在才真正是主体"①。可见,作为意识的对象的实体必须转变为自我意识的对象,通过自我意识的否定性运动,把自在的本质展现出来。而另一方面,主体也不能脱离实体而存在,没有实体性规定的主体不是真正的主体。因为真正意义上的主体不是只有自我意识,而是一个自我意识对另一个自我意识。这就是说,只有对另一个自我意识的承认,即意识到自我与它的对方的统一才是真正的主体。实体是主体的内在规定和自在本质。真理是在实体作为主体的自身分裂、否定、展开中实现的,也就是说,只有当主体从实体中"超拔"出来,即以实体为对象和内容,同时又扬弃了实体的原始的直接性与实体的内容、本质之间的差别,即达到实体与主体的统一时才是真理。所以黑格尔说:"作为主体,真理只不过是辩证运动,只不过是这个产生其自身、发展其自身并返回于其自身的进程。"②

再次,实体是精神。黑格尔的贡献还在于他以"精神"来规定"实体"。他说:"思想不但构成外界事物的实体,而且构成精神性的东西的普遍实体。"③实体的运动过程就是精神自身异化又向精神自身回复的过程。实体之所以在本质上是主体,究其根源,无非在于实体即精神,"实体作为主体,本身就具有最初的内在必然性,必然把自己表

---

①　［德］黑格尔:《精神现象学》上卷,贺麟、王玖兴译,商务印书馆 1979 年版,第 11 页。

②　［德］黑格尔:《精神现象学》上卷,贺麟、王玖兴译,商务印书馆 1979 年版,第 44 页。

③　［德］黑格尔:《小逻辑》,贺麟译,商务印书馆 1980 年版,第 80 页。

现为它自在地所是的那个东西,即自己表现为精神"①。所以黑格尔说:"实体在本质上即是主体,这乃是绝对即精神这句话所要表达的观念。"②精神不是别的,而是一种自我实现着、自我解放着、自我显示着的东西。在精神那里,自我的本质以特殊性的方式的展现与个体向普遍性本质的回归乃是同一过程。赋予实体以"精神"的本性,一方面说明实体不是孤独个体的集合,也不是丧失了个性的抽象普遍物,而是"单一物和普遍物的统一"。另一方面也说明实体只能"精神地"存在才可获得其现实性,实体的精神是绝对的精神。在绝对精神中,作为偶性的个体是无法从实体中抽身出来的,因为个体自在地已经生活在实体当中并受其影响,伦理实体是个体存在的根。

从以上对"实体"范畴的解析中,我们可以得出,"精神性"是实体的本质规定,无论是其运动、变化、发展,还是其主体化,没有"精神"自在自为的运动,实体只能是一抽象的集体。另一方面,"精神"也只有在实体中才存在,没有实体,精神无从生存。其实,黑格尔以"精神"来规定"实体",使其超越了传统意义上的主体观。因为作为精神的实体本身并不是自为的,它必须在自身的运动中通过他者才能实现自身,也就是说精神的实现需要中介,这也决定了自为的自我意识不是简单的自我反思的产物或理智的先天建构,而是要依赖于他者的中介而实现自身。不过应该指出的是,对另一个自为的自我意识的承认只有在社会共同体中才是可能的。作为实体性的"精神"概念首先是一个存在论意义上的概念,它的本质只有在存在中、在现象中才能显现。"现象即本质",现象与本质只有在存在论上才是辩证统一的一对范畴。同样,存在论上的自我是以"共在"的方式呈现的。正如张汝伦教授正

---

① [德]黑格尔:《精神现象学》下卷,贺麟、王玖兴译,商务印书馆 1979 年版,第 269 页。

② [德]黑格尔:《精神现象学》上卷,贺麟、王玖兴译,商务印书馆 1979 年版,第 15 页。

确地指出，黑格尔"承认"学说的贡献绝不在于主体间性，而在于在我—你主体间出现的第三者——我们，即社会共同体。单个的自我意识就成为社会自我。"我们"是在双向承认过程中出现的产物，而不是先验的意识或结构。因此，自为存在是主体间承认的必要条件，但绝不是充分条件。①

由此，我们可以看出，"精神"在严格意义上乃是一客观性的、伦理的范畴。伦理没有精神的灌注则是无生命的集合，精神没有伦理的规定则是理智的抽象。所以，我们强调的道德教化只有在伦理共同体中才能实现，自我的教养不在于其单纯的自为性，而在于要破除自我的任性以适应事物自身的结构和规律。正如黑格尔所说，"只有当没有外在于我的他物和不是我自己本身的对方时，我才能说是自由"②。这就是说，自由不是认识论意义上的、形式上的自由，而是存在论意义上的、实质上的自由，也即自由不只是主体性，而是必须具有主体间性的结构。"主体间性"这一概念是现今一热议话题，但我们对这一概念的理解往往又回到了主体性概念，只不过是更为精致的形而上学思维罢了。因为人们更多地从字面意义上把主体间性理解为主体与主体，而没有考虑到主体与主体联系的中间环节或背景框架，即忽视了主体间性是在生活世界中才生成的。如果对"生活世界"中的"共在"结构视而不见，主体与主体之间的关系就不可能避免是知性或先验意识建构的命运。在此突出"主体间性的结构"是非常有意义的，结构是自在的、客观的，它不以主观自我为转移。这种结构是先在性地被给予我们的，也是"我们"得以"可能性之条件"。"从伦理的视角来看，作为个体的人的孤立是伴随着对他人的猜疑一起出现的，这种孤立表现为一种对我们生存的在先被给予的主体间状况的否认。由于这种状况，人

① 参见张汝伦：《黑格尔在中国》，《复旦学报》（社会科学版）2007 年第 3 期。
② ［德］黑格尔：《小逻辑》，贺麟译，商务印书馆 1980 年版，第 83 页。

的生活世界的正常性是受共同行动的共同性规定的。"①正是基于这一意识,黑尔德在对"伦理"进行现象学复原时指出,康德的道德哲学奠定在个体主义表象的建构性猜疑基础之上。由此,我们可以看出伦理精神与道德精神的区别,虽然伦理精神与道德精神一样都强调"应然",具有超越性的维度,但伦理精神的超越离不开人伦日用,它更注重"应然"与"实然"的"必然"统一,而不使"应然"脱离个体生活的伦常礼俗,流为一种单纯的对自我意识具有确定性的形式的良心。

当伦理精神缺失时,伦理关系就流为一个抽象的空壳而缺乏主观性的环节,因为伦理是客观性与主观性、普遍性与特殊性的辩证统一。伦理精神就是于个体与实体之间的统一性或"我们性"(we－ness),"精神是这样的绝对真理的实体,它在它的对立面之充分的自由和独立中,亦即在互相差异、各个独立存在的自我意识中,作为它们的统一而存在:我即我们,我们即我"②。在伦理关系或伦理实体中,由于"精神"的存在,与个体打交道的与其说是单个的个体,不如说是整个的实体。因为当个体作为伦理实体的成员(不是名义上的,而是实质上的)时,个体实际上是实体化了的。也就是说,实体不是站在个体的对立面或只是个体的某一种属性,实体是作为个体性的"悲怆情素"(pathos)出现的。"实体性已不再是某某个人的个别特性,而是自为地且以普遍的必然的方式在一切方面乃至最小的细节里都打上烙印。"③这乃是个体在伦理实体中受到了教化的表现,个人不是单个的原子式的个体,而是一个普遍的个体。在伦理中,概念中的意志和单个人的意志即主观意志获得了统一,它是通过个体的主观意志把内部的或概念中的东西实现出来,使之获得外部的定在。因此,教化不是

① [德]黑尔德:《对伦理的现象学复原》,滠心译,《哲学研究》2005年第1期。

② [德]黑格尔:《精神现象学》上卷,贺麟、王玖兴译,商务印书馆1979年版,第122页。

③ [德]黑格尔:《美学》第一卷,朱光潜译,商务印书馆1996年版,第234页。

别的,就在于使自己成为自己自在地所是的那个东西,也即符合他的伦理本性。伦理精神所表征的自在自为性就体现在伦理性的自由当中,"'自由'在它的'理想的'概念上并不以主观意志和任意放纵为原则,而是以普遍意志的承认为原则;而且说'自由'所由实现的过程,就是它的各因素的自由发展。主观意志只是一种形式的决定,里面完全不包含主观意志所欲望的东西。只有理性的意志才是那个普遍的原则,能够独立地决定自己,舒展它自己,并且发展它的相续的各因素为有机分子"[①]。可见,伦理性的自由就在自我渴望成为实体的成员,或者说自觉地与实体的统一中实现的。

三、道德教化与伦理秩序的形成

在伦理关系中,不仅存在着个人与个人之间的关系,更存在着个人与伦理实体之间的关系,即人际与人伦这两重关系。人伦关系不同于人际关系就在于人伦关系中有一种"精神",这种"精神"使我与他人具有内在的统一性,从而形成一种稳定的秩序性结构。用马丁·布伯的话说"精神"乃是类似于"教言"(Teaching)的东西,它是不可用科学的、经验的方法解释的,它是一种对宇宙、存在、上帝以及神秘性东西的声音的回应,他希望通过"教言"来克服现代性造成的我们之间关系的"我—它"化,从而把自我纳入精神秩序。他说:"教言只有一个主题:必要的事情。它在真正的生活中得以实现。从人的立场看,这一实现仅仅意味着统一性。但这不是一个看似抽象的概念,而是最具体的生活。因为教言所意味着的统一性事实上并不是某一个世界的无所不包的那种统一性,或者一大堆知识的统一性,也不是精神的或存在的或任何被思考、被感觉、被意欲的事情已经确立起来的那种统一

---

① ［德］黑格尔:《历史哲学》,王造时译,上海书店出版社 2006 年版,第 44—45 页。

性,你被教言俘获了。真正的生活就是统一性的生活。"①这种统一不是知性上的统一,也不是感觉上的吸引,而是要人从"个体性"中走出来。这乃是伦理精神教化的目的。与之不同,道德世界观的着力点不是从人的"个体性"中解放出来,而在于从人的"自然性"中解放出来,从而获得道德的主体性。而我们所强调的伦理精神的教化乃是要人从其个体性中"解放"出来,获得伦理的"实体性"。②

对"实体性"还是"主体性"的追求是黑格尔和康德伦理学的分野,从某种意义上说,他们虽然都追求"人的解放",但着力点不同,所要"解放"的对象不同,故而属于不同的层次。对人的道德主体性的探求,康德是正确且深刻的,但若没有把"主体"放置一定的背景框架中,则易流于抽象和空疏。所以黑格尔以思辨的方式为道德形而上学奠定了精神哲学的基础,从而使"解放"不是局限于思维内,更落实于现实中。正如有学者指出,从康德的道德哲学到黑格尔的伦理学中,潜藏着一种"滑动","滑动"的实质是一种主客二分框架的知识论思维在"重心"上的移动,是道德哲学从主观精神的伦理学认识论向客观精神的伦理学存在论的转变。③ 正是这种伦理学存在论的转变,使得伦理秩序的形成得以可能。这样一来,伦理秩序就不是理智建构的抽象物,而是获得了主体情感认同的爱的秩序。因为伦理精神不仅包含理性,更饱蘸情感,而且情感化的理性或理性化的情感的核心乃是"爱"。"爱是一种最不可思议的矛盾",它必须先否定自己使自己与他人统一,从而实现自己。"爱"的本质就是"意识到我和别一个人的统一,使我不专为自己而孤立起来;相反,我只有抛弃我独立的存在,并且知道自己是同另一个人以及别一个人同自己之间的统一,才获得我的自我

---

① [德]布伯:《道的教言》,刘杰译,《哲学译丛》2000 年第 4 期。
② 参见樊和平:《道德形而上学的方法论体系》,《哲学研究》2005 年第 11 期。
③ 参见田海平:《道德哲学的伦理思维进路》,《哲学研究》2005 年第 11 期。

意识"①。如果我是一孤立的个体,就会觉得自己残缺不全。在伦理实体中,个人主动放弃其自身的人格性并未感觉丧失了自主性,就如对于我们所爱的人,我们愿意为了对方而限制自己,这种限制并非否定自己,反而成就了爱,爱的逻辑是"我在他人身上实现了自我"。"我对外部要求的意识对我作为理性行动者的充分的自我性来说,是一个发生学意义上的条件。"②现代社会却试图将伦理建立在理性的反思上,目的的特殊性是其立脚点,最终只能瓦解普遍的伦理实体。

可见,伦理精神乃是要实现自我与他人、自我与伦理实体的统一。伦理精神的客观化即表现为伦理秩序,伦理精神是伦理秩序的生命和灵魂,而伦理秩序则是伦理精神的实现和落实。道德教化的终极目的就在于形成一种健康的伦理秩序,只有在伦理秩序中,人才是自由的,因为伦理秩序本质上是一种自由的秩序。不过这种自由是区别于抽象自由和任性的实体性自由,只有进入一定的伦理关系和伦理实体才能获得,而对于自外于特定伦理关系或伦理实体中的人来说,伦理的普遍性是对个体任性的束缚。伦理秩序是伦理关系的结构性存在。伦理秩序有内外之分,即外在的规范秩序以及内在的心性价值秩序。概略地说,外在的规范秩序更多的是理性的设计,而内在的心性价值秩序虽然不缺乏理性,但更注重情感的认同与体认。外在的规范秩序的价值合理性不在别的,就在于能否得到内在秩序的情感认同。从精神哲学的立场来看,内在与外在只是形式上的区分,它们具有结构上的一致性。否则的话,外在秩序不仅难以维系,而且它本身的价值合理性也是成问题的。因此,对于伦理秩序的形成不仅应从外在秩序来看,而更应从人心内在的心性秩序来理解。

传统儒家把秩序的重建与对礼乐传统内在精神的阐释联系起来

---

① ［德］黑格尔:《法哲学原理》,范扬、张企泰译,商务印书馆1961年版,第175页。
② ［美］伍德:《黑格尔的伦理思想》,黄涛译,知识产权出版社2016年版,第132页。

可谓用心良苦,它实质上就是为了强调秩序建构的精神价值基础。如果缺乏内在心性秩序的支撑,外在的规范秩序也就成了"伪秩序"。所以说,传统儒家高度注意到礼乐对人的心理情感和精神气质之变化的作用。《礼记·乐记》有云:"'礼乐不可斯须去身。'致乐以治心,则易、直、子、谅之心,油然生矣。易、直、子、谅之心生则乐,乐由安,安则久,久则天,天则神。天则不言而信,神则不怒而威:致乐以治心者也。致礼以治躬则庄敬,庄敬则严威。心中斯须不和不乐,而鄙诈之心入之矣;外貌斯须不庄不敬,而易慢之心入之矣。故乐也者动于内者也,礼也者动于外者也。乐极和,礼极顺。内和而外顺,则民瞻其颜色而弗与争也,望其容貌而民不生易慢焉。故德辉动于内,而民莫不承听;理发诸外,而民莫不承顺。故曰:致礼乐之道,举而错之天下,无难矣。"可见,伦理秩序不仅注重"外顺",更注重"内和"。一个社会要做到"外顺"并不难,因为组成社会不可避免地要求有一些为所有人都遵守的共同的规则。如果一个社会没有那些起码的必须遵守的共同规则,则必然会陷入霍布斯所描述的"人对人像狼一样"的冲突的自然状态。这种相互冲突的自然状态是任何人都不愿看到的,它阻碍了人的价值的实现并给人以不安全感。所以社会的存在必须是基于一定的共识(consensus)的,没有共识的社会是不可想象的。不过我们要指出的是,共识的达成是基于外在必然性的约束和偶然性的关联,它不同于理解(understanding),理解是基于对自由规律和普遍性精神的"承顺"。正如社会学家滕尼斯所说的那样,共识与理解的区别恰恰就是传统共同体(Gemeinschaft)和现代社会(gesellschaft)的区别。共同体是基于"它所有成员所共有的理解(understanding)"。"共识只是指由思想见解根本不同的人们达成的一致,它是艰难的谈判和妥协的产物,是经历多次争吵、许多次反对和偶尔的对抗后的结果。……而共同体依赖的这种理解先于所有的一致和分歧。这种理解不是一根终点线，只是所有的和睦相处的起点。"①

　　所以说，共识的维系只能是偶在的，利益或意见的分歧将终结共识成果，而理解则是以建构伦理统一性为起点。如果共识是经验层面的一致，而理解则是在本体上的相通，并且没有这种基础性的相通，共识的达成也是不可能的。共识是基于理智而不是基于理解的。理智是在认识论意义上而言的，基于理智的统一只能是机械式的而不是有机整体式的统一，因为理智把个体的所有欲望、癖性、禀好、自然状况、情感等特殊性、差异性和偶然性统统略去了。理智确实有能力构筑所谓的"自由"，但这种"自由"乃是没有任何安全感的自由，套用前面黑尔德的语言，这种自由乃是建立在"建构主义的猜疑"之上的自由，根本没有或不存在"同一性"或"认同"。由于缺乏"同一性"的理解，现代社会通过法律、道德等规范表面上做到了"外顺"，但实际上内心却可能充满惊骇和恐惧，无力安顿人的精神家园和表达终极关切。鲍曼认为，在后现代社会中生活的人被动接受自己失去保障的"完全的自由"，对世界和未来充满确信的清晰认识为模糊和动荡不安的感觉所代替。由于失去了对"现在"的把握，因而对"未来"也陷入了虚无。"虚弱、不足——这些名称都表示晚期现代或后现代的疾病——后现代的缺陷。并非担心不相一致，而是不可能一致；并非是对越界心怀恐惧，而是对无边无界充满惊骇。不是需要超越自己的力量去行动起来，而是徒劳地寻找稳定而又连续的生活之路的行动漫无目标，散乱无章。"②在《共同体与社会》一书中，滕尼斯把共同体界定为拥有共同事物的特质和相同身份与特点的感觉的群体，是建立在自然基础上、历史和思想积淀的联合体。共同体成员有着共同的本能和习惯，或分享着思想的共同记忆。可以说，相互一致、结合到一起的信念是共同

---

① 转引[英]鲍曼：《共同体》，欧阳景根译，江苏人民出版社 2007 年版，第 5 页。
② [英]鲍曼：《个体化社会》，范祥涛译，上海三联书店 2002 年版，第 41 页。

体特有的意志,它努力团结着整体中的各个成员。只有在伦理精神的灌注下,共同体才能形成一种健康的伦理秩序,在这种秩序中,安全与个体所追求的自由存在一种辩证关系。所有人的幸福生活就是在保障集体安全与追求个体自由之间谋求一种动态的和谐。

伦理秩序本质上是一种自由的秩序,而且这种自由是一种实体性的具体自由。正如黑格尔所说:"在谈到自由时,不应从单一性、单一的自我意识出发,而必须单从自我意识的本质出发。"注意,自由是从自我意识的本质而非自我意识自身得到规定的,因而只能是实体性的。这就是为什么黑格尔认为真正的自由只有在"国家"中才能实现。他说:"自在自为的国家就是伦理性的整体,是自由的现实化。""国家是在地上的精神,这种精神在世界上有意识地使自身成为实在。"①他还说:"国家是伦理理念的现实——是作为显示出来的、自知的实体性意志的伦理精神,这种伦理精神思考自身和知道自身,并完成一切它所知道的,而且只是完成它所知道的。"②所以,国家是客观精神,个人只有成为其成员时才具有客观性、真理性和伦理性。在国家这一伦理实体中,个体的自在本性通过中介而实现了。

在此必须指出,黑格尔意义上的"国家"不是我们通俗意义上的国家,而是国家的理念和伦理精神,它的实现只有在前两个环节(家庭和市民社会)中并通过前两环节而实现。在作为精神的直接性的实体即家庭中,它是以"爱"为原则的,而"爱"说到底只是精神对自身统一的感觉,它还没有经过理性的分裂或中介,个体性就被实体所湮没,尚未达到道德自由的阶段。市民社会中,"一切癖性、一切秉赋、一切有关出生和幸运的偶然性都自由地活跃着",换言之,特殊的个体在其中跳跃着、实现着,但这种实现不是以任意的方式,而是通过普遍性的形式

---

① [德]黑格尔:《法哲学原理》,范扬、张企泰译,商务印书馆 1961 年版,第 258 页。
② [德]黑格尔:《法哲学原理》,范扬、张企泰译,商务印书馆 1961 年版,第 253 页。

的中介，"受到普遍性限制的特殊性是衡量一切特殊性是否促进它的福利的唯一尺度"。所以黑格尔把"相需相求"的"市民社会"称为"外部的国家"，也即"需要和理智的国家"①，因为说到底乃是外在的利益需要将他们纳入相互承认的秩序，而不具有本质上的理性普遍性。如果我们把家庭这一环节看作只有实体性而没有个体性的话，那么市民社会则恰好相反，它只有个体性而缺乏实体性，所以两者都是片面的，只有在国家这一伦理实体中，才实现了个体性与实体性的辩证统一。黑格尔以神经系统来比喻国家，把家庭和市民社会分别喻之为感受性和感受刺激性，国家这一伦理精神自身是有组织的，但它只有在两个环节——即家庭和市民社会——都在它内部发展的时候才是有生气的。"国家是有自我意识的伦理实体，家庭原则和市民社会原则的结合。"②所以，黑格尔的"国家"概念不是"作为一种暴力机构和行政管理机构的现代国家政权或国家机器，而是指作为人们共同生活基础的伦理与文化共同体，当然，它也是一个主权政治实体。国家的本质不在于其外在的权利—暴力特征，而在其内在的理性性质"③。

可见，伦理精神客观化为家庭、市民社会、国家三个环节，并最后返回于自身最初的实体性，这个过程说到底乃是实体主体化或主体实体化的过程。在家庭中，自我与实体的统一是自在的、无意识的；而在市民社会中，实体性分解了，它是作为独立的单个人的联合，因而也就是在形式普遍性中的联合，自我与他者的统一是机械式的、外在的、偶然性的；只有在国家中，自我与实体又实现了统一，不过是更高意义上的统一，即自在自为的统一，"作为自由而合乎理性的那精神是自在地伦理性的，而真实的理念是现实的合理性，正是这个合理性才是作为

---

① ［德］黑格尔：《法哲学原理》，范扬、张企泰译，商务印书馆1961年版，第198页。
② ［德］黑格尔：《精神哲学》，杨祖陶译，人民出版社2006年版，第341页。
③ 张汝伦：《良知与理论》，广西师范大学出版社2003年版，第227页。

国家而存在的"①。在国家这一伦理现实中,它既是特殊的,又是普遍的,普遍的实现不是在抽象的思维中、在俗世的彼岸,而是在特殊性的分解中、通过扬弃特殊性而成为现实的必然性。所以,伦理秩序的实现不是存在于现实生活之外,而是存在于现实生活的各个方面。不过,伦理秩序又不仅是实然的,它更是应然的和必然的。它为实存的社会关系提供价值合理性的论证以及昭示社会关系的应然之维。"存在于作为自我意识着的精神的理性和作为现存的现实世界的理性之间的东西,分离前者与后者并阻止其在后者中获得满足的东西,是未被解放为概念的某种抽象东西的桎梏。"②哲学意义上的"和解",即应然与实然、理想与现实、实体与个体的和解是伦理秩序形成的前提。伦理精神和伦理秩序的核心和真义就在于实现自我的同一性,单个的自我意识与自我意识的本质的统一。自我不是单个的个体,良心也不是仅保持在思维里的纯粹善良意志,"德行"必须进入"世界进程",在"世界进程"中实现个体性与普遍性、超越性与现实性的统一。这就是伦理性精神教化的实现。

---

① [德]黑格尔:《法哲学原理》,范扬、张企泰译,商务印书馆 1961 年版,第 276 页。
② [德]黑格尔:《法哲学原理》,范扬、张企泰译,商务印书馆 1961 年版,序言第 12—13 页。

结束语　道德教化的当代使命

正如米兰·昆德拉所说，现代人处在一个真正的缩减的旋涡之中。缩减是这个时代的特质。我们刚刚告别生活一切领域缩减为道德进而又缩减为政治的时代，一个新的缩减（把一切领域缩减为经济、功利关系）旋涡又更加有力地罩住了我们。在这个旋涡中，一切精神价值都缩减成了实用价值，神圣价值缩减成了当下的官能享受。"过去"和"未来"也就缩减为"现在"，人们永远地甩掉了历史的"包袱"，也放弃了对理想的"空想"，现在人们终于"轻松"上阵了。但是，"不能承受的生命之轻"却像魅影一样如影随形地包围着现代人的生存。我们没有任何责任，我们没有任何性格，我们也没有任何个性，我们只是人，仅此而已。黏附在人身上的一切特性、私人性的东西都必须剥落殆尽，以重建某种具有形式普遍性的东西。这样一来，自我就仅仅成了抽象的、毫无挂滞的个体。但是，"完全没有负担，人变得比大气还轻，会高高地飞起，离别大地亦即离别现实的存在。他将变得似真非真，运动自由而毫无意义"。然而，吊诡的是，"最沉重的负担同时也是一种生活最为充实的象征，负担越沉，我们的生活也就越贴近大地，越趋近真切和实在"。① 现代人就是在轻与重、灵与肉之间的徘徊中，彻底地将自我遗忘了。

　　精神的升华、灵魂的深度就在现代生活的快感冲击中被放逐了。正如马尔库塞所说："这个社会的成就和失败使它的高层文化失去合法性。人们所赞美的自主性人格、人道主义以及带有悲剧色彩和浪漫色彩的爱情，似乎都是发展的落后阶段才具有的理想。"②道德教化也就在现代社会中降格为对"群众人"的生产。群众人毫无个性所言，它有的只是机械重复和模仿的能力。没有了道德的自我反省能力，但这并不是说现代社会"个体"不堪"重负"，而是由于"个体化"的"失重"所导致生发意义的背景框架即"世界"隐遁了。所谓"世界"不是别的，它是一种普遍境域，"也就是普全的指引联系（Verweisungszusammenhang），所有意义指引的个别联系都共同归属于其中，而我们的行为就是由这种意义指引来引导的"③。而现在这种普遍境域却在科学理性、工具理性的光照下彻底失去了，我们不得不独自承担起意义的创造，但意义的创造本身不是"无所止"的，而是必须能够向自身返回才能实现。真正的无限乃是包含有限的。"有限性"本身就极具教化意义，认识到自身的有限实际上是理性成熟的标志。不幸的是，现代人丧失了向自身返回的能力，他们只是以个体（无论是感性个体还是理性个体）的方式向外在世界无限制地开疆拓土以获得主体的存在感，由于缺乏自我限制的能力，这种存在感稍纵即逝，并不能持存以构成生命的意义。正是这种以自我为本位的道德观消解了人的实体性存在，从而也使伦理精神陷入了现代性的危机。

---

　　①　［捷克］昆德拉：《生命中不能承受之轻》，韩少功、韩刚译，作家出版社 1994 年版，第 16 页。

　　②　［美］马尔库塞：《单向度的人》，刘继译，上海译文出版社 2006 年版，第 52 页。

　　③　［德］黑尔德：《世界现象学》，孙周兴、倪梁康译，生活·读书·新知三联书店 2003 年版，第 56 页。

　　道德价值的主体化(主观化)意味着现代伦理秩序缺乏一个统一的基础,道德完全是建立在主体意识之上的,不可避免地使道德行动和道德判断陷入主观性的泥潭。"无限制的虚无主义"是现代性的最终归宿。伦理秩序以及伦理精神的失落使得现代社会结构虽然也能够在理智的建构下获得秩序,却无法获得主体的情感认同或理解。现代社会虽具有一种结构化的秩序外观,但这种结构或秩序只是基于利益的结合,个体无法获得"家"的感觉。这种社会只具有形式上的普遍联系,正如贝尔对现代社会"精神"重构所表现出的担忧,"我们的祖先有过一个宗教的归宿,这一归宿给了他们根基,不管他们求索彷徨到多远。根基被斩断的个人只能是一个无家可归的漂泊者。那么,问题就在于文化能否重新获得一种聚合力,一种有维系力、有经验的聚合力,而不是徒具形式的聚合力"①。这也说明,建立在意识或理智之上的道德至多只能使社会停留在形式上的统一,而实质上的统一则还需要有伦理精神和伦理情感的"社群力"加持。

　　缺乏情感认同和理解的社会秩序只是一种偶然性的产物,这种秩序就是消除个性的代名词,正如鲍曼论述现代性社会秩序时所说的那样,"现代社会有秩序的实践直观地遵守着行为主义者方法论上的原则:最有秩序的社会将会是这样一种社会,在这种社会里个体动机的特质被剥夺了对他/她行为的所有影响;在这种社会里行为者所想所感已经不再重要——因为不论他们的思想和情感是什么,结果不受影响"②。这实际上取消了道德,因为所有的行动只是无意识地、按"必然性规律"进行的。当仅具有形式合理性的秩序时,秩序本身的价值就是可质疑的。鲍曼认为这种秩序乃是"伦理的道德"所造成的,而我们看来,这恰恰是由于缺乏伦理精神的道德而导致个体真实本性的丧

①　[美]贝尔:《资本主义文化矛盾》,赵一凡译,生活·读书·新知三联书店 1989年版,第 168 页。
②　[德]鲍曼:《后现代伦理学》,张成岗等,江苏人民出版社 2003 年版,第 145 页。

失,从而使个体可以在完全形式化的东西面前不用承担任何责任,也不具有任何意志,更别说是自由意志或善良意志。因为"有善良意志的人是那种认为自己是共同体的一个成员,而不是作为和其他所有人相对的孤独的个体的人"①。其实,个体的主体性与社会的实体性乃是相互成全的:没有社会的实体性,个体的主体性只是片面的,最后的结果只能是自我取消;而没有个体的主体性,社会的实体性只是虚假的、没有生命和精神的。所以,"只有通过个体的自我反思,只有在与他们的(理性的)社会的和解过程中,并且只有在正确地把它看作理性的而且个体也相应地过着理性的生活过程中,社会本身才能实现其充分的实体性(substantiality)"②。可见,只有实现个体与社会的和解,才能培育一种有着健全情感却又不乏理性反思的伦理精神,而这乃是道德教化的根本任务。

"和解"意指我们把我们的社会看作实现了我们的本质的政治和社会制度中的一种生活形式——即自由人的尊严的基础。③ 现代社会太过执着于"批判"了,好像只有不停地在"批判"中人才能证实其存在似的,但如果仅仅停留在"批判"之中,而看不到事物本身存在的合理性,则是缺乏教养的。正如黑格尔所说,找岔子要比理解肯定的东西容易,"初受教养的人总是从找岔子着手,但是受到了完全教养的人在每一事物中看得到肯定的东西"④。原因是找岔子要求我们有一双足够锐利的眼光和理智能力,而理解肯定的东西或事物内在的必然性则还需要德性,即不再把自我看作只是一种"批判"的能力而已,而是

① [美]塞森斯格:《价值与义务——经验主义伦理学理论的基础》,江畅译,中国人民大学出版社 1992 年版,第 140 页。

② John Rawls. *Lectures on the History of Moral Philosophy*. Edited by Barbara Herman. Harvard university Press. Cambridge:Massachusetts,2000,p.334.

③ John Rawls. *Lectures on the History of Moral Philosophy*. Edited by Barbara Herman. Harvard university Press. Cambridge:Massachusetts,2000,p.331.

④ [德]黑格尔:《法哲学原理》,范扬、张企泰译,商务印书馆 1961 年版,第 267 页。

取得自我与他者、自我与社会实体、自我与自然的"和解",也就是把自我意义的来源看作有其客观基础的。正如在这种意义上,黑格尔说哲学的任务乃是要重建分裂的世界的整体性。他还说,"哲学的最高目的就在于……达到自觉的理性与存在于事物中的理性的和解,亦即达到理性与现实的和解"①。没有这种与现实和解的精神,自我只能是一个孤独的个体而无法获得其实体性,从而也无力承担起自我救赎的使命。

现代社会中个体不是由于不堪"重负"而无法获得生活的意义,而在于缺乏实体性的个体在绝对的自由面前"失重"。"失重"的个体只是在欲望的放纵中虚构意义世界。个体是在感觉,却什么也不是,因为不断变化的感觉是无法持存的。这样一来,个体生命的安顿就成了问题。所以有学者指出,现代道德自我的建构所面临的课题,一是如何安顿自己的生命秩序;二是如何使个体的生命秩序与社会的生活秩序相契合,达到个体道德与社会伦理的合理实现。② 应该指出的是,这两个方面是相辅相成的,而且个体的生活秩序与社会的生活秩序相契合是安顿个体生命秩序的基础。现代道德教化的问题在于忽视了在伦理生活中培养德性,以为纯粹的思维本身就足以构建道德的秩序。这只不过是理智的狂妄。因为理智所构建的秩序是一种虚假的秩序,它虽然也能获得普遍性,但没有具体实质的单纯形式普遍性并不构成对人的心灵的教化,它至多只能造成对形式普遍性机械服从的"个体"。

现代性道德教化在于从"我们"中解救出了"我",这不能不说是启蒙以来的一项成就。在传统社会中,"我们"具有绝对的统治力,以至于"我"的特殊性时常被剥夺了。"我们"在传统社会中无所不在,而

---

① ［德］黑格尔:《小逻辑》,贺麟译,商务印书馆 1980 年版,第 43 页。
② 樊浩:《伦理精神的价值生态》,中国社会科学出版社 2001 年版,第 23 页。

"我"却始终处于缺席的境地。传统伦理更多地具有自在的、直接的性质,它还没有与自为意识结合起来,也即还没有在伦理自身经历分裂,没有与特殊性结合。所以,这种自然性的伦理虽然有普遍性,但也仅停留在普遍性,没有经历特殊性的中介,人直接地隶属于伦理实体,且非反思地服从伦理实体的伦常礼俗和规章制度。在这种自然性伦理中,个人还是处于依附之中未获得道德自由。正是在这种意义上,黑格尔强调,"教育的绝对规定就是解放以及达到更高解放的工作。这就是说,教育是推移到伦理的无限主观的实体性的绝对交叉点,这种伦理的实体性不再是直接的、自然的,而是精神的、同时也是提高到普遍性的形态的"①。可见,伦理只有通过自身的分化、从自在走向自为才能实现从"自然性伦理"向"自由性伦理"的过渡。

"我"作为主体从自然性伦理中独立出来则是近代启蒙以来的成就。"我思故我在",只有建立在"我思"的基础之上才能获得存在的确定性。自在存在走向了自为存在。虽然现代道德哲学也在寻求普遍性和确定性,但这种普遍性和确定性不是别的,而是意识的、形式的普遍和确定性,它是建立在自我意识反思之上的。"我"不是由"我们"得以说明和确立的,"我们"却是由"我"而获得存在的合理性。"我"与"我们"之间存在着不可逾越的鸿沟,"我们"之间不存在着一条神圣的存在之链,也就是说,"我们"不是"精神性"的存在,而只是"无内容的单纯自我相关"。正如黑格尔认为的那样,在抽象法阶段,"人格的要义在于,我作为这个人,在一切方面(在内部任性、冲动和情欲方面,以及在直接外部的定在方面)都完全是被规定了的和有限的,毕竟我全然是纯自我相关系;因此我是在有限性中知道自己是某种无限的、普遍的、自由的东西"②。所以,法的命令乃是"成为一个人,并尊重他人

---

① [德]黑格尔:《法哲学原理》,范扬、张企泰译,商务印书馆1961年版,第202页。
② [德]黑格尔:《法哲学原理》,范扬、张企泰译,商务印书馆1961年版,第45页。

为人"①。不过,需要指出的是,在抽象法中,人格中的特殊性总的来说是无足轻重的,道德不是引导性地对人的心灵进行普遍性的塑造,而是局限于否定性的方面,即不得侵害人格或人格中所产生的东西。所以黑格尔指出,在抽象法阶段,只存在着"禁令"。"我"与对象总是存在着距离的,但这种距离不是对自我心灵的提升所预留的精神势能,而是对"我"的"保护",即"我"始终存在着任何他人包括社会都不容侵犯的领域,在这个私人领域里,"我"乃是绝对地自作主宰。"我"的意识是不容侵犯的,因为"我"有权支配我的意识所体现的外物。所以说,在抽象法阶段,意志的定在仅仅是在外在的东西中。不过要说明的是,在抽象法阶段,自由意志只是自在的,而要自由或自在地存在的意志成为现实,则只有在作为主观的意志当中,即上升到道德阶段。

道德的观点是自为地存在的意志,它是"主观意志的法"。但正如黑格尔所说的,在道德中,"自我规定应设想为未能达到任何实在事物的、纯不安和纯活动"②。也就是说,道德完全成为自我决定的东西,它没有任何特定的内容,只是一种"自为的、无限的、形式的自我确信"。因此,在道德中,"我"也只是一意识主体,没有任何规定性,也不达到任何定在,这样一种形式的自我确信也容易从普遍性滑向特殊性,因为这里所谓的"普遍性"与"特殊性"本身同出一源:现代个体主义。"当自我意识把其他一切有效的规定都贬低为空虚,而把自己贬低为意志的纯内在性时,它就有可能或者把自在自为的普遍物作为它的原则,或者把任性即自己的特殊性提升到普遍物之上,而把这个作为它的原则,并通过行为来实现它,即有可能为非作歹。"③所以,当普遍性本身只是自我自为意识单独决定时,它又有可能造成一种"伪

---

① 　[德]黑格尔:《法哲学原理》,范扬、张企泰译,商务印书馆 1961 年版,第 46 页。
② 　[德]黑格尔:《法哲学原理》,范扬、张企泰译,商务印书馆 1961 年版,第 112 页。
③ 　[德]黑格尔:《法哲学原理》,范扬、张企泰译,商务印书馆 1961 年版,第 142—143 页。

善"。"伪善"是自以为纯洁,将自我特殊性的意志提升到普遍性之上,并强制他人也遵循这种虚假的普遍性。

从自在的伦理世界中走出并进入自为的道德世界就是历史发展的必然趋势,也是一种进步,因为个体的自我意识第一次真正觉醒了。一切自在的东西都必须放在理性的考量之上,只有经得起理性普遍性检验的才有存在的合理性。自然性的伦理在理性的考量下丧失了其天然的合理性,但这并非意味着单纯自为的意志创立的道德世界中就实现真正的自由。在个体理性的反思下,"道德"确实获得了形式的普遍性,但形式的普遍性忽视了具体性和特殊性。这样一来,普遍的道德法则就变成一种没有生命、没有精神的东西了。这也就是为什么现代以来的道德教化总体上说是失败的:一方面,在道德世界观中,好像只要个体有良好的理性反思能力就必然能够做出合理的行动似的,所以道德教育只是"脖子上的教育"(education for the neck up)。殊不知,"脖子上的教育"只能造就没有"心肝"(heart)的道德知识专家,而无法塑造一个具有普遍性的灵魂。这里所说的普遍性不是形式上的普遍性,而是一种"品质的普遍性"①,即情感、气质的普遍化。个体的情感受到了普遍性价值的形塑,使得个体的情感与理智能够相互渗透乃至化通,从而使个体的生命变得更深厚与灵慧。而现代性所教化出的个体是无法与他者共享意义的,建立在人和人相分离的社会造成了普遍精神的自我分解。另一方面,没有伦理实体的环境支持,道德就仅仅作为主观性的东西,而这种主观性如何获得普遍性以及客观性本身就是可疑的了。道德的世界观只不过是一种否定的自由,它所要实现的无限不是在有限的基地上扬弃而实现的,所以它根本不考虑人性的有限性以及环境的复杂性,只是抽象地为尽义务而尽义务。

正是基于对传统"伦理世界观"与现代"道德世界观"的分析,我们

---

① 詹世友:《道德教化与经济技术时代》,江西人民出版社 2002 年版,第 428 页。

认为必须实现伦理与道德的辩证统一，即倡导一种走向伦理精神的道德教化，也就是说，自然性的、直接性的伦理世界经历自我意识的道德教化而向自身返回，从而实现一种自由性的伦理世界。只有在这样一种伦理世界中，才实现了意志与其概念的同一。正如黑格尔所说："伦理是客观精神的完成，是主观精神和客观精神本身的真理。客观精神的片面性在于，它部分地直接在实在里，因而在外部东西、即事物里，部分地在作为一种抽象普遍东西的善里具有其自由；主观精神的片面性在于，它同样与普遍东西抽象地对立而在其内在的个别性里是自我决定的。"①所以，作为主观精神与客观精神统一的"伦理"既摆脱了自然性伦理的自在性，又摆脱了主观性道德的自为性，从而实现了自在自为的自由。

　　席勒认为，人可以以两种方式使自己处于对立的状态：一种方式是"感觉支配了原则"而成为"野人"，另一种方式是"原则摧毁了感觉"而成为"蛮人"。"野人"视自然为他的绝对主宰，而"蛮人"则嘲笑和谤渎自然，他总是成为他的奴隶的奴隶。②"感觉支配原则"的"野人"实际上指的是纯自然的人，"原则摧毁感觉"的"蛮人"则指的是纯理性之人。现代性企图通过理性的方式来建构"文明"以超越"野蛮"，殊不知现代性教化出的个人在"本能造反逻各斯"以及审美式道德消解了现代人的一切精神维度，并未把人从"野人"状态超拔出来；理性自主的个体企图以契约主义的方式建构现代道德秩序，形式合理性的现代社会表现为"失去了极端的伦理生活"，"蛮人"的状态更是现代社会运行机制必然的归宿。一句话，现代性以"文明"超越"野蛮"的努力以失败告终，甚至堕入了更野蛮的状态。"现代文明的物质和精神产物包括

---

① 　［德］黑格尔：《精神哲学》，杨祖陶译，人民出版社 2006 年版，第 329 页。
② 　参见［德］席勒：《审美教育书简》，冯至、范大灿译，上海人民出版社 2003 年版，第 35—36 页。

死亡集中营和集中营里束手待毙的人们。"①现代性使人类堕入更野蛮的状态究竟是如何发生的呢？摆脱这种野蛮状态是否可能以及如何可能？这是人类必须面对的一大难题。

人类行为中的任何道德本能都是社会的产物。"一旦社会功能失调，道德本能就会分崩离析。"②所以，问题还是必须从现代性或现代社会切入。现代社会也即黑格尔所描述的市民社会。黑格尔在《法哲学原理》中曾深刻地分析市民社会的两个原则：目的特殊性和形式的普遍性。③ 在市民社会中，每个人都是以追求自我利益为出发点和目的的，其他人只是达到"我"的特殊目的的工具而已，为了保障各个人的"利己的目的"的实现，需要以普遍的形式或体系为中介才是可能的。由于特殊性本身是无节制和无尺度的，最后使人的情欲导入了"恶的无限性"。虽然特殊性原则与普遍性原则是结合在一起的，但这种特殊性与普遍性的统一并不是"伦理性的同一"，而只是一种外在的必然性，恰恰显示了伦理性的丧失，市民社会乃是分离的原子式个体结合成的机械体。

可以说，正是市民社会的两个原则导演了现代社会伦理—道德的悖论：以目的特殊性即"利己的目的"摧毁了伦理秩序和社会共契的精神纽带，导致现代社会"无伦理的道德"；以形式的普遍性和"科学的社会工程"来合理化个体的私利并整合进系统当中，系统整合的力量（货币与权力）扩张导致"生活世界的殖民化"，"自私的美德"何其乖谬却大行于世，德性边缘化的"无道德的伦理"横空出世。"无伦理的道德"与"无道德的伦理"出场表征现代社会对个人与社会（集体）关系的错

---

① 转引［英］鲍曼：《现代性与大屠杀》，杨渝东、史建华译，译林出版社 2002 年版，第 1 页。

② ［英］鲍曼：《现代性与大屠杀》，杨渝东、史建华译，译林出版社 2002 年版，第 6 页。

③ 参见［德］黑格尔：《法哲学原理》，范扬、张企泰译，商务印书馆 1961 年版，第 197—203 页。

置：个人主义的社会想象是以个人为先在的，社会共同体只是实现个人利益的工具，个人与共同体总处于一种外在的、对抗的关系。从特殊的"个人"出发建构的只能是"虚幻的共同体"，其"虚幻性"就在于把个人与共同体割裂。"从前各个人联合而成的虚假的共同体，总是相对于各个人而独立的；由于这种共同体是一个阶级反对另一个阶级的联合，因此对于被统治的阶级来说，它不仅是完全虚幻的共同体，而且是新的桎梏。"①只有以"人类社会或社会化的人类"为立脚点重建共同体才能实现个人与社会、伦理与道德的和谐统一。"真正的共同体"乃是"自由人的联合体"。"在真正的共同体的条件下，各个人在自己的联合中并通过这种联合获得自己的自由。"②只有在"自由人的联合体"中，共同体才不是异己的存在，而是实现人的公共性或社会性本质的条件，也只有在真正的共同体中才能实现人的自由全面发展，完成教化的使命。

---

①　《马克思恩格斯文集》第 1 卷，北京：人民出版社，2009 年版，第 571 页。
②　《马克思恩格斯文集》第 1 卷，北京：人民出版社，2009 年版，第 571 页。

参考文献

一、古籍类

陈鼓应,赵建伟.周易今注今译[M].北京:商务印书馆,2005.

陈鼓应.老子今注今译[M].北京:商务印书馆,2003.

陈鼓应.庄子今注今译[M]上下.北京:商务印书馆,2007.

吕坤.呻吟语[M].南京:江苏古籍出版社,2002.

苏舆.春秋繁露义证[M].北京:中华书局,1996.

王先谦.荀子集解[M].北京:中华书局,1988.

王阳明.传习录[M].长沙:岳麓书社,2003.

杨伯峻.论语译注[M].北京:中华书局,1980.

杨伯峻.孟子译注[M]上下.北京:中华书局,1960.

杨天宇.礼记译注[M]上下.上海:上海古籍出版社,2004.

朱熹.四书集注[M].南京:凤凰出版社,2005.

二、中文著作类

阿伦特.反抗"平庸之恶"[M].陈联营,译.上海:上海人民出版社,2014.

阿伦特.人的条件[M].竺乾威,等译.上海:上海人民出版社,1999.

巴恩斯.冷却的太阳[M].万俊人,等译.北京:中央编译出版社,2004.

巴雷特.非理性的人[M].杨照明,艾平,译.北京:商务印书馆,1995.

柏拉图.理想国[M].郭斌和,张竹明,译.北京:商务印书馆,1986.

柏林.自由论[M].胡传胜,译.南京:译林出版社,2003.

鲍曼.共同体[M].欧阳景根,译.南京:江苏人民出版社,2007.

鲍曼.后现代伦理学[M].张成岗,译.南京:江苏人民出版社,2003.

鲍曼.后现代性及其缺憾[M].郇建立,李静韬,译.上海:学林出版社,2002.

鲍曼.生活在碎片之中[M].郁建兴,等译.上海:学林出版社,2002.

鲍曼.现代性与大屠杀[M].杨渝东,史建华,译.南京:译林出版社,2002.

贝尔.社群主义及其批评者[M].李琨,译.北京:生活·读书·新知三联书店,2002.

毕尔格.主体的退隐[M].陈良梅,夏清,译.南京:南京大学出版社,2004.

别尔嘉耶夫.精神与实在[M].张源,等译.北京:中国城市出版社,2002.

宾克莱.理想的冲突[M].马元德,等译.北京:商务印书馆,1983.

布伯.我与你[M].陈维纲,译.北京:生活·读书·新知三联书店,2002.

布洛克.西方人文主义传统[M].董乐山,译.北京:生活·读书·新知三联书店,1997.

德沃金.至上的美德[M].冯克利,译.南京:江苏人民出版社,2003.

多尔迈.主体性的黄昏[M].万俊人,等译.上海:上海人民出版社,1992.

费夫尔.西方文化的终结[M].丁万江,曾艳,译.南京:江苏人民出版社,2004.

芬伯格.可选择的现代性[M].陆俊,严耕,等译.北京:中国社会科学出版社,2003.

弗兰克.个体的不可消逝性[M].先刚,译.北京:华夏出版社,2001.

弗兰克.社会的精神基础[M].王永,译.北京:生活·读书·新知三联书店,2003.

弗洛姆.逃避自由[M].刘林海,译.北京:国际文化出版社,1999.

弗洛姆.为自己的人[M].孙依依,译.北京:生活·读书·新知三联书店,1988.

弗洛姆.占有还是生存[M].关山,译.北京:生活·读书·新知三联书店,1992.

福柯.规训与惩罚[M].刘北成,杨远婴,译.北京:生活·读书·新知三联书店,1999.

伽达默尔.科学时代的理性[M].薛华,等译.北京:国际文化出版公司,1988.

伽达默尔.赞美理论[M].夏镇平,译.上海:上海三联书店,1988.

伽达默尔.真理与方法:上下卷[M].洪汉鼎,译.北京:商务印书馆,2007.

哈贝马斯.交往行为理论[M].曹卫东,译.上海:上海人民出版社,2004.

哈贝马斯.现代性的哲学话语[M].曹卫东,等译.南京:译林出版社,2004.

海德格尔.存在与时间[M].陈嘉映,王庆节,译.北京:生活·读书·新知三联书店,2006.

汉密尔顿.希腊精神[M].葛海滨,译.沈阳:辽宁教育出版社,2005.

黑格尔.法哲学原理[M].范扬,张企泰,译.北京:商务印书馆,1961.

黑格尔.精神现象学:上下卷[M].贺麟,王玖兴,译.北京:商务印书馆,1979.

黑格尔.精神哲学[M].杨祖陶,译.北京:人民出版社,2006.

黑格尔.历史哲学[M].王造时,译.上海:上海书店出版社,2006.

黑格尔.逻辑学上下卷[M].杨一之,译.北京:商务印书馆,1976.

黑格尔.美学第二卷[M].朱光潜,译.北京:商务印书馆,1979.

黑格尔.美学第一卷[M].朱光潜,译.北京:商务印书馆,1979.

黑格尔.哲学史讲演录:1—4卷[M].贺麟,王太庆,译.北京:商务印书馆,1960.

洪堡.论国家的作用[M].林荣远,冯兴元,译.北京:中国社会科学出版社,1998.

胡塞尔.伦理学与价值论的基本问题[M].艾四林,安仕侗,译.北京:中国城市出版社,2002.

胡塞尔.欧洲科学危机和越验现象学[M].张庆熊,译.上海:上海译文出版社,1988.

霍普.个人主义时代之共同体重建[M].沈毅,译.杭州:浙江大学出版社,2009.

基托.希腊人[M].徐卫翔,等译.上海:上海人民出版社,2006.

吉登斯.现代性的后果[M].田禾,译.南京:译林出版社,2000.

吉登斯.现代性与自我认同[M].赵旭东,等译.北京:生活·读书·新知三联书店,1998年.

卡西尔.人论[M].甘阳,译.上海:上海译文出版社,1985.

康德.纯粹理性批判[M].邓晓芒,译.北京:人民出版社,2004.

康德.道德形而上学原理[M].苗力田,译.上海:上海人民出版社,2002.

康德.法的形而上学原理[M].沈叔平,译.北京:商务印书馆,1991.

康德.康德著作全集[M].李秋零,主编.北京:中国人民大学出版社,2007.

康德.历史理性批判文集[M].何兆武,译,北京:商务印书馆,1990.

康德. 论教育学[M]. 赵鹏,何兆武,译. 上海:上海人民出版社,2005.

康德. 实践理性批判[M]. 邓晓芒,译. 北京:人民出版社,2003.

库尔珀. 纯粹现代性批判[M]. 臧佩洪,译. 北京:商务印书馆,2000.

利奥塔. 后现代道德[M]. 莫伟民,等译. 上海:学林出版社,2000 年.

利奥塔. 后现代状况[M]. 车槿山,译. 北京:生活·读书·新知三联书店,1997 年.

卢梭. 论人与人之间不平等的起因和基础[M]. 李平沤,译. 北京:商务印书馆,2007.

卢梭. 社会契约论[M]. 何兆武,译. 北京:商务印书馆,1997.

罗蒂. 哲学和自然之镜[M]. 李幼蒸,译. 北京:商务印书馆,2003.

罗尔斯. 正义论[M]. 何怀宏,等译. 北京:中国社会科学出版社,1988.

罗克摩尔. 黑格尔:之前和之后[M]. 柯小刚,译. 北京:北京大学出版社,2000.

马尔库塞. 单向度的人[M]. 刘继,译. 上海:上海译文出版社,1989.

马尔库塞. 现代文明与人的困境[M]. 李小兵,等译. 上海:上海三联书店,1989.

马克思恩格斯文集:第 1 卷[M]. 北京:人民出版社,2009.

马克思恩格斯选集:1—4 卷[M]. 北京:人民出版社,2012.

麦金太尔. 德性之后[M]. 龚群,戴扬毅,等译. 北京:中国社会科学出版社,1995.

麦金太尔. 伦理学简史[M]. 龚群,译. 北京:商务印书馆,2003.

米德. 心灵、自我与社会[M]. 赵月瑟,译. 上海:上海译文出版社,1992.

密尔. 论自由[M]. 程崇华,译. 北京:商务印书馆,1959.

穆勒. 功利主义[M]. 唐钺,译. 北京:商务印书馆,1957.

尼布尔. 道德的人与不道德的社会[M]. 蒋庆,等译. 贵阳:贵州人民出版社,1998.

诺齐克.无政府、国家与乌托邦[M].姚大志,译.北京:中国社会科学出版社,2008.

帕斯卡尔.思想录[M].何兆武,译.北京:商务印书馆,1985.

瑞恩.异中求同:人的自我完善[M].张沛,等译.北京:北京大学出版社,2001.

萨特.存在与虚无[M].陈宣良,等译.北京:生活·读书·新知三联书店,1987.

桑德尔.自由主义与正义的局限[M].万俊人,等译.南京:译林出版社,2001.

舍勒.价值的颠覆[M].罗悌伦,等译.北京:生活·读书·新知三联书店,1997.

斯洛特.从道德到美德[M].周亮,译.南京:译林出版社,2017.

斯密.道德情操论[M].蒋自强,等译.北京:商务印书馆,1997.

泰勒.本真性的伦理[M].程炼,译.上海:上海三联书店,2012.

泰勒.黑格尔[M].张国清,等译.南京:译林出版社,2002.

泰勒.黑格尔与现代社会[M].徐文瑞,译.南京:译林出版社,2002.

泰勒.现代社会想象[M].林曼红,译.南京:译林出版社,2014.

泰勒.自我的根源[M].韩震,等译.南京:译林出版社,2001.

韦伯.学术与政治[M].冯克利,译.北京:生活·读书·新知三联书店,1998.

伍德.黑格尔的伦理思想[M].黄涛,译.北京:知识产权出版社,2016.

西季威克.伦理学方法[M].廖申白,译.北京:中国社会科学出版社,1993.

席勒.美育书简[M].徐恒醇,译.北京:中国文联出版公司,1984.

休谟.道德原则研究[M].曾晓平,译.北京:商务印书馆,2001.

休谟.人性论(上下册)[M].关文运,译.北京:商务印书馆,1980.

雅斯贝尔斯.什么是教育[M].邹进,译.北京:生活·读书·新知三联书店,1991.

雅斯贝斯. 生存哲学[M]. 王玖兴,译. 上海:上海译文出版社,2005.

雅斯贝斯. 时代的精神状况[M]. 王德峰,译. 上海:上海译文出版社,1997.

亚里士多德. 尼各马可伦理学[M]. 廖申白,译注. 北京:商务印书馆,2003.

亚里士多德. 政治学[M]. 吴寿彭,译. 北京:商务印书馆,2003.

伊格尔顿. 后现代主义的幻象[M]. 华明,译. 北京:商务印书馆,2000.

包利民. 生命与逻各斯[M]. 北京:东方出版社,1996.

陈赟. 现时代的精神生活[M]. 北京:新星出版社,2008.

崔平. 道德经验批判[M]. 上海:上海文化出版社,2006.

邓安庆. 启蒙伦理与现代社会的公序良俗[M]. 北京:人民出版社,2014.

邓晓芒. 康德哲学诸问题[M]. 北京:生活・读书・新知三联书店,2006.

樊浩. 道德形而上学体系的精神哲学基础[M]. 北京:中国社会科学出版社,2006.

龚建平. 意义的生成与实现[M]. 北京:商务印书馆,2005.

龚群. 道德乌托邦的重构[M]. 北京:商务印书馆,2003.

何怀宏. 底线伦理[M]. 沈阳:辽宁人民出版社,1998.

何怀宏. 良心论[M]. 北京:生活・读书・新知三联书店,1996.

洪涛. 逻各斯与空间[M]. 上海:上海人民出版社,1998.

胡传胜. 自由的幻像[M]. 南京:南京大学出版社,2001.

金生鈜. 规训与教化[M]. 北京:教育科学出版社,2004.

李承贵. 德性源流——中国传统道德转型研究[M]. 南昌:江西教育出版社,2004.

李景林. 教化的哲学[M]. 哈尔滨:黑龙江人民出版社,2006.

李义天.美德伦理与道德多样性[M].北京:中央编译出版社,2011.

廖申白.伦理学概论[M].北京:北京师范大学出版社,2009.

刘铁芳.生命与教化[M].长沙:湖南大学出版社,2004.

刘小枫,陈少明.美德可教吗[M].北京:华夏出版社,2005.

蒙培元.情感与理性[M].北京:中国社会科学出版社,2002.

牟宗三.心体与性体[M].上海:上海古籍出版社,1999.

石敏敏.希腊人文主义[M].上海:上海人民出版社,2003.

石元康.从中国文化到现代性:典范转移?[M].北京:生活·读书·
　　新知三联书店,2000.

唐文明.隐秘的颠覆:牟宗三、康德与原始儒家[M].北京:生活·读
　　书·新知三联书店,2012.

王庆节.道德感动与儒家示范伦理学[M].北京:北京大学出版
　　社,2016.

徐复观.中国人性论史先秦篇[M].上海:上海三联书店,2001.

徐向东.美德伦理与道德要求[M].南京:江苏人民出版社,2007.

薛华.黑格尔、哈贝马斯和自由意识[M].北京:中国法制出版
　　社,2008.

杨国荣.善的历程[M].上海:上海三联书店,1998.

叶秀山.思·史·诗[M].北京:人民出版社,1988.

余涌.道德权利研究[M].北京:中央编译出版社,2001.

詹世友.道德教化与经济技术时代[M].南昌:江西人民出版社,2002.

张凤阳.现代性的谱系[M].南京:南京大学出版社,2004.

张能为.理解的实践——伽达默尔实践哲学研究[M].北京:人民出版
　　社,2002.

张汝伦.良知与理论[M].桂林:广西师范大学出版社,2003.

张汝伦.文化融合与道德教化[M].上海:上海远东出版社,1994.

张文喜.自我的建构与解构[M].上海:上海人民出版社,2002.

张祥龙.海德格尔思想与中国天道[M].北京:生活·读书·新知三联
　　书店,1996.

赵汀阳.论可能生活[M].北京:中国人民大学出版社,2004.

邹诗鹏.生存论研究[M].上海:上海人民出版社,2005.

三、外文著作类

Emile Durkheim. *On Morality and Society*,The University of
　　Chicago Press,1973.

Hannah Arendt,*the Human Condition*. Illinois：The University of
　　Chicago Press. 1958.

Immanuel Kant,*Ethical philosophy*：*the complete texts of
　　Grounding for the metaphysics of morals and Metaphysical
　　principles of virtue*（*part* II *of the Metaphysics of morals*）,
　　trans by James W. Ellington；Indianapolis：Hackett,1983.

James O. Freedman. *Idealism and liberal education*,Ann Arbor：
　　University of Michigan Press,2000.

John H. Smith,*The spirit and its letter*：*traces of rhetoric in
　　Hegel's philosophy of Bildung*,Ithaca,N. Y：Cornell
　　University Press,1988.

John Rawls. *Lectures on the History of Moral Philosophy*. Edited
　　by Barbara Herman. Cambridge,Mass：Harvard university
　　Press,2000.

Lars Lovlie,Klaus Mortensen and Sven Erik Nordenbo,*Educating
　　humanity*：*Bildung in Postmodernity*,Malden,MA：Balckwell,
　　2003.

Linda Trinkaus Zagzebski,*Virtues of the mind*：*an inquiry into the
　　nature of virtue and the ethical foundations of knowledge*,

New York, NY, USA: Cambridge University Press, 1996.

M. Slote, *From Morality to Virtue*, New York Oxford University press, 1992.

Martha C. Nussbaum, *The Fragility of Goodness: Luck and Ethics in Greek Tragedy and Philosophy*, Cambridge University, 1986.

Michael A. Slote. *Morals from motives*, Oxford; New York: Oxford University Press, 2001.

Nancy Sherman. *Making a necessity of virtue: Aristotle and Kant on virtue*, Cambridge; New York: Cambridge University Press, 1997.

Peter Berkowitz, *Virtue and the making of modern liberalism*, Princeton, N. J: Princeton University Press, 1999.

Raymond J. Devettere. *Introduction to virtue ethics: insights of the ancient Greeks*, Washington, D. C. : Georgetown University Press, 2002.

Robert T. Sandin. *The rehabilitation of virtue: foundations of moral education*, New York: Praeger, 1992.

后　记

　　本书是我主持的教育部课题"道德自我的伦理根基——教化论视野下的现代性道德哲学批判"的最终成果,也是在当年博士论文基础上作了大幅度修改后所呈现的成果。至今依然记得当初为何要以道德教化及现代性道德哲学批判作为研究课题:一方面缘于读博时想研究伦理"大问题"之理论雄心,期望以某一伦理学基础概念串联起古典与现代甚至后现代、中国与西方伦理学术之比照与诠释,拓宽思想视野和夯实学术基础;另一方面也是希望所研究的课题能够切入现代社会的道德实践而成为"真问题"。正是这双重思考下,黑格尔的伦理思想进入了我的研究视野,特别是其伦理对道德的超越、从"实体性"而非"原子式"出发来阐释道德之"应该"并以此批判现代性道德哲学满足了我对"大问题""真问题"的期待。

　　众所周知,现代社会价值秩序发生了颠覆,现代性价值的内在化(主观化)转换与人的存在方式的个体化突显遮蔽了人的精神内在生长的本质维度和客观向度,标榜主体性自由的道德建构主义成为教化的典型范式。不过,无历史关怀、非实践境遇的理性普遍主义只能在自我意识的反思中"空转",以自我为中心的本体论忽视了"他者"特别是伦理实体在自我意识发生学中的基础性地位,也瓦解了社会有机团结的精神基础。面对现代性道德及其后果,主要有三种典型的走出现代性道德困境的备选方案：一是以麦金太尔为代表的美德伦理学，企图以"前现代"的共同体生活取代现代个体主义道德谋划所导致的无序状态；二是后现代主义伦理学（以鲍曼为代表）以"后现代"激进主义思维方式解构现代性理性普遍主义道德哲学，倡导一种"无伦理根基的道德"来反抗现代性的"规范暴政"；三是黑格尔以辩证的、历史主义的视角来审视现代性道德哲学的"抽象性"所导致的道德异化，主张立足客观的"伦理生活""社会现实"来拯救现代性道德。很长一段时间，究竟基于"前现代""后现代"还是"现代性"立场来评估启蒙道德哲学，我还是比较迷茫的。以至于在写作过程中，三种维度杂糅在一起，借助黑格尔伦理超越道德的视角把三股批判力量串联起来的意图比较明显。鲍曼在著作《生活在碎片之中——论后现代道德》中提出了"无伦理的道德"这一概念，更坚定了我以"无伦理的道德"来指称现代性道德特质的信心，即使我是站在与其完全不同的意义上来使用这一概念。我想通过伦理与道德的区分、互动，进而以伦理的历史性、客观性来纠偏现代性道德的抽象性和主观性，具有"希腊基质"的黑格尔伦理思想自然就成了重要的理论资源。需要指出的是，"伦理""现实""客观"在黑格尔那里被归结为精神或精神的环节，因此唯有站在历史唯物主义的立场方能恰当地理解"现实的人"及"真正人的道德"。而唯物史观所阐明的人类解放以及使启蒙道德理想得以实现的可能路径，本书虽有言及却未展开，这种缺憾只能期待在未来的研究中予以弥补。

　　本书能以如今的面貌呈现，离不开诸多师友的提携与帮助。首先要特别感谢在北师大读博期间的导师宣兆凯教授，为了尊重我的学术兴趣，宣老师给予了我充分的自由与包容，陪伴我走了不少弯路，没有宣老师的悉心指导，我也许还要在黑暗中摸索更长时间。更令我感动的是，在我工作之后的多年里，宣老师依然非常关心我的工作与生活。其次，还要感谢廖申白教授、晏辉教授、贾新奇教授等伦理学所的多位老师，他们严谨的治学态度、渊博的学识、深厚的学术功底给我留下了深刻的印象，且在我的开题报告、预答辩及最后答辩过程中给我提出了很多真知灼见。内蒙古师范大学的巴特尔教授，无论是我在北师大学习时还是在工作后，都给予了我很多的帮助。我现在的工作单位绍兴文理学院马克思主义学院的领导也对本书的出版给予了帮助与关心。本书的责任编辑胡畔为本书的出版做了大量辛苦的工作，对我一再延迟交稿给予了善意的理解，并以极大的细心和责任感为本书做了校对，为本书增色不少。最后，我还要感谢我的家人，无论顺境还是逆境，他们都是我前行路上最坚强的后盾，希望以后有更好的作品来回报他们。

由于本书所研究主题内容跨度之大、理论资源之繁复，一度让我对此研究产生深度自我怀疑，总觉得有很多理论问题没有剖析清楚，论证的严密性也是有所欠缺的。但我深知，任何一部著作所要表达的思想，一旦以文字的形式"现实地"呈现出来，她就注定是不完美的、有缺憾的。此著出版，我也只能以此聊以自慰。接受批判将是她无可逃遁的宿命：无论是他人批判，还是"老鼠的牙齿去批判"。

肖会舜

2024 年 6 月于绍兴